U0144514

姚瑩《論詩絕句六十首》
論　析

楊松年著

文史哲學集成
文史哲出版社印行

國家圖書館出版品預行編目資料

姚瑩《論詩絕句六十首》論析 / 楊松年著. --
初版. -- 臺北市 : 文史哲, 民88
　面 :　公分. -- （文史哲學集成；406）
含參考書目
ISBN 957-549-201-3(平裝)

1.中國詩 - 評論

821.8　　　　　　　　　　　　　　88005252

文史哲學集成 ⑯

姚瑩《論詩絕句六十首》論析

著　　者：楊　　　　松　　　　年
出 版 者：文　史　哲　出　版　社
登記證字號：行政院新聞局版臺業字五三三七號
發 行 人：彭　　　　正　　　　雄
發 行 所：文　史　哲　出　版　社
印 刷 者：文　史　哲　出　版　社
　　　臺北市羅斯福路一段七十二巷四號
　　　郵政劃撥帳號：一六一八〇一七五
　　　電話 886-2-23511028・傳眞 886-2-23965656

實價新臺幣四八〇元

中 華 民 國 八 十 八 年 五 月 初 版

姚瑩《論詩絕句六十首》研究

目　　錄

姚瑩《論詩絕句六十首》論析

第一章　前　言

　　以七言論詩絕句組詩論詩者，始於唐代的杜甫。杜甫的(712－770)《戲爲六絕句》，以六首七言絕句的組詩，批評當代與前代的詩風，當代與前代的詩人與詩作，並提出他對詩歌寫作的看法，奠定了以絕句論詩的體例，受到後代詩論者的歡迎與仿效。浦起龍《讀杜心解》云：

　　　　金源元好問《論詩絕句三十首》托體於此。[1]

　　實際上，杜甫影響後代作者創作這一種論詩體制的，並不是由金元好問(1190－1257)開先。早在唐代的白居易(772－846)、元稹（779－831），宋代的戴復古（1167－？）、陸游（1125－1210），金朝的王若虛（1174－1243），等等，已比元好問更早接受這種體制來暢論詩人與詩作。到清代，這種體制更受到進一步的發揚，並達到空前的高峰。名詩文論者例如錢謙益（1582－1664）、王士禎（1634－1711）、汪琬（1624－1690）、吳之振（1640－1717）、顧嗣立（1665－1722）、王昶(1724－1806)、沈德潛（1673－1769），袁枚(1716－1797)以及翁方剛（1733－1818）的詩作。到了清代，這種體制更受到進一步的發揚，達到空前的高峰。一些名詩文論者如錢謙益(1583－1664)、王士禎、汪琬、吳之振、顧嗣立，等等，都有這類創作。道光及其以後的

論者，更有將這一體制衍至五十首，甚至百首以上的，其中謝啓昆（1737－1802）有《讀全唐詩仿元遺山論詩絕句一百首》，《論明詩絕句九十六首》，《讀全宋詩仿元遺山論詩絕句二百首》，《論元詩絕句七十首》，《讀中州集仿元遺山論詩絕句六十首》，張晉有《仿元遺山論詩絕句六十首》，袁翼（1789－1863）有《論元詩六十首》，張之傑有《讀明詩五十二首》，毛國翰（1772－1846）有《暇日偶閱近人詩各繫一首》，共六十二首，林昌彝（1803－1876）有《論本朝人詩一百五首》，馮繼聰有《論唐詩絕句》，共有五百多首，楊浚有《論次閩詩九十首》，高心夔（1835－1883）有《懷人絕句五十八首》，廖鼎聲有《拙學齋論詩絕句一百九十八首》，許奉恩有《蘭苕館論詩九十九首》，徐嘉有《論詩絕句五十七首》，楊深秀（1849－1886）有《仿元遺山論詩絕句五十首》，郭曾炘有《雜題國朝諸名家詩集後一百二十四首》，陳芸有《小黛軒論詩詩二百二十一首》，孫雄（1866－1923）有《論詩絕句六十首》，沈璟有《讀國朝詩集一百首》，錢陳群也作有《宋百家詩存題詞一百首》。姚瑩（1785－1852）的《論詩絕句六十首》也是其中的一種。至於五十首以下的這類作品，那為數更要多得多了。

杜甫《戲為六絕句》，規模較小，所集中討論的問題，當然也較為狹窄，不像元好問的《論詩三十首》，嘗試面對過去詩歌歷史的發展，漫論自漢魏以後之歷代作者，影響後代尤大。吳世常輯註《論詩絕句二十種》論元氏之作云：

> 其《論詩三十首》，歷評漢、魏迄於宋代之詩人及諸詩派，推許建安以來之優良傳統，鄙棄齊、梁詩派，西崑派與江西派，發揚真淳自然、高風雅調與清剛勁健之詩風，貶抑模擬偽飾，誹諧險澀與窘仄纖弱之陋習。其立論之精當，

非惟針對時弊，有起衰救弊之功，且亦影響後世，非一代
也。」[2]

如王士禎的論詩絕句之作，詩題就定爲《戲仿元遺山論詩絕句》；袁枚的論詩絕句之作，也稱爲《仿元遺山論詩》，他甚至在詩前註明道：

　　遺山論詩，古多今少，余古少今多，兼懷人故也。其所未見與雖見而胸中毫無軒輊者，俱付缺如。[3]

詩題直接定爲仿效元氏論詩絕句的體制而寫的作品不少，如馬長海的《效元遺山論詩絕句四十七首》、尹嘉年的《論國朝人詩仿遺山體十首》、謝啓昆的《讀全唐詩仿元遺山論詩絕句一百首》、《讀全宋詩仿元遺山論詩絕句二百首》、《讀中州集仿元遺山論詩絕句六十首》、張晉的《仿元遺山論詩絕句六十首》、葉紹本的《仿遺山論詩得絕句廿四首》、吳應奎的《讀明人詩戲仿遺山論詩絕句三十五首》、程恩澤的《仿遺山絕句答徐廉峰仁弟十四首》、況澄的《仿元遺山論詩三十首》、潘德輿的《仿遺山論詩絕句論遺山詩二首》、汪士鐸的《讀金元人詩仿遺山論詩絕句十二首》、虞鈵的《論六朝人詩絕句仿遺山體十六首》、唐仁壽的《論六朝詩絕句仿元遺山體》、林楓的《論詩仿元遺山體十二首》、朱彭年的《仿元遺山論詩絕句》、陳熾（1855－1900）的《效遺山論詩絕句十首》、蔣其章的《論六朝人詩絕句仿遺山體二首》、馮煦的《論六朝詩絕句仿元遺山體十六首》、楊深秀的《仿元遺山論詩絕句五十首》，等等，以及上舉袁枚的《仿元遺山論詩三十八首》和王士禎的《戲仿元遺山論詩絕句》。

　　至於詩題沒署明仿元好問體制，只以「論詩絕句」名題，而其實也是模仿元好問論詩絕句之體的，數目也非常的多。例如田雯《論詩絕句十二首》、焦袁熙《論詩絕句五十二首》、李必恆

《論詩絕句十三首》、屈復《論詩絕句三十四首》、李兆元的《論詩絕句十首》、謝啓昆《論元詩絕句七十首》、《論明詩絕句九十六首》、吳騫《論詩絕句十二首》、楊秀鸞《論詩絕句三十首》、戴森《論詩絕句二十六首》、黃維申《論詩絕句四十二首》、柳商賢《蘇州論詩絕句十六首》、徐嘉《論詩絕句五十七首》、李希聖的《論詩絕句四十首》、秦錫田的《滬上論詩絕句二十首》、許愈初《論詩絕句二十二首》、孫雄《論詩絕句六十首》、鄧鎔的《論詩三十絕句》、陳延韡的《論詩絕句二十首》、蔣士超的《清朝論詩絕句四十三首》，等等。姚瑩的《論詩絕句六十首》也是其中的一種。

詩題沒有「論詩絕句」之名而有元好問論詩絕句之實的作品也不少，難怪後人在言及杜甫《戲爲六絕句》對後世的影響時，會特舉元好問之作了。

在元好問之後，能本於元氏論詩絕句之體制，以類似的形式來論析歷代詩人與詩作，並影響後代巨大的，便有王士禎的《戲效元遺山論詩絕句三十五首》。後代創作這一論詩體制的，或單受元好問的影響，或兼受元氏與王氏的影響。姚瑩《論詩絕句六十首》在創作體制上與寫作手法上，受元好問與王士禎兩人的影響最大。本書的第八章，將會比較詳細地論析此點。

論詩詩是中國文學批評一種重要的體制，已是不可否認的事實。然而，它在中國文學批評研究界還沒有獲得充分的研究，也是一項事實。有關這一點，我在《中國文學評論史編寫問題論析：晚明至盛清詩論之考察》一書中曾加說明。[4]而對論詩絕句這一種在中國文學評論界極爲流行的形式，文學批評學者多數只是集中在杜甫的《戲爲六絕句》、元好問的《論詩三十首》、以及王士禎的《戲仿元遺山論詩絕句三十五首》的範圍中進行探討，也

是一項事實。學術界這種欠缺對歷代論詩絕句全面探研的現象，更堅定了我從事歷代論詩絕句作品分析的決心。本書《姚瑩〈論詩絕句六十首〉論析》就是在這樣的心態下寫成的。

【註釋】

[1]浦起龍《讀杜心解》卷六之下（北京：中華書局，1961），頁843。

[2]吳世常《論詩絕句二十種輯註》（西安：陝西人民出版社，1984），頁47至48。

[3]袁枚《仿元遺山論詩》。郭紹虞等編《萬首論詩絕句》（北京：人民出版社，1991），頁386。

[4]楊松年《中國文學評論史編寫問題論析：晚明至盛清詩論之考察》（台北：文史哲出版社，1988年），頁22至23，又頁270至272。

第二章　姚　瑩
《論詩絕句六十首》的結構

　　姚瑩，字石甫，一字明叔，晚年號展如。因曾以十幸名寨，故亦自號幸翁。安徽桐城人。生於乾隆五十年(1785)。少年時，從其從祖姚姬傳學。嘉慶十三年戊辰（1808）進士，曾經擔任福建江蘇知縣。嘉慶二十四年（1819）首次赴台灣，任台灣知縣。旋署南路海防同知，未幾移署噶瑪蘭通判。道光十七年（1830）升台灣兵備道。晚年任廣西按察使。卒於咸豐二年（1852），年六十八。著作非常豐富，計有：

1. 《姚氏先德傳》
2. 《卡倫形勢記》
3. 《東溟奏稿》
4. 《東槎紀略》
5. 《台北道里記》
6. 《噶瑪蘭紀略》
7. 《埔里社紀略》
8. 《東西勢社番記》
9. 《康輶紀行》
10. 《前藏三十一城考》
11. 《察木多西諸部考》
12. 《乍丫圖說》
13. 《游白鶴峰記》

14.《游攬山記》

15.《庫倫記》

16.《記英俄二夷搆兵》

17.《英吉利地圖說》

18.《心說》

19.《識小錄》

20.《寸陰叢錄》

21.《東溟文集、外集、文後集、文外集》

22.《後湘詩集、二集、續集》

23.《中復堂遺稿、續稿》，等等。

《姚氏先德傳》共六卷，收於《中復堂全集》中。《卡倫形勢記》一卷，見《小方壺齋輿地叢鈔第二帙》；《東溟奏稿》四卷，收於《中復堂全集》；《東槎紀略》有一卷本，見《昭代叢書道光本壬集補編》；五卷本，見《中復堂全集》、《申報叢書續集》；《台北道里記》一卷，見《小方壺齋輿地叢鈔第九帙》；《噶瑪蘭紀略》一卷，《埔里社紀略》一卷，《東西勢社番記》一卷，具見上書；《康輶紀行》有十六卷本，見《中復堂全集》，亦見《筆記小說大觀第七帙》；一卷本，見《小方壺齋輿地叢鈔第三帙》；《前藏三十一城考》一卷，《察木多西諸部考》一卷，《乍丫圖說》一卷，具見《小方壺齋輿地叢鈔第三帙》；《游白鶴峰記》一卷，《游攬山記》一卷，見《小方壺齋輿地叢鈔第四帙》；《庫倫記》一卷，見《小方壺齋輿地叢鈔第二帙》；《記英俄二夷搆兵》，見《北徼彙編》；《記英俄二夷搆兵》一卷，見《俄國疆界風俗志》；《英吉利地圖說》，見《小方壺齋輿地叢鈔第十一帙》；《心說》一卷，見《遜敏堂叢書》；《識小錄》八卷，《寸陰叢錄》四卷，《東溟文集》六卷、《外集》四卷、

《文後集》十四卷、《文外集》二卷,《後湘詩集》九卷、《二集》五卷、《續集》七卷,《中復堂遺稿》五卷、《續稿》二卷,具見《中復堂全集》。

由上可知,姚瑩是處於清代鴉片戰爭前夕的一個勤於筆墨耕耘的人物,而面對當時特殊境況,許多知識分子都懷有壯志雄心,希望能為國家分難解憂,並提出種種意見,希望有助於救世濟國。劉增傑《中國近代文學思潮》道:

> 生活在鴉片戰爭前夕的知識群體,中如龔自珍、魏源、林則徐、陶澍、賀長齡、黃爵滋、阮元、包世臣、姚瑩、方東樹、管同、沈垚、潘德輿、魯一同、徐繼畬等人,是領一代風騷的文化名流。他們雖然社會地位不同,生活道路不同,治學旨趣不同,但面對山雨欲來的危局,共同表現出入世救世的熱忱,並自覺地把這種熱忱化為對經世致用之學的呼喚。填滿以故宮的努力,開創著一個新的學術與文學時代。[1]

姚瑩《論詩絕句六十首》,是論詩詩之作。論詩詩的作品,從一開始,如杜甫的《戲為六絕句》,原本就不是非常嚴肅的評論體制。但是姚瑩的《論詩絕句六十首》,雖然不像他的其他論文談詩的作品那樣,有著強烈的時代意識,卻也飽含他的文學觀點與文學史觀。有關這一點,將在本文第八章論析姚瑩《論詩絕句六十首》的文學觀時,再進一步論述。

姚瑩的《論詩絕句六十首》,各首之間似乎沒有明顯的相承關係。不過,倘若仔細的分析,還是可以探尋出它是有脈絡可尋的。六十首中,第一首云:

> 熟精選理盡研辭,誰識蕭摩是小兒?
> 可惜飄零流別論,至今裁鑒費工師。

從較大的文學批評的角度，提出對前代文學選集的意見：先表示蕭統雖然英年早逝，但是所編《文選》中的作品，盡是精心研製的創作；摯虞的《文章流別論》，對文學各種體制的源流演變、性質特色，詳加論述，可惜原書散失殘缺，致令後代研究者大費周章。由此可見，姚氏用《文選》與《文章流別論》為例來肯定文學評論的評論價值，顯然是想以此來肯定他寫作《論詩絕句六十首》以探討文學問題的意義。黃季耕《姚瑩〈論詩絕句六十首〉註》說這一首「具有統領之意」[2]，是有一定的道理的。第二首云：

> 辛苦十年摹漢魏，不知何故遠風騷；
>
> 而今悟得興觀旨，枉向凡禽乞鳳毛。

也是從較大的角度，就自己的創作經驗，表示對文學傳統的看法。他表示：在過去十年之創作實踐中，他曾致力於背棄《風》、《騷》的傳統規摹漢、魏的作品，其結果有如「向凡禽」之「乞鳳毛」，言下之意，蓋謂不但於事無補，反而是走錯了道路。他表示要把握創作的正確途徑，就應掌握《風》、《騷》傳統所體現的「興」、「觀」原則與精神。所謂《風》、《騷》的傳統，所謂「興」、「觀」的原則，指的就是孔子所提出的對學詩、作詩的要求，以及他對《詩三百篇》的認識。孔子在《論語》中說：

> 小子何莫學夫詩？詩，可以興，可以群，可以觀，可以怨。
>
> 邇之事父，遠之事君，多識乎鳥獸草木之名。[3]

又云：

> 詩三百篇，一言以蔽之，曰：思無邪。[4]

《禮記·經解》亦載孔子云：

> 入其國，其教可知也。其為人也，溫柔敦厚，詩教也。[5]

云：

其爲人也溫柔敦厚而不愚,則深於詩者也。[6]

梁章鉅《退庵隨筆》云:

> 古人言詩,必推本於《三百篇》。或以此言爲迂者,淺人
> 之見也。古人言語之妙,固非今人所能幾;無論今人,即
> 漢、魏以迄三唐,所謂直接《三百篇》之作者,亦差之尚
> 遠。此時代限之也。然《三百篇》之宗旨,思無邪三字盡
> 之,則人人所可學也。《三百篇》之門徑,興、觀、群、
> 怨四字盡之,則人人所同具也。《三百篇》之性情,溫柔
> 敦厚四字盡之,則人人所當勉也。此不以時代限之也。但
> 就此三層上用心,源頭既通,把握自定,然後再學其詞華
> 格調,則前人言之詳矣。[7]

龐塏《詩義固說》云:

> 古詩三千,聖人刪爲三百,尊之爲經。經者常也,一常而
> 不可變也。後此遂流而爲《騷》,爲漢、魏五言,爲唐人
> 近體。其雜體曰歌,曰行,曰吟,曰曲,曰謠,曰詠,曰
> 嘆,曰辭。其體雖變而道未常變也。故欲學爲詩者,不可
> 不讀《三百篇》也。[8]

闕名之《靜居緒言》云:

> 詩之爲道曰:思無邪。爲教曰:溫柔敦厚。後世雖有不迨,
> 烏可舍是而學?舍是而學,不將陋而誕歟?[9]

許多論詩絕句的作品,也和姚瑩一樣,經常談及「風」、「騷」
傳統的問題。如宮爾鐸《讀元遺山王漁洋論詩絕句愛其文詞之工
惜其所言尚非第一義漫成此作以質知音》云:

> 雕肝鏤腎苦搜求,風雅誰明第一流?
>
> 黜陟恪遵宣聖語,一言信足蔽千秋。[10]

讚許孔子之語「足蔽千秋」。宮爾鐸也讚揚屈原的詩作可與日月

爭比高。詩云：

> 三百流風孰寫陶？靈均變格賦《離騷》。
>
> 一腔忠憤憂君國，不愧光爭日月高。[11]

毓俊《論詩》則表示詩作者如能領悟孔子「思無邪」一語的含意來寫詩，可以領袖詩壇數百年：

> 雅頌風詩萬古傳，陶情理性徹中邊。
>
> 無邪一語如能悟，許領騷壇數百年。[12]

朱雋瀛《桐兒叩詩學口占以示》強調師事「溫柔敦厚」一語的重要性：

> 溫柔敦厚語應師，騷詠無非《三百》遺。
>
> 變極須知宗旨一，不關情性詎成詩？[13]

汪曾本《訪稼亭讀詩恍若有悟歸作八絕句奉柬》敘述「溫柔敦厚」與比、興作法之重要時，也表示《離騷》具有上述之微旨：

> 溫柔敦厚教吾曹，比興幽深調最高。
>
> 香草美人微旨在，事看二十五《離騷》。[14]

姚氏在這首詩中，清楚指出「興觀旨」與「風」、「騷」的關係，但對「摹漢、魏」，並沒有作進一步的詮釋。有關漢、魏作品與《風》、《騷》的關係，其實不能像姚瑩那麼單軌地將《風》、《騷》與漢、魏的作品對立起來。應該說，漢、魏作品有背於《風騷》的，也有承自《風》、《騷》的。郭綏之《偶述六絕句》就曾表示：

> 古詩漢代《十九首》，接跡毛詩《三百篇》。
>
> 畔道離經說風雅，始終墮入野狐禪。[15]

提出對文學傳統的看法之後，姚氏進而以《論詩絕句六十首》中間的五十四首，分論漫評自漢、魏至明末清初的詩人與詩作。其情況如下：

　　第三首至第十一首，共九首，評論漢、魏、晉，與南北朝詩人與詩作。所論及的詩人，包括：蘇武、李陵、曹丕、曹植、陸機、潘岳、左思、嵇康、阮籍、郭璞、謝靈運、陶潛、任昉、沈約、江淹、鮑照、謝朓、庾信等十八人；

　　第十二首至第二十四首，共十三首，評論唐代詩人與詩作。所論及的詩人包括，陳子昂、盧照鄰、王勃、沈佺期、宋之問、李白、王昌齡、李頎、高適、岑參、孟浩然、錢起、郎士元、劉長卿、韋應物、柳宗元、韓愈、盧仝、樊宗師、劉禹錫、白居易、杜牧、李商隱、許渾、馬戴、賈島等二十六人；

　　第二十五首至第三十六首，共十二首，評論宋、金、元詩人與詩作。所論及的詩人，包括：錢惟演、劉筠、梅堯臣、歐陽修、曾鞏、王安石、蘇軾、黃庭堅、張耒、晁補之、陸游、陳師道、范成大、虞集、吳萊、元好問、趙孟頫等十七人；

　　第三十六首至第五十三首，共十七首，評論明代及清初詩人與詩作。所論及的詩人，包括：宋濂、劉基、高啓、張羽、徐賁、貝瓊、邊貢、徐禎卿、李夢陽、何景明、高叔嗣、皇甫濂、皇甫涍、皇甫沖、皇甫汸、楊慎、薛蕙、齊之鸞、林鴻、高棅、朱應登、謝榛、鄭善夫、徐中行、顧璘、王世貞、李攀龍、胡應麟、鍾惺、譚元春、邢孟貞、程嘉燧、張岱、陳子龍、屈大均、鄺露、梁佩蘭、陳恭尹等三十八人。

　　第五十七首，又回到詩作選集的談論上，詩云：

　　　　《間氣》、《英靈》妙選堪，寂寥賞會莫輕談；

　　　　《極玄》便是真三昧，知己千秋有濟南。

　　這一首對應第一首他對文學選集評論價值的意見。第一首嘆賞《文選》「盡研辭」，這一首高度讚賞高仲武的《中興間氣集》、殷璠的《河嶽英靈集》與姚合的《極玄集》，表示在《文

選》之後如上舉的這三部選集，成就亦高。[16]在評論這些文學選集時，姚氏又對王士禎之能賞識《極玄集》，表示了極度的讚嘆，言下亦具有肯定那些能夠透脫洞徹文學問題的論者之意。

第五十八首云：

> 海內談詩王阮亭，拈花妙諦入空冥；
>
> 他年笑煞長洲老，苦與唐賢論戶庭。

這一首實爲上一首之補充。上一首既帶出王士禎的卓越批評眼光，這一首進而評析王氏的詩觀，就其詩論的特殊見解予以讚揚，[17]但同時也批評王氏對唐代詩人評價的看法。

第五十九首云：

> 少陵才力韓、蘇富，走馬驅山筆更遒；
>
> 舉世徒工搬運法，何曾一字著風流。

這一首對應第二首，姚氏又把議論帶回到文學創作的問題上。在第二首中，他以個人的創作經驗，說明模擬漢、魏作品的不當，主張應該繼承《風》、《騷》的傳統，會悟「興」、「觀」的意旨。在這一首中，他特意突出唐代的杜甫、韓愈，和宋代的蘇軾，讚賞他們的才學，讚賞他們筆力的雄健。與《風》、《騷》的文學傳統帖合，而嚴厲批評世人只會模仿與搬運前人的學識與創作方法，這也與他早年模擬漢、魏之意符合。

最後一首絕句云：

> 渡河香象聲俱寂，掣海長鯨力自全；
>
> 隨分阿難三種法，箇中覓取徑山禪。

姚瑩很明顯的以這一首絕句作爲前面五十九首之總結。「渡河香象聲俱寂，掣海長鯨力自全。」，是總括前面所言之意，其意爲前面五十九首詩既多方面地探討與提出了各種文學創作的問題，肯定「渡河香象」與「掣海長鯨」創作的風格，這裏宜告一

個段落,故云:「聲俱寂」與「力自全」。然而,他又表示:在
文學創作的眾多紛紜的問題當中,有著種種不同的文學意見和看
法,而前面所說的是他的探尋的心得,而要如何取得個人的文學
觀點,則要靠個別人的判斷和決定,故云:「隨分阿難三種法,
個中覓取徑山禪。」

　　由上的分析,我的看法是:表面上,姚瑩這六十首論詩絕
句,似無明顯的相承的關係,實際上,在處理這六十首論詩絕句
時,是有他的一番安排的。

　　姚瑩《論詩絕句六十首》所論述的內容,主要有兩大方面:
　　1.批評前代的文學批評。
　　2.批評前代的詩人與詩作。
以下五章,將分析姚瑩對這些問題的看法。

【註釋】

[1]劉增傑等編著《中國近代文學思潮》。(臺北:文史哲出版社,1997),
　　頁17。

[2]黃季耕《姚瑩〈論詩絕句六十首〉註》(合肥:黃山書社,1986),
　　頁 2 。

[3]《論語·陽貨》。《論語註疏》卷十七。頁五。《十三經註疏》(台
　　北:藝文印書館)。

[4]《論語·爲政》。《論語註疏》卷二。頁一。《十三經註疏》。

[5]《禮記註疏》卷五十。《十三經註疏》(台北:藝文印書館)。

[6]同上註。

[7]梁章鉅《退庵隨筆》。見《清詩話續編》(上海:上海古籍出版社,
　　1983),頁1949。

[8]龐塏《詩義固說》。見《清詩話續編》。頁 727 。

[9]闕名《靜居緒言》。見《清詩話續編》。頁1630。

[10]宮爾鐸《讀元遺山王漁洋論詩絕句愛其文詞之工惜其所言尚非第一義漫成此作以質知音》。見郭紹虞等編《萬首論詩絕句》（北京：人民文學出版社，1991），頁1458。

[11]同上註。

[12]毓俊《論詩》。見《萬首論詩絕句》。頁1477。

[13]朱雋瀛《桐兒叩詩學口占以示》。見《萬首論詩絕句》。頁1385。

[14]汪曾本《訪稼亭讀詩恍若有悟歸作八絕句奉柬》。參閱《萬首論詩絕句》。頁1225。

[15]郭綏之《偶述六絕句》。見《萬首論詩絕句》。頁1595。

[16]詳見本書第三章。

[17]同上註。

第三章　姚瑩《論詩絕句六十首》評文學批評著作

　　在姚瑩的《論詩絕句六十首》中，有他對歷代詩人與詩作的意見，也有他對幾部主要文學批評著作的看法。本章主在分析姚氏對這幾部文學批評著作的意見。

姚瑩對歷代文學選集的看法

　　在《論詩絕句六十首》中，姚瑩批評了五部文學選集：《昭明文選》、摯虞的《文章流別論》、殷璠的《河嶽英靈集》、高仲武的《中興間氣集》，以及姚合的《極玄集》。

昭明《文選》

　　姚瑩《論詩絕句六十首》第一首云：

　　　　熟精《選》理盡研辭，誰識蕭摩是小兒？

　　　　可惜飄零《流別論》，至今裁鑒費工師。

　　《文選》，蕭統等編。蕭統（501－531），字德施，小字維摩。祖籍蘭陵，出生於襄陽。梁武帝蕭衍長子。兩歲時立為太子，三十一歲病卒。著有文集二十卷，今殘存六卷。所編《文選》三十卷，唐李善作註時，擴充至六十卷。蕭統早死，所以姚氏有「維摩是小兒」之語。杜甫《宗武生日》：

　　　　熟精《文選》理。[1]

是姚氏「熟精《選》理」句之本。杜甫重《文選》，以《文選》教兒。《水閣朝霽奉簡嚴雲安》也有「續兒誦《文選》」[2]之句。黃維申《再題杜集》：

北斗南懸華嶽馳，熟精《文選》草堂遺。[3]

在宋代，因辭科取士之關係，選學之風亦盛。所以陸游《老學庵筆記》云：

> 國初尚《文選》，當時文人專意此書，故草必稱王孫，梅必稱驛使，月必稱望舒，山水必稱清暉。至慶歷後惡其陳腐，諸作者始一洗之。方其盛時，士子至爲之語曰：《文選》爛，秀才半。[4]

至清代，選學尤達至頂峰。論者也常讚揚昭明選《文選》之功績。如況澄《論詩》云：

> 《文選》編詩體異同，建安標格六朝風。
>
> 至今學士能傳誦，獨賞昭明太子功。[5]

杜氏的詩作取自於《文選》詩人者亦多。楊慎《升庵詩話》云：

> 謝宣遠詩：「離會雖相雜。」杜子美「忽漫相逢是別筵」之句，實祖之。顏延年詩：「春江壯風濤。」杜子美「春江不可渡，二月已風濤」之句，實衍之。故子美諭兒曰：熟精《文選》理。[6]

何謂「《文選》理」？清張篤慶於答人問及「熟精《文選》理」之「理」之字義時云：

> 文之有選，自蕭維摩始也。彼其括綜百家，馳騁千載，彌綸天地，纏絡萬品，撮道藝之英華，搜群言之隱跡。義以匯舉，事以群分。所謂略其蕪穢，擷其精英；事出於沉思，義歸乎翰藻。觀其自序，思過半矣。少陵所云：熟精《文選》理，亦約略言之。蓋唐人猶有六朝餘習，故以《文選》爲論衡枕秘，舉世咸尚此編，非必如宋人所云之理也。[7]

其意乃以《選》理爲「事出於沉思，義歸乎翰藻」。姚瑩《康輶紀行》云：

> 六朝人詩，字句意格，無不精造生新，故少陵云：熟精
> 《文選》理。李、杜大家，特變其貌耳，後人不知此理，
> 輕易開口下筆，故流易淺俗，雖名家不免此病。[8]

所說的「六朝人詩字句無不精造生新」，亦指「事出於沉思，義
歸乎翰藻」成就之境。由此可知姚瑩不僅盛讚蕭統能以有數之年
編輯《文選》，更讚揚《文選》本於「事出於沉思，義歸乎翰藻」
之原則來選編作品，言下顯然表示同意評鑒文學作品應從事義與
翰藻兩方面着眼，並且觀察它們是否能達致「事出於沉思，義歸
乎翰藻」之「精造生新」之境。一些論者對《選》體的讚賞，也
可視爲他們對《選》理的詮釋。張謙宜《親齋詩談》云：

> 《選》體如盛世大夫，精神肅穆，衣冠都雅，詞令典則，
> 所以望之起敬。後來者各換妝束，各打鄉談，不妨自成一
> 家，全無太平寬裕之象。雖韓、杜諸公，亦望而卻步。[9]

又云：

> 《選》體凝而不流，全在精神收斂，意思深沉，不然亦是
> 死胚。[10]

又云：

> 《選》體詩全要典重深厚，須以學力勝，枵腹掉筆者，遇
> 此必不支。[11]

論者也對後人之能箋註《文選》，予以佳評。戴森《論詩絕句》
表示：

> 誰譏書簏李崇賢？此語應從妒口傳。
> 《選》理細煩詳注意，《毛詩》賴有鄭君《箋》。[12]

然而應當如何學《文選》，這也是中國文學評論界關心的問
題。田雯《古歡堂雜著》即表示應當善學《文選》，不善學者將
如優孟之學叔敖。其言云：

《選》體可學乎？學之者如優孟學叔敖衣冠，笑貌儼然似也，然不可謂眞叔敖也。善學者須變一格，如昌黎、義山、東坡、山谷、劍南之學杜，則湘靈之於帝妃，洛神之於甄后，形體不具，神理無二矣。不然，《選》體何易學也。[13]

摯虞《文章流別論》

《文章流別論》，摯虞著。摯虞（？－311），字仲治，一字仲洽。京兆長安人。晉武帝泰始年間舉賢良，拜爲郎中，又升爲太子舍人，出歷任聞喜令、秘書監、太常卿等官。懷帝永嘉年間，於洛陽因饑饉死。著有《文章流別志》、《決疑註》、《三輔決錄註》等。《晉書·摯虞傳》：

> 虞註《文章志》四卷，……又撰古文章，類聚區分爲三十卷，名爲《流別集》，各爲之論，辭理愜當，爲世所重。

鍾嶸（469－518）《詩品序》：

> 摯虞《文志》，詳而博贍，頗曰知言。[14]

《隋書·經籍志》列《文章流別志》爲總集之始。言云：

> 總集者，以建安之後，辭賦轉繁，眾家之集，日以滋廣，晉代摯虞，苦覽者之勞倦，於是采孔翠，剪繁蕪，自詩賦下，各爲條貫，合而編之，謂爲《流別》。

《四庫全書總目提要》亦云：

> 文籍日興，散無統紀，於是總集作焉。一則網羅放佚，使零章殘什，並有所歸；一則刪汰繁蕪，使菁稗咸除，菁華畢出，是固文章之衡鑒，著作之淵藪矣。《三百篇》既列爲經，王逸所裒，又僅楚辭一家，故體例所成，以摯虞《流別》爲始。其書雖佚，其論尚散見《藝文類聚》中，蓋分體編錄者也。[15]

《隋書·經籍志》史部簿錄類有摯虞《文章志》四卷，集部總集

類也有《文章流別志》四十一卷，註云：

> 梁六十卷，志二卷，論二卷。

又著錄《文章流別志、論二卷。可見摯虞所撰《文章流別志》，附有志、論。《文章流別志》已亡佚，部分篇章散見於《藝文類聚》中。劉師培《集文章志材料方法》讚此集云：

> 文學史者，所以考歷代文學會之變遷也。古代之書，莫備於晉之摯虞。虞之所作，一曰：《文章志》，一曰：《文章流別》。志者，以人爲綱者也。流別者，以文體爲綱者也。

姚瑩顯然也肯定摯虞之作，但又惋惜它的散佚，致使後人在探研時發生巨大的困難。

殷璠《河嶽英靈集》、高仲武《中興間氣集》、姚合《極玄集》

姚瑩《論詩絕句六十首》之第五十七首云：

> 《間氣》、《英靈》妙選堪，寂寥賞會莫輕談；
> 《極玄》便是眞三昧，知己千秋有濟南。

毛晉《跋》盛讚《中興間氣集》與《河嶽英靈集》云：

> 《河嶽》、《中興》二集，一選開元迄天寶名家，一選至德迄大歷名家，相繼品騭，眞盛唐一大觀也。[16]

王偁《唐詩品彙序》則獨讚《河嶽英靈集》與《極玄集》：

> 選唐詩者非一家，惟殷璠之《河嶽英靈》、姚合《極玄集》，有以知唐人之三尺。[17]

《中興間氣集》，唐高仲武選。仲武，自稱勃海人。書共二卷，所選者爲當代詩人篇章。起自唐肅宗至德初年，至代宗大歷末年。所收詩人二十六人，詩一百三十餘首。高仲武《唐中興間氣集序》云：

> 仲武不揆菲陋，輒罄搜聞，博訪詞林，采察謠俗，起自至

德元元首，終於大歷暮年。作者數千，選者二十六人，詩總一百三十四首。分爲兩卷，七言附之。[18]

所選詩以五律居多，五古次之。作者姓名之下，各有評論，並例舉警句。仲武敘述他編選此集之旨及擇詩之準則云：

古之作者，因事造端，敷弘體要，立義以全其制，因文以寄其心，著王政之興衰，表國風之善否，豈其苟悦權右，取媚薄俗哉。今之所收，殆革前弊，但使體狀風雅，理致清新，觀者易心，聽者疏耳，則朝野通取，格律兼收。

書或作三卷。晁公武《郡齋讀書志》：

《中興間氣集》三卷。唐渤海高仲武輯至德迄大歷中錢起以下二十六人詩。自爲序。以天寶叛漁，述作中廢，至德中興，風雅復振，故以名。仍品藻眾作，著之於前云。[19]

陳振孫《直齋書錄解題》：

《中興間氣集》三卷，唐渤海高仲武序，集至德以後終於大歷錢起等二十六人詩一百三十二首。各有小傳，敘其大略，且拈提其警句。[20]

或作一百四十首。胡震亨《唐音癸籤》云：

高仲武集，二卷。起自至德元年，終大歷末年，錢、劉而下二十六人五言詩一百四十首，七言附之。仿《河嶽英靈》，人各冠之以評。自序：但體格風雅，理致清新，則朝野通載，格律兼收云。[21]

《四庫全書總目提要》云：

是集前有序云：起至德初，迄大歷末，凡二十六人，詩一百四十首。末有元祐戊辰曾子泓跋，稱獨遺鄭當一人，逸詩八首。蓋在宋時已殘缺。故陳振孫《書錄解題》云：所選詩一百三十二首也。姓氏之下，各有品題，拈其警句，

如《河嶽英靈集》例。[22]

選集見《唐人選唐詩》，有《四部叢刊初編》本，乃影印明翻宋刻本刊行。王士禎編有《中興間氣集選》一卷。

《河嶽英靈集》，唐殷璠選。殷璠，丹陽人。殷璠於《河嶽英靈集敘》自言選此集之原因云：

> 梁太子撰《文選》，後相效著述者十餘家，咸自稱盡善。高聽之士，或未全許。且大同至於天寶，把筆者近千人，除勢要及賄賂者，逐漸灼然可尚者，五分無二。豈得逢詩輯纂，往往盈帙。蓋身後立節，當無詭隨，其應詮揀不精，玉石相混，致令眾口銷鑠，爲知音所痛。

所選者爲自開元二年至天寶十二年間之詩人與詩作。其中包括盛唐常建、李白、王維、王昌齡等二十四詩人詩作二百二十八首。姓名之下，各有品題。唯殷璠《河嶽英靈集序》作二百三十四首，其言云：

> 璠不揆，竊嘗好事，願刪略群才，讚聖德之美，爰因退跡，得遂宿心。粵若王維、昌齡、儲光羲等二十四人，皆河嶽英靈也。此集便以河嶽英靈爲號。詩二百三十四首，分爲上下卷。起甲寅，終癸巳。[23]

《四庫全書總目提要》則作三卷，選詩二百三十四首。言云：

> 是集錄常建至閻防二十四人詩二百三十四首。姓名之下，各著品題，仿鍾嶸《詩品》之體，雖不顯分次第，然篇數無多，而釐爲上中下卷，其人又不甚敘時代，毋亦隱寓鍾嶸三品之意乎？《文獻通考》作二卷，蓋字誤也。其序謂爰因退跡，得遂宿心，蓋不得志而著書者，故所錄皆淹蹇之士，所論多感慨之言，而序稱名不副實，才不合道，雖權壓梁寶，終無取焉，其宗旨可知也。凡所品題，類多精

惬。[24]

所選作品，古體多於近體，此與選者「既閑新聲，復曉古體。文質半取，風騷兩挾，言氣骨則建安為傳，論宮商則太康不逮」有關。《河嶽英靈集論》云：

> 昔伶倫造律，蓋為文章之本也。是以氣因律而生，節假律而明，才得律而清焉。寧預於詞場，不可不知音律焉。孔聖刪《詩》，非代議所及。自漢、魏至於晉、宋，高唱者十有餘人，然觀其樂府，猶有小失。齊、梁、陳、隋，下品實繁，專事拘忌，彌損厥道。夫能文者，匪謂四聲盡要流美，八病咸須避之，縱不拈綴，未為深缺。即羅衣何飄飄，長裾隨風還，雅調仍在，況其他句乎？故詞有剛柔，調有高下，但令詞與調合，首末相稱，中間不敗，便是知音。而沈生雖怪，曹、王曾無先覺，隱侯言之更遠。璠今所集，頗異諸家，既閑新聲，復曉古體。文質半取，風騷兩挾，言氣骨則建安為傳，論宮商則太康不逮。將來秀士，無致深憾。[25]

但許學夷《詩源辯體》在肯定殷璠多選五言古詩之餘，也批評道：

> 殷璠《河嶽英靈集》所選二十四人，共詩二百三十四首，止於天寶十一載，皆盛唐詩也。按唐人五言古自有唐體，故盛唐自李、杜、岑參而外，五言古多不可選。王昌齡體雖近古，而未盡善；儲光羲格雖出奇，而不合古；其他體制未純，聲韻多雜，未若李、杜、岑參滔滔自運，體既盡純，聲皆合古耳。璠今所選，五言古十居八九，中惟太白一首，岑參二首，而子美不選。其序曰：王維、王昌齡、儲光羲等，皆河嶽英靈也，此集便以河嶽英靈為號。是其所尊尚者，實在昌齡、光羲也。蓋亦羊棗之嗜耳。[26]

王士禎編有《河嶽英靈集選》一卷。毛先舒《詩辯坻》云：

> 殷璠《河嶽英靈集》，持論既美，亦工於命詞，可以頡頏
> 記室，續成《詩品》。[27]

沈德潛（1673－1769）《說詩晬語》兼評《河嶽英靈集》與《中
興間氣集》等唐代選唐詩之集云：

> 唐詩選自殷璠、高仲武後，雖不皆盡善，然觀其去取，皆
> 有旨歸。[28]

而鄭谷比較《河嶽英靈集》與《中興間氣集》，則肯定前者而非
議後者。所作詩云：

> 殷璠裁鑒《英靈》集，頗覺同才得旨深。
>
> 何事後來高仲武，品題《間氣》未公心。[29]

唯何焯（1661－1722）不滿此說，評云：

> 鄭都官於殷、高二子深致抑揚，然未足爲商、周也。

又評《河嶽英靈集》云：

> 此集所取，不越齊、梁詩格，但稍汰其靡麗耳。唐天寶以
> 前詩人能窺建安門徑者，惟陳拾遺、杜拾遺、李供奉、元
> 容州，諸人集中獨取供奉，又持論未當，他如常建、王維
> 則古詩僅能法謝玄暉，近體僅能法何仲容，殆不足以傳建
> 安氣骨也。此書多取警秀之句，緣情言志，理或未當。

　　《極玄集》，選者姚合。姚合（775？－855？），陝州人。
卒諡懿，後人又稱之姚少監。元和十一年登進士第，歷任武功主
簿，監察殿中御史，金、杭二州刺史，刑、戶二部郎中，諫議大
夫，給事郎中，陝虢觀察使，秘書少監等職。著作有《姚少監
集》，選集有《極玄集》。《極玄集》，共二卷，選錄自王維至
戴叔倫等二十一人的詩作。除了僧靈一、法振、皎然、清江不著
始末外，其餘皆詳載其爵里及登第之年。所選的大多數爲五言

律。《唐人選唐詩》據元至正刻本刊行。王士禎也編有《極玄集
選》一卷。姚合《極玄集自序》云：

> 此皆詩家射手也。選其極玄者，庶免後來之非。凡念一
> 人，共百首。[30]

毛晉《極玄集跋》亦云：

> 按武功自云：此皆詩家射雕手也。凡廿一人，共百首，今
> 已缺其一，吉光片羽，良可惜也。

陳振孫《直齋書錄解題》：

> 《極玄集》一卷。唐姚合集王維至戴叔倫二十一人，詩一
> 百首，曰：此詩家射雕手也。[31]

胡震亨《唐音癸籤》：

> （《極玄集》），姚合撰，二卷。所載大曆才子及劉長
> 卿、郎士元等十五人、衲子皎然等四人詩，而冠以王維、
> 祖詠，凡二十一人，詩一百首。自題云：此皆詩射雕手
> 也。[32]

據《唐人選唐詩》，《極玄集》卷上選詩五十一首，卷下選詩四
十八首，實為九十九首。《四庫全書總目提要》云：

> 選錄是集，特有鑒裁。所取王維至戴叔倫二十一人之詩，
> 凡一百首，今存者，凡九十九。合自稱為詩家射雕手，亦
> 非虛語。[33]

蔣易讚姚合選詩之精且嚴云：

> 唐詩數千百家，浩如淵海。姚合以唐人選唐詩，其識鑒精
> 矣，然所選僅若此，何也？蓋當是時以詩鳴者，人有其集，
> 制作雖多，鮮克全美。譬之握珠懷璧，豈得悉無瑕哉？武
> 功去取之法嚴，故其選精。選之精，故所取僅若此。[34]

許學夷《詩學辯體》略有貶語：

姚合《極玄》所選二十一人，共詩一百首，中計五言古仄韻二首，五言排律三首，五言絕八首，七言絕三首，餘皆五言律也。其去取之意，漫不可曉。盛唐止王維三首，祖詠五首，其他皆大曆以後詩耳。且排律三首而有李端朱戶敞高扉，七言絕三首而有朱放知君住處足風煙，則尤不可曉云。自題云：此詩家射雕手也，合於眾集中更選其極玄者，庶免後來之非。其自信乃爾，然以較《搜玉》、《國秀》、《英靈》、《間氣》、《御覽》、《才調》等集，風調猶有可觀者。蓋挺章、殷璠、仲武、令狐楚、韋縠本非詩人，合雖淺僻，實亦詩人之列也。[35]

唯《四庫全書總目提要》云：

計敏夫《唐詩紀事》凡載集中所錄之詩，皆註曰：右姚合取為《極玄集》。蓋宋人甚重其書矣。二十一人之中，惟僧靈一、法振、皎然，清江四人不著始末，祖詠不著其字，暢當字下作二方空，蓋原本有而傳寫佚闕。其餘則凡字及爵里與登科之年，一一詳載。……總集之兼具小傳，實自此始，亦足以資考證也。[36]

　　姚瑩也對前代詩文論者的理論主張和成就提出他的看法。在《論詩絕句六十首》中，他極為讚許王士禛、徐禎卿、胡應麟等人之詩論，也曾援引嚴羽論詩之語，以評論唐代詩人。以下將論析姚瑩對這些詩論的看法。

嚴羽《滄浪詩話》

　　姚瑩《論詩絕句六十首》第十五首談及王維、李頎、高適、岑參詩時說：

王、李、高、岑競一時，盛唐興趣是吾師。

「盛唐興趣是吾師」為嚴羽之說。嚴羽(1180－1235)，字儀卿，

一字丹邱，自號滄浪逋客。福建邵武人。後世所傳的嚴氏著作有
《滄浪嚴先生吟卷》、《滄浪集》、《滄浪詩話》等。其中《滄
浪詩話》是論詩之著。《四庫全書總目提要》述此書之內容云：

> 首詩辨，次詩體，次詩法，次詩評，次詩證，凡五門。末
> 附《與吳景仙論詩書》。大旨取盛唐爲宗，主於妙悟，故
> 以如空中音，如象中色，如鏡中花，如水中月，如羚羊掛
> 角，無跡可尋爲詩家之極則。[37]

嚴羽《滄浪詩話》曾云：

> 詩者，吟詠性情也。盛唐人惟在興趣，羚羊掛角，無跡可
> 求。[38]

一些學者以「興趣說」與主盛唐之見爲嚴羽詩說之重心。黃景進
《嚴羽及其詩論之研究》說：

> 嚴羽的標舉盛唐是與其興趣說密切結合的，詩辨於論別材、
> 別趣之下即緊接著說：詩者吟詠情性也，盛唐諸人唯在興
> 趣，可見嚴羽之標舉盛唐與其詩有別材別趣的標準是分不
> 開的，故胡明先生說：滄浪詩話的核心理論是興趣說，興
> 趣說的旨歸在學盛唐，……嚴羽詩論或以興趣稱，或以禪
> 悟稱，其旨歸都落到學盛唐這個根本問題上。如果不了解
> 嚴羽的興趣說，也就無法說明爲何要提倡盛唐詩，因此，
> 興趣說與學習盛唐可說共同構成了嚴羽詩論的重心。[39]

論詩絕句作者也多讚許嚴羽的興趣說，並常據此加以發揮。馬長
海《效元遺山論詩絕句四十七首》讚之云：

> 神清韻勝乃天然，有似雲山斷復連。
> 契入滄浪微妙旨，拈來便不落言詮。[40]

黃承吉《偶題滄浪詩話》云：

> 我愛滄浪善說詩，上乘才證即低眉。

世人但識嵯峨好，爭見須彌納芥時。[41]

又云：

嵯峨莫道是眞峰，峰在須彌第幾重？

不是牟尼眞慧眼，誰知突兀萬芙蓉。[42]

又云：

虞山嗤點劣詩魔，彼自聲聞淺渡河。

到得新城緣覺果，賞心偏道愛君多。[43]

嚴羽在其興趣說的基礎上，又以禪喻詩，並以禪派評論歷代詩之高下。如云：

> 禪家者流，乘有大小，宗有南北，道有邪正，學者須從最上乘，具正法眼，悟第一義。若小乘禪、聲聞辟支果，皆非正也。論詩如論禪，漢魏晉與盛唐之詩，則第一義也；大歷以還之詩，則小乘禪也，已落第二義矣；晚唐之詩，則聲聞辟支果也。學漢魏晉與盛唐詩者，臨濟下也；學大歷以還之詩者，曹洞下也。大抵禪道惟在妙悟，詩道亦在妙悟。[44]

其說也引起後人之沿用或抨擊。讚同者如謝啓昆《讀全宋詩仿元遺山論詩絕句二百首》云：

> 滄浪逋客論詩法，第一禪宗數盛唐。
>
> 海內橫流誰傑出，大乘法眼是蘇黃。[45]

潘德輿（1785－1839）《養一齋詩話》對《滄浪詩話》則讚多過於毀。如云：

> 嚴羽《滄浪詩話》，能於蘇、黃大名之餘，破除宋詩局面，亦一時傑出之士，思挽回風氣者。第溯入門工夫不自《三百篇》始，而始於《離騷》，恐尚非頂顙上作來也。然訾滄浪者，謂其專以妙悟言詩，非溫柔敦厚之本，是又不知

> 宋人率以議論爲詩，故滄浪拈此救之，非得已也。且滄浪
> 謂漢、魏不假妙悟，夫不假妙悟，性情之中聲也。漢、魏
> 尚不假妙悟，況《三百篇》乎？知詩之本者，非滄浪其
> 誰？[46]

而它對後代之影響亦大。兪爻心《雜題》云：

> 近來愛拾滄浪唾，多入羚羊掛角門。[47]

論者無論同意嚴氏之意見與否，常用《滄浪詩話》語論詩。就以
論詩絕句之作說，如紀昀（1724－1805）《讀蓮洋集四首》云：

> 金頭自解拈花笑，未是滄浪水月禪。[48]

陳宸書《次龔南齋論詩絕句》云：

> 羚羊香象妙難工，消息誰能識箇中？[49]

袁壽齡《茅庵夜坐與贊文談詩》：

> 詩好何須定學禪，徒將禪喻未能全。
> 滄浪妙悟漁洋續，千古才人不盡然。[50]

林昌彝《論本朝人詩一百五首》：

> 大雅扶輪萬卷儲，風流宏獎老尚書。
> 君看入蜀詩中境，詎獨羚羊掛角餘。[51]

高錫恩《論詩有感作三絕句》：

> 別才妙語本從天，謂不關書語太偏。
> 遂使庸奴成誤解，俳優轉欲謗前賢。[52]

謝綸《讀詩話》：

> 詩言別趣非關理，理趣相生斯可耳。[53]

王士禎詩論

姚瑩《論詩絕句六十首》第五十八首讚揚王士禎之詩論云：

> 海內談詩王阮亭，拈華妙諦入空冥。

王士禎(1634－1711)，字貽上，號阮亭，別號漁洋山人，山東新

城人。順治十五年進士，選爲揚州推官，後遷主客司主事、員外郎、戶部郎中、翰林侍讀學士、國子監祭酒、戶部右侍郎、左都御史、刑部尙書。著有《帶經堂集》、詩論與詞論的作品有《漁洋詩話》、《五代詩話》、《詩則》、《師友詩傳錄》、《師友詩傳續錄》、《律詩定體》、《然燈記聞》、《帶經堂詩話》、《香祖筆記》、《古夫于亭雜錄》、《蠶尾文》、《蠶尾續文》、《池北偶談》、《花草蒙拾》、和《居易錄》等，編有選集《唐賢三昧集》、《古詩選》、《十種唐詩選》、《唐人萬首絕句選》、《二家詩選》等。其中《帶經堂詩話》乃張宗柟輯王氏著作中論詩之語而成。《師友詩傳錄》爲郎廷槐所編，載王氏與張篤慶、張實居對有關詩歌問題的答問。郎廷槐，字梅溪，盛京廣陵人。《然燈紀聞》爲王氏口授，何定璟記述之作。何定璟（1666－1729），字淡庵，一字坦園，號鐵山。山東新城人。康熙四十八年進士，官至吏部侍郎，署直隸總督，謐端簡。《師友詩傳續錄》爲劉大勤載與其師王氏答問之作。劉大勤，字仔臣，長山人。王士禎論詩，本嚴羽、司空圖(837－908)，《唐賢三昧集序》云：

> 嚴滄浪論詩云：盛唐諸人，唯在興趣，羚羊掛角，無跡可求，透徹玲瓏，不可湊泊，如空中之音，相中之色，水中之月，鏡中之象，言有盡而意無窮，司空表聖論詩亦云：妙在酸鹹之外。康熙戊辰春杪，歸自京師，居宸翰堂，日取開元、天寶諸公篇什讀之，於二家之言，別有會心，錄其尤雋永超詣者，自王右丞而下四十二人，爲《唐賢三昧集》，釐爲三卷。[54]

王氏也不滿意錢謙益（1582－1664）及馮班詆毀滄浪之論。《池北偶談》云：

> 嚴滄浪論詩，特拈妙悟二字，及所云不涉理路，不落言

筌，又鏡中之象，水中之月，羚羊掛角，無跡可尋云云，
皆發前人未發之秘，而常熟馮班詆諆之不遺餘力，如周
興、來俊臣之流，文致士大夫，鍛煉周內，無所不至，不
謂風雅中乃有此《羅織經》也。[55]

又云：

嚴滄浪《詩話》，借禪喻詩，歸於妙悟，如謂盛唐諸家詩，
如鏡中之花，水中之月，鏡中之象，如羚羊掛角，無跡可
求，乃不易之論，而錢牧齋駁之，馮班《鈍吟雜錄》因極
排詆，皆非也。[56]

翁方剛（1733－1818）《石洲詩話》：

自宋人嚴儀卿以禪喻詩，近日新城王氏宗之，於是有不涉
理路之說。[57]

故王士禎詩論，亦多禪意與禪喻，曾云：

唐人五言絕句，往往入禪，有得意忘言之妙，與淨名默
然，達摩得髓，同一關捩，讀王裴《輞川集》及祖詠《終
南殘雪》詩，雖鈍根初機，亦能頓悟。[58]

又云：

嚴滄浪以禪喻詩，余深契其說，而五言尤爲近之，如王裴
輞川絕句，字字入禪，……妙諦微言，與世尊拈花，迦葉
微笑，等無差別，通其解者，可語上乘。[59]

又云：

舍筏登岸，禪家以爲悟境，詩家以爲化境，詩禪一致，等
無差別，大復《與空同書》引此，正自言其所得耳，顧東
橋以爲英雄欺人，誤矣！豈東橋未能到此境地，故疑之
耶！[60]

又引象耳袁覺禪師云：

> 東坡云：我持此石歸，袖中有東海。山谷云：惠崇煙雨蘆
> 雁，坐我瀟湘洞庭，欲喚扁舟歸去，傍人.云是丹青。此禪
> 髓也。予謂不惟坡、谷，唐人如王摩詰、孟浩然、劉愼虛、
> 常建、王昌齡諸人之詩，皆可語禪。[61]

又云：

> 嚴儀卿所謂如鏡中花，如水中月，如水中鹽味，如羚羊掛
> 角，無跡可求，皆以禪理喻詩，內典所云：不即不離，不
> 黏不脫，曹洞宗所云參活句是也。熟看拙選《唐賢三昧
> 集》自知之矣。[62]

又云：

> 東坡居士在儋耳作十八大阿羅漢頌，予最愛其二頌，……
> 此頌眞契拈花微笑之妙者。[63]

從而提出其「神韻」之說。《池北偶談》云：

> 汾陽孔文谷云：詩以達性，然須清遠爲尚。薛西原論詩，
> 獨取謝康樂、王摩詰、孟浩然、韋應物。言白雲抱幽石，
> 綠篠媚清漣，清也；表靈物莫賞，蘊眞誰爲傳，遠也；何
> 必絲與竹，山水有清音，景昃鳴禽集，水木湛清華，清遠
> 兼之也。總其妙在神韻矣。神韻二字，予向論詩，首爲學
> 者拈出，不知先見於此。[64]

《漁洋詩話》云：

> 律句有神韻天然，不可湊泊者，如高季迪：白下有山皆繞
> 郭，清明無客不思家。曹能始：春光白下無多日，夜月黃
> 河第幾灣。李太虛：節過白露猶餘熱，秋到黃州始解涼。
> 程孟陽：瓜步江空微有樹，秣陵天遠不宜秋。是也。余昔
> 登燕子磯有句云：吳楚清蒼分極浦，江山平遠入新秋。或
> 庶幾爾。[65]

《蠶尾續文》云：

> 自昔稱詩者，善雄渾則鮮風調，擅神韻則乏豪健。

又云：

> 昔人云：《楚詞》、《世說》，詩中佳料，爲其風藻神韻，
> 去風雅未遠。[66]

又云：

> （孟陽）七言近體學劉文房、韓君平，清辭麗句，神韻獨
> 絕。

因此講求興會與妙悟。《池北偶談》論王維(701－761)詩作云：

> 世謂王右丞畫雪中芭蕉，其詩亦然。如：九江楓樹幾回
> 青，一片揚州五湖白。下連用蘭陵鎮、富春郭、石頭城諸
> 地名，皆窵遠不相屬。大抵古人詩畫，只取興會神到，若
> 刻舟緣木求之，失其指矣。[67]

《突星閣詩集序》云：

> 夫詩之道，有根柢焉，有興會焉，二者率不可得兼。鏡中
> 之象，水中之月，相中之色，羚羊掛角，無跡可求，此興
> 會也。本之風雅，以導其原；溯之楚《騷》、漢魏樂府詩，
> 以達其流；博之九經、三史、諸子，以窮其變，此根柢也。
> 根柢源於學問，興會發於性情，於斯二者兼之，又幹以風
> 骨，潤以丹青，諧以金石，故能衒華佩實，大放厥詞，自
> 名一家。[68]

所選《唐賢三昧集》，即依此標準。所以宋犖(1634－1713)《漫
堂說詩》云：

> 近日王阮翁《十種唐詩選》與《唐賢三昧集》，原本司空
> 表聖、嚴滄浪緒論，所謂言有盡而意無窮、妙在酸鹹之外
> 者，以此力挽尊宋唐之習，良於風雅有稗。[69]

李兆元《論詩絕句》：

> 風雅漁洋古選存，別裁僞體見淵源。[70]

翁心存《論詩絕句十八首》也讚揚王氏之詩論云：

> 一代文章正始音，漁洋三昧印禪心。
>
> 波羅蜜果都參透，卻怪隨園論太深。[71]

馬長海《效元遺山論詩絕句四十七首》云：

> 《鸜尾》詩名天地間，清裁妙詣證仙班。
>
> 眞靈位業全無分，未向崆峒問道山。[72]

錢樹本《讀國朝諸大家詩各繫絕句》云：

> 樓閣華嚴都縹緲，不勞秋谷著《談龍》。[73]

李翊《題毛西河詩話後》：

> 漁洋昭代妙稱詩。[74]

茹綸常《題西郊先生戊子詩稿四首》云：

> 漫從流別溯三唐，墨瀋淋灘逸興長。
>
> 會得論詩微旨在，瓣香眞許爲漁洋。[75]

徐禎卿《談藝錄》

姚瑩《論詩絕句六十首》第四十首也讚揚了明代徐禎卿《談藝錄》論詩的精闢見解：

> 迪功談藝入精深。

而吳嵩梁《爲覃溪師題王漁洋秋林讀書圖》讚徐氏之詩說云：

> 海內論詩得髓眞，石帆衣缽孰前因？
>
> 桃花偈子參三昧，許我蓮洋作替人。[76]

徐禎卿（1479－1511），字昌穀，一字昌國，吳縣人。弘治乙丑進士，除大理寺左寺副，降國子監博士，著有《迪功集》與詩論之作《談藝錄》。《四庫全書總目提要》云：

> (禎卿)論詩宗旨，見於《談藝錄》及《與李夢陽第一書》，

如云：古詩三百，可以博其源；伊篇十九，可以約其趣；
樂府雄高，可以勵其氣；《離騷》深永，可以禪其思。…
…又云：繩漢之武，其流也猶至於魏，宗晉之體，其弊也
不可以悉。據其所談，仍北地摹古之門徑，特夢陽才雄而
氣盛，故枵張其詞；禎卿慮澹而思深，故密運以意。[77]

《國寶新編》云：

昌穀專門詩學，究訂體裁，上探騷雅，下括高、岑，取充
棟之草，刪存百一，成一家之言，至今海內，奉如圭璧。

陳田《明詩紀事》：

《談藝》一錄，清言微旨，可儷嚴滄浪。[78]

《續吳先賢》云：

《談藝》之作，出鍾嶸矣，吳之文，自昌穀始變而爲六代。

王士禎《漁洋詩話》云：

余於古人論詩，最喜鍾嶸《詩品》、嚴羽《詩話》、徐禎
卿《談藝錄》。[79]

毛先舒《詩辯坻》云：

古人善論文章者，曹丕、陸機、鍾嶸、劉勰、劉知幾、殷
璠、釋皎然、嚴羽、李塗、高棅、徐禎卿、皇甫汸、謝榛、
王世貞、胡應麟，此諸家最著，中間劉勰、徐、王，持論
尤精摧可遵，餘子不無得失。[80]

又云：

辭學取材，載籍已博，錄其要者：詩三百篇、楚辭，梅鼎
祚《漢魏詩乘》、《六朝詩乘》；唐以下則高棅《唐詩正
聲》，李攀龍《唐詩選》，華亭三子之《明詩選》；稍廣
之，則馮惟訥《風雅廣逸》，《昭明文選》，《十二家唐
詩》，梅鼎祚《李杜詩選》，《唐詩品彙》。其論詩，則

劉勰《文心雕龍》，鍾嶸《詩品》，皎然《詩式》，嚴羽《滄浪吟卷》，徐禎卿《談藝錄》，王世貞《藝苑卮言》，此六家多能發微。[81]

顧璘《國寶新編》云：

昌穀神清體弱，雙瞳燭人，幼精文理，不由教迪。上采風雅，下括高、岑，融會折衷，備茲文質。其所探索具在《談藝錄》。可謂良工心苦者。

沈德潛《論明詩十二斷句》論徐禎卿之詩論與詩作云：

清才最數徐昌穀，年少居然格老成。

《談藝錄》中宗法在，李青蓮更謝宣城。[82]

王文璋《題徐迪功集書一絕》也說：

獨秀江東早擅名，論文昭代得徐卿。[83]

胡應麟詩論

姚瑩也讚揚胡應麟詩論之精確與繁富。第五十一首云：

元瑞談詩富亦精，牙籤玉軸本縱橫。

世人總合論前輩，誰向齋頭擁百城。

胡應麟（1551－1602），字元瑞，更字明瑞，蘭溪人。萬曆丙子舉人。著有《少室山房稿》、《詩藪》等。《詩藪》分內編、外編、雜編、續編四部分，共二十卷。內編六卷，前三卷論古體詩，後三卷論近體詩；外編六卷，論上古至元各代詩歌；雜編六卷，前三卷論遺逸，考證前代散佚之篇章；後三卷論五代、南宋和金代等朝代的詩作；續編二卷，論述明代開國至嘉靖時期的作品。共十八卷。《詩藪》一書在後代有種種評論，或譏其羽翼王世貞之《藝苑卮言》者，錢謙益的《列朝詩集小傳》作《詩藪》二十卷，並云：

《詩藪》二十卷，自邃古迄昭代，下上揚扢，大抵奉元美

> 《卮言》爲律令，而敷衍其説，《卮言》所入則主之，所
> 出則奴之。[84]

《四庫全書總目提要》作十八卷，亦云：

> 是書凡内編六卷，分古今體各三卷。外編六卷，自周至元
> 以時代爲次；雜編六卷，分遺逸、閏餘，各三卷，皆其評
> 詩之語。《明史·文苑傳》曰：胡應麟幼能詩，萬曆四年
> 舉於鄉，久不第，築室山中，購書四萬餘卷，手自編次，
> 多所撰著。攜詩謁王世貞，世貞喜而激賞之，歸益自負。
> 所著《詩藪》十八卷，大抵奉世貞《卮言》爲律令而敷衍
> 其説，謂詩家之有世貞，集大成之尼父也。[85]

陳田《明詩紀事》：

> 元瑞著《詩藪》，附和《卮言》，元美大激賞之，許傳詩
> 統，謂後我而作者，其在此子矣。[86]

朱彝尊（1629－1709）雖有同樣看法，但言詞較不激烈。《靜志
居詩話》云：

> 《詩藪》一編，專以羽翼《卮言》，錢氏詬之太甚。觀
> 《少室山房筆叢》，沈酣四部，自不失爲讀書種子，詎可
> 因《詩藪》而概斥之乎？[87]

對胡應麟，姚瑩給予肯定的讚賞，讚美他的精銳的詩論，以及豐
富的學識。故云：「元瑞談詩富亦精，牙籤玉軸本縱橫。」陳田
《明詩紀事》本《明史·文苑傳》也說：

> 元瑞嗜書，購四萬餘卷，築室貯之。

錢謙益詩說

　　姚瑩《論詩絕句六十首》有兩處提到錢謙益（1582－1664）
對明代詩人的批評。其一爲評徐禎卿的詩作：

> 迪功《談藝》入精深，歷下歸來別賞心。

鸚鵡華開都棄卻，虞山反認操吳音。

　　姚氏肯定徐禎卿到歷下後受到李夢陽的影響而棄卻早年追求華麗詩風的改變。錢謙益卻欣賞徐禎卿早年的作品，不滿因為李夢陽的影響而轉變他的詩作道路。因此姚瑩一方面讚賞徐氏後來的作品為「別賞心」，另一方面則批評錢氏之見為「反認操吳音」了。錢氏之所以對徐禎卿詩風之轉變會有微詞，和他對前後七子的不滿有關。錢氏極力抨擊前後七子，特別是七子之代表人物李夢陽、何景明、李攀龍、王世貞的作品。如批評李夢陽的文學主張，為模擬剽賊，為嬰兒學語，為桐子洛誦，斷絕天下讀書種子。《列朝詩集小傳》云：

> 獻吉以復古自命，曰古詩必漢、魏，必三謝；今體必初、盛，必杜，舍是無詩焉，率牽模擬剽賊於聲字句之間，如嬰兒之學語，如桐子之洛誦，字則字，句則句，篇則篇，毫不能吐其心之所有。[88]

譏刺何景明的詩說使後代謬學泛濫，令後生面目向背不知向方。《列朝詩集小傳》云：

> 余獨怪仲默之論，曰詩溺於陶，謝力振之，古詩之法亡於謝；文靡於隋，韓力振之，古文之法亡於韓。嗚呼！詩至於陶、謝，文至於韓，亦可以已矣。仲默不難以一言抹殺者，何也？……弘、正以後，偏謬之學，流為種智，後生面目儊背，不知向方，皆仲默謬論人之質的也。[89]

批評李攀龍闇學自師，封古為是，刻意揭露其詩作之種種缺點。《列朝詩集小傳》云：

> 《易》云：擬議以成其變化。不云擬議以成其臭腐也。易五字而為《翁離》，易數句而為《東門行》、《戰城南》。盜《思悲翁》之句，而云烏子五，烏母六，陌上桑。竊

> 《孔雀東南飛》之詩，而云西鄰焦仲卿、蘭芝對道隅。影
> 響剽賊，文義違反，擬議乎？變化乎？[90]

有關錢氏對前後七子之批評，後之論者有不同的看法。有不接受
他的意見的，如葉紹本《仿遺山論詩得絕句廿首》云：

> 白雪樓高氣自清，弇州健筆亦縱橫。
>
> 憑君莫信虞山語，浪子前朝本竊名。[91]

屈復《論詩絕句三十四首》則責怪這是錢氏文人相輕的表現：

> 三代而還盡好名，文人自古善相輕。
>
> 鍾、譚死後虞山出，從此前賢畏後生。[92]

其二為批評程嘉燧的詩作，姚瑩云：

> 石臼、松圓兩布衣，夢陽佳句果然希。
>
> 欲推中晚加初盛，卻笑虞山枉是非。[93]

程嘉燧與錢謙益為至交。錢氏在他的《耦耕記》一文中嘗描述他
和程氏相識並相處非常融洽的情形道：

> 萬曆丁巳之夏，予有幽憂之疾，負痾拂水山居，孟陽從嘉
> 定來，流連旬月，山翠濕衣，泉流聒枕，相與顧而樂之，
> 遂有棲隱之約。[94]

錢謙益編纂《列朝詩集》，程氏亦曾參與並給予錢氏相當大的影
響。該書錢謙益《序》云：

> 孟陽之言曰：元氏之集詩也，以詩繫人，以人繫傳，中州
> 之詩，亦金源之史也。吾將仿而為之。吾以采詩，子以庀
> 史，不亦可乎？山居多暇，撰次《國朝詩集》幾三十家，
> 未幾罷去，此天啟初年事也。[95]

因此錢謙益高贊程嘉燧之詩論及詩作。《列朝詩集小傳》「程嘉
燧傳」云：

> 孟陽之學詩也，以為學古人之詩，不當但學其詩，知古人

之爲人，而後其詩可得而學也。其志潔，其行芳，……此古人之人，而古人之所以爲詩也。知古人之所以爲詩，然後取古人之清詞麗句，涵詠吟諷，深思而自得之。久之於意言音節之間，往往若與其人遇者，而後可以言詩。蓋孟陽之詩成，而其爲人已邈然追古人於千載之上矣。[96]

又云：

孟陽讀書，不務博涉，精研簡練，采掇精英。晚尤深老、莊、荀、列、楞嚴諸書，鉤纂穿穴，以爲能得其用。其詩以唐人爲宗，熟精李、杜二家，深悟剽賊比擬之繆。七言今體約而之隨州，七言古詩放而之眉山，此其大略也。晚年學益進，識益高，盡覽中州、道園及國朝青丘、海叟、西涯之詩，老眼無花，炤見古人心髓，於汗青漫漶丹粉凋殘之後，爲之抉擿其所由來，發明其所以合轍古人，而迥別於近代之俗學者，於是乎王、李之雲霧盡掃，後生之心眼一開，其功於斯道甚大，而世或未之知也。[97]

因此在錢氏的《列朝詩集》中，選程氏的詩作特多，共二百十五首，名列在高啓、劉基、李東陽、楊基、袁凱、張羽之後，列第七位，遠遠超越李夢陽的五十首，何景明的一百零二首，王世貞的七十首，李攀龍的二十五首。在姚瑩的這一首詩中，他先肯定邢孟貞與程嘉燧雖然都只是布衣，沒有什麼官爵，但是他們的作品是有一定的成就的。其中嘉燧詩作的佳句更爲希珍。不過，錢謙益把程嘉燧的詩作成就推許至一個極高點位置，姚氏就批評爲「欲推中晚加初盛」之「枉是非」了。案：沈德潛《明詩別裁》論程嘉燧詩云：

孟陽詩亦娟秀少塵。自錢牧齋訾謷李、何、王、李諸人，推孟陽爲一代宗主，幾與高季迪、李賓之前後相埒矣，而

> 陽羨邵子湘有心矯枉，摘其累句，……謂其穢褻俚俗，幾
> 於身無完膚矣。予錄其氣清格整去風雅未遠者四章，見孟
> 陽自有眞詩，勿因牧齋之過許而毛舉其疵以掩之也。[98]

這種對程嘉燧詩作的態度與姚瑩相近，至於一些評論如朱彝尊的
見解，則顯得極爲激烈了。朱彝尊《明詩綜》評程嘉燧詩與錢謙
益之高崇程詩之意見云：

> 孟陽格調卑卑，才庸氣弱。近體多於古風，七律多於五
> 律。如此伎倆，令三家村夫子，誦百翻兔園冊，即優爲之，
> 奚必讀書破萬卷乎？蒙叟深懲何、李、王、李流派，乃於
> 明三百年中，特尊之爲詩老。六朝人語云：欲持荷作柱，
> 荷弱不勝梁；欲持荷作鏡，荷暗本無光。得毋類是與？[99]

又云：

> 虞山錢氏，諡嘉定程孟圓曰：松圓詩老，謂能炤見古人心
> 髓，若親灸古人，而得其指授，嘆爲古未有。新安閔景賢
> 輯明布衣詩，推歸安吳允兆爲中興布衣之冠，是皆阿其所
> 好，不顧千秋之公是公非。以余觀二子之作，以政則魯、
> 衛，以風則曹、檜，陳詩者不廢斯幸矣。[100]

又云：

> 嘉定四先生詩文，要當推叔達第一，長蘅、子柔且遜席，
> 矧孟陽乎？錢氏謂其放筆而成，繹其辭，乃追而出者。由
> 其欲伸孟陽，故有意抑之爾。[101]

王應奎《柳南隨筆》亦評云：

> （錢氏）於古人詩極推元裕之，於今人詩極推程孟陽，皆
> 未免過當。[102]

朱炎《讀明人詩絕句三十首》評程嘉燧詩作時云：

> 柳愛、松圓日唱酬，尚書消遣絳雲樓。

不應援卻《中州》例，曲沼清泉壓眾流。[103]

詩後有註云：

> 松圓依虞山，唱和詩刻《初學集》者，與柳如是並。《列
> 朝詩選》推為一代之冠，稱松圓詩老，以擬《中州集》之
> 辛敬之，此論未工。

徐以坤《戲為絕句》云：

> 秀州一老腹便便，博物研經取次專。
>
> 詩史一朝公論在，獨嗤蒙叟愛松圓。[104]

張晉《仿元遺山論詩絕句六十首》：

> 詩才詩筆總難全，阿好何能賺後賢。
>
> 底事虞山老宗伯，一生傾倒獨松圓？[105]

錢氏除了編選《列朝詩集》、《吾炙集》之外，也箋註杜甫詩。
其杜詩箋註，可謂開清代杜詩學之先河。論者也非常讚賞其註杜
之工作。如沈景修《讀國朝詩集一百首》云：

> 易簀難忘死豹皮，草堂箋註費覃思。[106]

沈德潛詩觀

　　姚瑩《論詩絕句六十首》有一處提及沈德潛的詩見。第五十
八首云：

> 海內談詩王阮亭，拈華妙諦入空冥。
>
> 他年笑煞長洲老，苦與唐賢論戶庭。

　　長洲老，指的就是沈德潛。沈德潛，字確士，號歸愚，長州
人。乾隆四年己未（1739）進士，由編修歷官至禮部侍郎。著有
《歸愚詩文集》並選有《古詩源》、《唐詩別裁集》、《明詩別
裁集》以及《國朝詩別裁集》。論者多讚賞沈氏詩選別裁之作。
劉綸《跋沈歸愚少宗伯詩卷》云：

> 壇坫東南仗總持，天將甲子與編詩。[107]

朱彭年《仿元遺山論詩絕句》云：

> 別裁僞體頗芟除，晉楷唐臨勤獵漁。
>
> 前有阮亭後確士，工於持論兩尚書。[108]

柳商賢《蘇州論詩絕句》云：

> 歸然吳下舊詩翁，放黜淫哇賴折衷。
>
> 獨爲後生標準的，起衰無愧廓清功。[109]

孫雄（1866－1923）《論詩絕句》云：

> 別裁鉅集匯風騷，敦厚溫柔取義高。
>
> 雅望耆年天錫嘏，後生何事苦訾謷。[110]

張晉《仿元遺山論詩絕句六十首》：

> 別裁僞體有誰如？綺語淫詞一例除。
>
> 留得後人津逮在，江南一個老尚書。[111]

或稱讚沈氏編輯各種詩選之勤奮。方廷楷《習靜齋論詩百絕句》云：

> 河汾門下盡能文，細檢詩裁老尚勤。[112]

或嘆賞其論詩之主張。王昶（1724－1806）《舟中無事偶作論詩絕句四十六首》云：

> 百代風騷主盛唐，詩壇端合繼高王。
>
> 別裁僞體親風雅，不解群兒故謗傷。[113]

姚氏於此詩中表示王士禎詩論已了解到詩家空靈妙悟的境界，不像沈德潛，只會斤斤於議論唐代詩人的優劣。在姚氏其他論詩的作品中，也有對沈德潛詩見表示不滿的議論。《張南山詩序》道：

> 明何、李之論詩，以學至也；學之失則有形合神異者矣。
>
> 王阮亭之言悟，捄其失也，而非廢學也。悟之失，則又有以不至爲至，不得爲得者矣，沈歸愚是也。[114]

姚瑩除了對以上各家的詩見提出他的看法之外，也在《論詩絕句

六十首》中言及**李白**(701－762)讚賞**謝朓**(469－499)之佳句，導致後人只從謝氏的個別詩句來認識謝詩；讚揚**朱熹**(1130－1200)賞識**陳子昂**(656－695)的《感遇詩》；讚許賀知章能賞鑒李白；批評姚鉉《唐文粹》只取**柳宗元**(773－819)《平淮西雅》之作，而忽略他的五言詩；不滿**韓愈**(768－824) 推許**盧同**（？－875）與樊宗師之險怪詩風；同意**蘇軾**(1037－1101) 對**劉禹錫**（772－842)《竹枝詞》的肯定；批判後人只會從**陸游**（1125－1210）的梅花之作來欣賞陸詩；等等。有關這一切，將會在本書第四章至第七章中論析，可參照。

【註釋】

[1]杜甫《杜工部集》卷十六。頁一。（台北 ： 學生書局影宋王洙本，
　　1967）。

[2]同上書。卷七。頁二十四。

[3]黃維申《再題杜集》。見《萬首論詩絕句》。頁742。

[4]陸游《老學庵筆記》。《津逮秘書》。汲古閣本。第十集。

[5]況澄《論詩》。見《萬首論詩絕句》。頁882。

[6]楊慎《升庵詩話》。卷五。頁七。《續歷代詩話》（台北 ： 藝文印書
　　館）。

[7]見《師友詩傳錄》。《清詩話》（北京：中華書局，1963），頁129。

[8]姚瑩《康輶紀行》。卷十三。頁43。《中復堂全集》。沈雲龍主編《近
　　代中國史料叢刊續輯》（台北：文海出版社）。

[9]張謙宜《親齋詩談》卷二。見《清詩話續編》。頁802。

[10]同上註。

[11]同註9。

[12]戴森《論詩絕句》。見《萬首論詩絕句》。頁1196。

[13]田雯《古歡堂雜著》卷一。見《清詩話續編》。頁692。

[14]陳延傑《詩品註》（北京：人民文學出版社，1961），頁4。

[15]《四庫全書總目提要》。卷一百八十六。頁一。(台北：藝文印書館)。

[16]毛晉《跋》。殷璠《河嶽英靈集》。卷下。頁十四至十五。《唐人選唐詩》（台北：大通書局影中央圖書館藏明崇禎元年虞山毛氏汲古閣刊本），頁1369。

[17]《四庫全書總目提要》。卷一百八十六。頁十八至十九。

[18]高仲武《中興間氣集序》。《唐人選唐詩》。頁990－991。

[19]晁公武《郡齋讀書志》。《四庫全書》(台北：商務印書館影文淵閣本)。

[20]陳振孫《直齋書錄解題》。《四庫全書》（台北：商務印書館影文淵閣本）。

[21]胡震亨《唐詩癸籤》。卷三十一。(上海：古典文學出版社，1957)，頁266－267。

[22]《四庫全書總目提要》。卷一百八十六。頁十四。

[23]殷璠《河嶽英靈集》。《唐人選唐詩》。頁1114－1115。

[24]《四庫全書總目提要》卷一百八十六。頁八。

[25]殷璠《河嶽英靈集論》。《唐人選唐詩》頁1117－1118。

[26]許學夷《詩源辯體》。卷三十六。（北京：人民文學出版社，1987），頁355。

[27]毛先舒《詩辯坻》卷三。《清詩話續編》。頁46。

[28]沈德潛《說詩晬語》卷下。見《清詩話》（北京：中華書局，1963），頁556。

[29]鄭谷《讀前集二首》。見《萬首論詩絕句》。頁42。

[30]姚合《極玄集序》。《唐人選唐詩》。頁318。

[31]陳振孫《直齋書錄解題》。《四庫全書》（台北：商務印書館影文淵閣本）。

［32］胡震亨《唐音癸籤》。同本章註21。頁267。

［33］《四庫全書總目提要》。卷一百八十六。頁二十。

［34］蔣易《極玄集序》。同上註。頁913。

［35］許學夷《詩源辯體》。卷三十六。頁357－358。

［36］《四庫全書總目提要》。卷一百九十五。頁四十一至四十二。

［37］同上書。

［38］郭紹虞《滄浪詩話校釋》（北京：人民文學出版社，1983），頁26。

［39］黃景進《嚴羽及其詩論研究》（台北：文史哲出版社，1986），頁82。

［40］馬長海《效元遺山論詩絕句四十七首》。見《萬首論詩絕句》。頁358。

［41］黃承吉《偶題滄浪詩話》。見《萬首論詩絕句》。頁744。

［42］同上註。

［43］同上註。

［44］嚴羽《滄浪詩話》。郭紹虞《滄浪詩話校釋》。同本章註38。頁11－12。

［45］謝啓昆《讀全宋詩仿元遺山論詩絕句二百首》。見《萬首論詩絕句》。
　　　頁501。

［46］潘德輿《養一齋詩話》卷一。參閱《清詩話續編》。頁2010至2011。

［47］兪交心《雜題》。見《萬首論詩絕句》。頁341。

［48］紀昀《讀蓮洋集四首》。見《萬首論詩絕句》。頁426。

［49］陳宸書《次龔南齋論詩絕句》。見《萬首論詩絕句》。頁1200。

［50］袁壽齡《茅庵夜坐與贊文談詩》。見《萬首論詩絕句》。頁680。

［51］林昌彝《論本朝人詩一百五首》。見《萬首論詩絕句》。頁1011。

［52］高錫恩《論詩有感作三絕句》。見《萬首論詩絕句》。頁934。

［53］謝綸《讀詩話》。見《萬首論詩絕句》。頁935。

［54］王士禎《唐賢三昧集序》。《漁洋文》。《帶經堂詩話》。卷四。頁
　　　97－98。

［55］《分甘餘話》。《帶經堂詩話》。卷二。頁65。

[56]《池北偶談》。《帶經堂詩話》。卷二。頁65。

[57]翁方剛《杜詩熟精文選理理字說》。見《復初齋文集》。

[58]《香祖筆記》。《帶經堂詩話》卷三。頁69。

[59]王士禎《蠶尾續文》。見《帶經堂詩話》卷三。頁83。

[60]王士禎《香祖筆記》。見《帶經堂詩話》卷三。頁83。

[61]王士禎《居易錄》。見《帶經堂詩話》卷三。頁81。

[62]《師友詩傳續錄》。見《清詩話》。頁150。

[63]《居易錄》。《帶經堂詩話》。卷三。頁89。

[64]《居易錄》。見《帶經堂詩話》卷三。頁73。

[65]《漁洋詩話》卷下。見《清詩話》。頁187。

[66]《蠶尾續文》。《帶經堂詩話》。卷三。頁78。

[67]《池北偶談》。《帶經堂詩話》。卷三。頁68。

[68]《漁洋文》。《帶經堂詩話》。卷三。頁78。

[69]宋犖《漫堂說詩》。《清詩話》。頁417。

[70]李兆元《論詩絕句》。見《萬首論詩絕句》。頁654。

[71]翁心存《論詩絕句十八首》。見《萬首論詩絕句》。頁877。

[72]馬長海《效元遺山論詩絕句四十七首》。見《萬首論詩絕句》。頁359。

[73]錢樹本《讀國朝諸大家詩各繫絕句》。見《萬首論詩絕句》。頁1203。

[74]李翊《題毛西河詩話後》。參閱《萬首論詩絕句》。頁444。

[75]茹綸常《題西郊先生戊子詩稿四首》。見《萬首論詩絕句》。頁592。

[76]吳嵩梁《爲覃溪師題王漁洋秋林讀書圖》。見《萬首論詩絕句》。頁706。

[77]《四庫全書總目提要》。卷一百七十一。

[78]見《明詩紀事》。戊籤。卷二。頁14－1177。

[79]王士禎《漁洋詩話》。《帶經堂詩話》。卷二。頁58。

[80]毛先舒《詩辯坻》卷三。見《清詩話續編》。頁71。

[81]同上註。

[82]沈德潛《論明詩十二斷句》。見《萬首論詩絕句》。頁384。

[83]王文瑋《題徐迪功集書一絕》。見《萬首論詩絕句》。頁905。

[84]錢謙益《列朝詩集小傳》丁集上。頁447。

[85]《四庫全書總目提要》。卷一百九十七。頁三十三。

[86]見《明詩紀事》。己籤。卷六。頁14－1980。

[87]朱彝尊《明詩綜》。卷四十七。頁二十六。

[88]錢謙益《列朝詩集小傳》丙集。頁311。

[89]《列朝詩集小傳》丙集。頁323。

[90]《列朝詩集小傳》丁集上。頁428。

[91]葉紹本《仿遺山論詩得絕句廿首》。參閱《萬首論詩絕句》。頁729。

[92]屈復《論詩絕句三十四首》。見《萬首論詩絕句》。頁372。

[93]桃瑩《論詩絕句六十首》。見《萬首論詩絕句》。頁761。

[94]見《初學集》卷四十五。《四部叢刊初編》本。

[95]《列朝詩集小傳》。頁819。

[96]同上書。丁集下。頁576。

[97]同上書。頁577。

[98]沈德潛《明詩別裁》。卷十。頁七二。

[99]朱彝尊《明詩綜》。卷六五。頁七。

[100]同上註。

[101]《明詩綜》。卷六十五。頁四。

[102]王應奎《柳南隨筆》。卷四。頁二六。《借月山房彙鈔》（臺北：義
　　　士出版社，1968）。

[103]朱炎《讀明人詩絕句三十首》。見《萬首論詩絕句》。頁557。

[104]徐以坤《戲為絕句》。見《萬首論詩絕句》。頁560。

[105]張晉《仿元遺山論詩絕句六十首》。參閱《萬首論詩絕句》。頁670。

[106]沈景修《讀國朝詩集一百首》。見《萬首論詩絕句》。頁1387。

[107]劉綸《跋沈歸愚少宗伯詩卷》。見《萬首論詩絕句》。頁374。

[108]朱彭年《仿元遺山論詩絕句》。見《萬首論詩絕句》。頁1404。

[109]柳商賢《蘇州論詩絕句》。參閱《萬首論詩絕句》。頁1409。

[110]孫雄《論詩絕句》。見《萬首論詩絕句》。頁1655。

[111]張晉《仿元遺山論詩絕句六十首》。參閱《萬首論詩絕句》。頁671。

[112]方廷楷《習靜齋論詩百絕句》。見《萬首論詩絕句》。頁1271。

[113]王昶《舟中無事偶作論詩絕句四十六首》。見《萬首論詩絕句》。頁432。

[114]姚瑩《張南山詩序》。《東溟外集》卷一。《中復堂全集》。

第四章　姚瑩《論詩絕句六十首》論漢魏南北朝詩人

　　姚瑩《論詩絕句六十首》自第三首起至第五十三首，分別評論自漢、魏至清代的詩人與詩作。其中論及漢、魏至南北朝的有九首，詩人十九位，爲李陵、蘇武、曹丕、曹植、陸機、潘岳、左思、阮籍、嵇康、郭璞、陶淵明、謝靈運、任昉、沈約、江淹、鮑照、顏延之、謝朓，和庾信。正面論及的有十二位：曹丕、曹植、左思、阮籍、嵇康、郭璞、陶淵明、謝靈運、江淹、鮑照、謝朓，和庾信。旁及的有七位，爲：李陵、蘇武、陸機、潘岳、任昉、沈約，和顏延之。茲分別論析如下：

蘇武、李陵

　　姚瑩《論詩絕句六十首》評論漢、魏、晉，與南北朝詩人與詩作的九首作品中，盛讚蘇武與李陵之詩風，認爲他們建立了優良的詩歌傳統。第五首云：

　　　建安後格多新麗，蘇李前風盡已乖。

蘇武，字子卿，曾經出使匈奴，被囚禁達十八年。《文選》載有《蘇子卿詩四首》。李陵(？－前74)，字少卿，爲漢名將李廣之孫。曾任騎都尉。天漢年間，率領步卒五千人，攻打匈奴，槍盡彈絕投降，匈奴封爲右校王。《文選》有《與蘇武詩三首》。有些學者認爲蘇武與李陵上述之作爲僞作。劉勰《文心雕龍》云：

　　　成帝品錄，三百餘篇，……而詞人遺翰，莫見五言，所以李陵、班婕妤見疑於後代也。[1]

張玉穀《論古詩四十首》之八亦云：

五字開山李與蘇，李清蘇厚卻微殊。

當時擬作雖傳後，魚目終難混寶珠。[2]

毛先舒《詩辯坻》更稱之爲僞詩，並認爲是建安諸子所作。其言
云：

僞蘇、李《錄別》十首，氣露調疾，中有險峭語，欲勝河
梁，當是建安諸子之擬作。[3]

不過，有些學者不同意此說。嚴羽《滄浪詩話》云：

五言起於李陵、蘇武。[4]

許學夷《詩源辯體》也表示不能以《左傳》、《史記》沒有錄及
之人與事，來否定那些人與事存在的事實，從而以成帝之品錄雖
不及蘇武與李陵詩作，卻不能以此來否定這些詩作爲蘇、李所
作。其言云：

《左氏傳》子長不及見，《漢書》所載而《史記》有弗詳
者，正以當時書籍未盡出故耳。由是言之，成帝品錄而不
及蘇、李，又何疑焉？東坡嘗謂蘇、李之天成，是矣。[5]

王士禎(1634－1711)的《漁洋文》談及五言古詩的淵源時，也提
及五言句首見於《三百篇》，但是到了蘇武與李陵，這種詩體經
已大備。言下也肯定了蘇武、李陵作五言詩的眞實性。其言云：

夫古詩，難言也。詩三百篇中何日不鼓瑟、誰謂崔無角、
老馬反如駒，之類，始爲五言權輿。至蘇、李、十九首，
體制大備。[6]

論者有以李陵、蘇武詩爲六朝人所作者，楊愼《升庵詩話》辯之
云：

蘇文忠公云：蘇武、李陵之詩，乃六朝人擬作。宋人遂謂
在長安而言江漢盈卮酒之句，又犯惠帝諱，疑非本作。予

考之，殆不然。班固《藝文志》有蘇武集李陵集之目，摯
虞，晉初人也，其《文章流別志》云：李陵眾作，總雜不
類，殆是假托，非盡陵志。至其善篇有足悲者，以此可之，
其來古矣，即使假托，亦是東漢及魏人張衡、曹植之流始
能之耳。杜子美云：李陵、蘇武是吾師。子美豈無見哉。
東坡跋黃子思詩云：蘇、李之天成，尊之亦至矣。其曰六
朝擬作者，一時鄙薄蕭統之偏辭耳。[7]

賀貽孫《詩筏》亦云：

蘇、李詩有江漢語，子瞻以為齊、梁小兒擬作，非也。使
果擬作，則必如李陵《與子卿書》，附會《史》、《漢》，
有一種掩飾怨尤之語，簡點詳慎，決不露破綻矣。其所云
江漢，或子卿未出使時，兩人相別語也。若骨肉緣枝葉為
別兄弟，結髮為夫妻為別妻詩，不必盡別李陵也。惟黃鵠
一遠別篇，有念子不能歸之句，頗似異域相別語耳。李陵
詩第二首云：嘉會難再遇，三載為千秋，亦非異域送別
詩。子卿以辛巳被羈，至庚子始歸。李少卿自壬午敗降，
與子卿周旋已十九年矣，寧止三載乎？獨首篇云：長當送
此別，且復立斯須。二語痴妙，真異域永訣語也。末篇：
安知非日月，弦望自有時，尚有首丘之思，寓意深矣。三
首非出自一時，然非偽也。[8]

牟願相《小澥草堂雜論詩》評蘇、李詩云：

蘇、李詩如清廟朱弦，古音嘹喨。[9]

又云：

坡疑蘇、李河梁之詩為偽撰，微論蘇、李，即《錄別》擬
作，亦非魏、晉所及。[10]

許奉恩《蘭苕館論詩》也表示五言詩的宗祖乃蘇、李的詩作：

> 劉、項開先蘇、李從，正聲天地啓黃鍾。
>
> 大風垓下七言祖，落日河梁五字宗。[11]

高彤《讀詩雜感》也說：

> 蘇、李河梁五言祖，古詩十九楚騷餘。
>
> 誰云不是西京響，貌襲神摹總不如。[12]

姚瑩既言「蘇、李前風」，顯然也是肯定上述詩作爲蘇武、李陵二人所作。從「蘇、李前風盡已乖」一句，亦可見及姚氏對蘇武、李陵詩之頌揚。鍾嶸（469－518）《詩品》列李陵之作爲上品，並云：

> 其源出於《楚辭》，文多淒愴，怨者之流。陵，名家子，有殊才，生命不諧，聲頹身喪。使陵不遭辛苦，其文亦何能至此。[13]

劉熙載《藝概》：

> 李陵《贈蘇武》五言，但敍別愁，無一語及於事實，而言外無窮，使人黯然不可爲懷。[14]

胡應麟（1551－1602）《詩藪》云：

> 蘇、李錄別，枚、蔡言情，嗣宗感懷，太沖詠史，靈運紀勝，雖代有後先，體有高下，要皆古今絕唱。爲其題者，不用其格，便非本色；一剽其語，決匪名家。[15]

　　建安之後，詩風轉變。前代那種能夠反映時局變化，充滿情感悲憤的風氣蕩然不存。代之而起的是講究文詞新奇，著重形式之作。劉勰《文心雕龍·時序篇》云：

> 自獻帝播遷，文學轉蓬。建安之末，區宇方輯。……觀其時文，雅好慷慨，良由世積亂離，風衰俗怨，並志深而筆長，故梗概而多氣也。[16]

又《明詩篇》云：

> 暨建安之初，五言騰躍；文帝、陳思，縱轡以騁節；王、
> 徐、應、劉，望衢路而爭驅；並憐風月，狎池苑，述恩榮，
> 敘酣宴，慷慨以任氣，磊落以使才；造懷指事，不求纖密
> 之巧，驅辭逐貌，唯取昭晰之能；此其所同也。及正始明
> 道，詩雜仙心，何晏子徒，率多浮淺。……晉世群才，稍
> 入輕綺，張、潘、左、陸，比肩詩衢，采縟於正始，力柔
> 於建安，或析文以爲妙，或流靡以自妍，此其大略也。[17]

姚瑩以「建安後格」和「蘇李前風」對舉，不滿建安後詩格之多
新麗，而感慨蘇武、李陵前風之頓失。所謂「蘇、李前風」之具
體情況究竟爲何，姚氏沒有進一步論述，李玉州《與張支百研江
話詩隨筆九首》之一云：

> 空中天籟本吾師，蘇、李何心獨創奇？
>
> 吟到河梁離別句，片言流出是真詩。[18]

以蘇武、李陵所表露的是出自于內心的，真實有如天籟的性情。
這性情之真是和有意「獨創奇」的追求新奇的詩風是相反的。因
此有些論者就直以蘇、李繼承國風之精神。**李希聖**(1864－1905)
《論詩絕句四十首》之一云：

> 五字河梁出國風，論文已較長卿工。[19]

直把這種「出國風」的精神和「長卿工」的追求形式美的新麗之
風對立起來。鍾嶸《詩品序》曾敘及後世這種新麗之風蔓延、滋
長的情況云：

> 降及建安，曹公父子，篤好斯文；平原兄弟，鬱爲文棟；
> 劉禎、王粲，爲其羽翼。次有攀龍附鳳，自致於屬車者，
> 蓋將百計。彬彬之盛，大備於時矣。爾後陵遲衰微，迄於
> 有晉。[20]

這也是姚瑩所說的「建安後格多新麗，蘇、李前風盡已乖」的意思。

曹丕、曹植

　　姚瑩《論詩絕句六十首》之第三首云：

　　　　高燕陳詩銅雀台，子桓兄弟不須猜；

　　　　胡床粉髻天人語，獨有思王八斗才。

　　姚氏於魏代，特舉曹丕、曹植兩人。**曹丕**(187－226)，字子桓。為曹操嗣子。中平四年冬，生于譙。建安十六年，為五官中郎將、副丞相。二十三年立為太子，二十五年，曹操死，嗣位為丞相，襲爵魏王，遂改建安二十五年為延康元年。冬，代漢即位為魏文帝。改延康為黃初。在位七年，病死。**曹植**(192－332)，字子建。為曹操第三子。封陳王。號思，世稱陳思王。建安十六年封平原侯，十九年封臨淄侯，二十二年增邑五千，並前萬戶。二十四年，曹仁為關羽所困，曹操以植為南中郎將，行征虜將軍，欲遣救仁，植醉不受命，從此失寵。曹丕即位，深受猜忌與迫害，黃初二年，貶爵安鄉侯，改封鄄城侯。三年，立為鄄城王。後封為陳王。曹叡即位，情況依然，遂憂鬱而卒。著有《曹子建集》。《三國志·陳思王傳》：

　　　　陳思王植字子建。年十歲餘，誦讀詩、論及辭賦數十萬言。善屬文。太祖嘗視其文，謂植曰：汝倩人邪？植跪曰：言出為論，下筆成章，顧當面試，奈何倩人？時鄴銅雀台新成，太祖悉將諸子登台，使各為賦。植振筆立成，可觀，太祖甚異之。[21]

姚瑩詩中之「高燕陳詩銅雀台」，即引用此事以言當時文學的盛況，及曹植之高才。姚詩云：「子桓兄弟不須猜。」也牽涉到中國文學評論界經常談論的曹丕與曹植詩作高下之問題。論者或以曹丕高於曹植。王世貞《藝苑卮言》：

　　　　曹公莽莽，古直悲涼。子桓小藻，自是樂府本色。子建天

才流麗，雖譽冠千古，而遜父兄。何以故？材太高，辭太華。[22]

王夫之（1619－1692）《夕堂永日緒論內編》云：

> 曹子建之於子桓，有仙凡之隔，而人稱子建，不知有子桓。俗論大抵如此。[23]

又云：

> 建立門庭，自建安始。曹子建鋪排整飾，立階級以賺人升堂，用此致諸趨赴之客，容易成名。伸紙揮毫，雷同一律。子桓精思逸韻，以絕人攀躋，故人不樂從，反爲所掩。子建以是壓倒阿兄，奪其名譽，實則子桓天才駿發，豈子建所能壓倒耶？[24]

多數論者伸植而抑丕，如鍾嶸《詩品》列曹植爲上品，曹丕爲中品，揚植抑丕，並云：

> 陳思爲建安之傑。[25]

又云：

> 陳思之於文章也，譬人倫之有周孔，鱗羽之有龍鳳，音樂之有琴笙，女工之有黼黻。[26]

又云：

> 故孔氏之門如用詩，則公幹升堂，思王入室，景陽、潘、陸，自可坐於廊廡之間矣。[27]

備極推崇。胡應麟《詩藪》亦云：

> 魏文《雜詩》：漫漫秋夜長，獨可與屬國並馳，然去少卿尚一線也。樂府雖酷是本色，時有俚語，不若子建純用己調。[28]

《古詩歸》中鍾惺（1574－1624）言曰：

> 子建柔情麗質，不減文帝，而肝腸氣骨，時有塊磊處，似

爲過之。

陳祚明《采菽堂古詩選》：

> 子建既擅凌屬之才，兼饒藻組之學，故風雅獨絕。不甚法
> 孟德之健筆，而窮態極變，魄力厚於子桓。

所以劉勰《文心雕龍》不得不持平地說：

> 魏文之才，洋洋清綺，舊談抑之，謂去植千里。然子建思
> 捷而才俊，詩麗而表逸，子桓慮詳而力緩，故不競於先
> 鳴。而樂府清越，典論辯要。迭用短長，亦無懵焉。但俗
> 情抑揚，雷同一響，遂令文帝以位尊減才，思王以勢窘益
> 價，未爲篤論也。[29]

　　關於二曹之高下，姚氏認爲「不須猜」，直接稱許曹植的作
品，並許之爲「天人語」。詩中所說的「胡床粉鬢天人語」，乃
依據《三國志·魏書·王粲傳》註引《魏略》：

> 太祖遣淳詣植，植初得淳，甚喜，延入座，不先與談。時
> 天暑熱，植因呼常從取水自澡訖，傅粉。遂科頭拍袒，胡
> 舞五椎鍛，跳丸擊劍，誦俳優小說數千言訖，謂淳曰：邯
> 鄲生何如邪？於是乃更著衣幘，整儀容，與淳評說混元造
> 化之端，品物區別之意，然後論羲皇以來賢聖名臣烈士優
> 劣之差，次頌古今文章賦誄及當官政事宜所先後，又論用
> 武行兵倚伏之勢。乃命廚宰，酒炙交至，坐席默然，無與
> 伉者。及暮，淳歸，對其所知嘆植之材，謂之天人。[30]

王士禎（1634－1711）《戲仿元遺山論詩絕句》亦云：

> 巾角彈棋妙五官，搔頭傅粉對邯鄲。[31]

此皆爲姚氏所本。姚氏也稱讚曹植才高八斗：「獨有思王八斗
才。」按：李瀚《蒙求集註》云：

> 天下才共有一石，曹子建獨得八斗，我得一斗，自古及今

同用一斗，奇才敏捷，安有繼之。

後之論者也常以「八斗才」來稱讚曹植，或以此來比喻有如曹植一樣的才華。如馬長海《效元遺山論詩絕句四十七首》之二：

> 五官才調比陳思，那得應、劉許並馳。
>
> 眞是才華傾八斗，國風初變建安詩。[32]

張晉《仿元遺山論詩絕句六十首》之十一云：

> 謠入當塗漢業灰，建安風氣一時開。
>
> 仲宣公幹皆能賦，終讓陳王八斗才。[33]

黃維申《論詩絕句》云：

> 八斗清才振建安，無人抗手立騷壇。
>
> 琅琅樂府皆高調，七步狂吟不算難。[34]

許奉恩《蘭莟館論詩》：

> 高樓明月照流光，八斗才華詎可量？[35]

陳熾（1855－1900）《效遺山論詩絕句十首》：

> 應劉浪播當時譽，誰及陳思八斗才？[36]

所以張戒《歲寒堂詩話》直以「韻有不可及」高讚曹植詩：

> 韻有不可及者，曹子建是也；味有不可及者，淵明是也；才力有不可及者，李太白、韓退之是也；意氣有不可及者，杜子美是也。文章古今迥然不同，鍾嶸《詩品》以古詩第一，子建次之，此論誠然。[37]

沈德潛《古詩源》亦云：

> 子建詩五色相宣，八音朗暢，使才而不矜才，用博而不逞博，蘇、李以下，故推大家，仲宣、公幹，烏可執金鼓而抗顏行也！[38]

陸機、潘岳、左思

姚瑩《論詩絕句六十首》之第四首云：

> 傖父當年笑左思，三都賦出竟雄奇；
>
> 寧知陸海潘江外，別讓臨淄詠史詩。

於晉代詩人陸機、潘岳、左思三人之間，姚氏高贊左思的作品。左思（約250－約305），字太沖，齊國臨淄人。出身貧微，因妹以才名選入宮，移居洛陽，曾於張華任司空時當過祭酒，亦曾依附賈謐，賈謐被誅，左思退隱，後遷居冀州，病逝。著有《左太沖集》。左思構思十年，寫成《三都賦》。姚氏在這一首詩中，先據《晉書・左思傳》所載陸機譏諷左思語：

> 此間有傖父，欲作《三都賦》，須其成，當以覆酒甕耳。[39]

先說明左思之作品向不爲當時杰出的詩人如陸機與潘岳所看好。其後以左氏《三都賦》出，陸機慨嘆《三都賦》壯偉雄奇事爲引起，稱讚《三都賦》之傑出。《三都賦》之作，後代讚賞者甚多。劉勰《文心雕龍・才略》說：

> 左思奇才，業深覃思，盡銳於《三都》，拔萃於《詠史》。[40]

左思的其他詩作，歷代評者也多予以高讚。如王夫之《古詩評選》云：

> 三國之降爲西晉，文體大壞，都度都心，不絕於來茲者，非太沖其焉歸？[41]

張蔚然《西園詩塵習氣》更以左思與陶淵明並列，稱讚他們「無六朝習氣」，在眾詩人中脫穎而出：

> 在六朝而無六朝習氣者，左太沖、陶彭澤也。

鍾嶸《詩品》論左思云：

> 其源出於公幹。文典以怨，頗爲精切，得諷諭之致。雖野於陸機，而深於潘岳。謝康樂嘗言：左太沖詩，潘安仁詩，古今難比。[42]

並列左思之作爲上品。針對鍾氏所說的左氏詩「野於陸機，而深

於潘岳」的見解，論者持有不同意見。陳祚明《采菽堂古詩選》
以左思詩作在曹操與曹植的基礎上，或加以流麗，或獨能簡貴，
才雄志高，非陸機所能比。其言云：

> 太沖一代偉人，胸次浩落，灑然流詠。似孟德而加流麗，
> 仿子建而獨能簡貴。創成一體，垂式千秋。其雄在才，而
> 其高在志。有其才而無其志，語必虛矯；有其志而無其
> 才，音難頓挫。鍾嶸以爲野於陸機，悲哉，彼安知太沖之
> 陶乎漢、魏，化乎矩度哉？

胡應麟《詩藪》云：

> 平原氣骨遠非太沖比，然仲默亙稱阮、陸，獻吉並推陸、
> 謝，以其體備才兼，嗣魏開宋耳。[43]

沈德潛《古詩源》也認爲左思胸次高曠，筆力雄邁，非陸機、潘
岳所能比擬：

> 鍾嶸評左詩謂野於陸機，而深於潘岳，此不知太沖者也。
> 太沖胸次高曠，而筆力又復雄邁，陶冶漢、魏，自制偉詞，
> 故是一代作手，豈潘、陸輩所能比垺？[44]

黃子雲(1691－1754)《野鴻詩的》也以左思祖漢、魏而能獨創，
不沿襲前人，遠在陸機、潘岳等人之上：

> 太沖祖述漢、魏，而修詞造句，全不沿襲一句。落落寫來，
> 自成大家，視潘、陸諸人，何足數哉！[45]

所以張晉在他的《仿元遺山論詩絕句六十首》中比較潘岳、陸機
與左思時云：

> 潘、陸爭誇琢句工，可憐靡靡墜宗風。
> 當年誰握如椽筆，一代騷壇左太沖。[46]

蔣師轍《青州論詩絕句》也譏諷鍾嶸「野於陸機，深於潘岳」之
說云：

潘、陸才華並擅場，苦從深野判低昂。

須知源出劉文學，獨步終應冠太康。[47]

吳琪《六朝選詩定論》則針對「野於陸機」一點表示：

左太沖若有見於孔、顏用舍行藏之意，但其壯志勃勃，急於有爲，故氣象極似孟子。有入《選》數詩，廣大精微悉備。昔謂亞於士衡，殆就其詞句而論耳；若其造詣所得，較士衡則遠邁之矣。

論者也高度讚賞左氏《詠史》之作，例如胡應麟《詩藪》論左思之《詠史》云：

太沖《詠史》，景眞《游仙》，皆晉人傑作。詠史之名，起自孟堅，但指一事，魏杜摯贈毋丘儉，疊用入古人名，堆垛寡變。太沖題實因班，體亦本杜，而造語奇偉，創格新特，錯綜震蕩，逸氣干雲，遂爲古今絕唱。景純《游仙》，蓋本漢諸仙詩及思王五游升天諸作，而氣骨詞藻，率遠遜前人，非左敵也。[48]

沈德潛《古詩源》以左氏《詠古》善於表露一己之性情，而成爲千古絕唱：

太沖《詠史》，不必專詠一人，專詠一事，詠古人而己之性情俱見，此千秋絕唱也。後惟明遠、太白能之。[49]

劉熙載《詩概》云：

野者，詩之美也。故表聖《詩品》中有「疏野」一品。若鍾仲偉謂左太沖「野於陸機」，野乃不美之辭。然太沖是豪放，非野也。觀《詠史》可見。[50]

柯振嶽《論詩三十九首》之七以《詠史》通過凌雲健筆達致高越的成就：

左思健筆欲凌雲，郭璞幽情迥出群。

詠史、游仙俱高越，雖無古意也高文。[51]

張玉穀《論古詩四十首》也是如此，其言云：

論古須參己性情，驚人尤仗筆縱橫。

太沖詠史眞觀止，説與袁宏莫浪爭。[52]

黃維申《論詩絕句》則以世人只知欣賞左思的《三都賦》，而不知《詠史》詩，其實後者的成就尤高：

秘書少小博群書，柔翰揮成錦不如。

當世只誇三賦貴，豈知詠史駕黃初。[53]

姚瑩也說：「寧知陸海潘江外，別讓臨淄詠史詩。」肯定左思《詠史詩》的成就，並用陸機與潘岳來襯托它。

鍾嶸《詩品》曾評陸機與潘岳之作云：

嶸謂益壽輕華，故以潘爲勝；《翰林》篤論，故嘆陸爲深。

余常言：陸才如海，潘才如江。[54]

胡應麟《詩藪》亦云：

陸才如海，潘才如江，潘、陸之定品也。[55]

　　姚瑩乃引鍾嶸語，來襯托左思詠史詩之成就，更在陸機、潘岳之上。**陸機**（261－303），字士衡，吳郡吳縣華亭人。祖陸遜爲東吳丞相，父陸抗官至大司馬。陸機十四歲領父兵，爲東吳牙門將。吳亡，退居故里。太康末，與弟陸雲入洛陽，文章受廣泛推重，時稱二陸。陸機後任祭酒，又遷爲太子洗馬，著作郎。吳王出鎮淮南，以機爲郎中令，遷尚書中兵郎，轉殿中郎。趙王輔政，陸機任相國參軍，賜關中侯。著有《陸士衡集》十卷。**潘岳**（247－300），字安仁，滎陽中牟人。十九歲時，隨父到瑯琊，第二年，被闢爲司空太尉府，舉秀才。十年後，任河陽令，轉西安縣令，楊駿輔政，引岳爲太傅主簿。後任著作郎。著有《潘黃門集》。論者常以潘、陸並稱，或相互比述。劉義慶《世說新語》

引孫興公言云：

> 潘文淺而淨，陸文深而蕪。[56]

又云：

> 潘文爛若披錦，無處不善；陸文若排沙簡金，往往見寶。[57]

或抑陸揚潘，如陳祚明《采菽堂古詩選》以有盛情和不及情的標準認爲潘岳有詩而陸機無詩：

> 安仁過情，士衡不及情；安仁任天眞，士衡準古法；……故安仁有詩而士衡無詩。

或抑潘揚陸，如王夫之《古詩評選》以陸機不爲繁聲，不爲切響，風骨自拔，而潘岳、潘雲則充滿腐氣：

> 陸以不秀而秀，是云夕秀；乃其不爲繁聲，不爲切句，如此作者，風骨自拔，固不許兩潘腐氣所染。[58]

嵇康、阮籍

姚瑩《論詩絕句六十首》第五首談及蘇武與李陵詩作後云：

> 欲識遙深清峻旨，嵇公琴散阮公懷。

以在建安之後，蘇、李前風之流失，來讚揚處於這種情況下的嵇康與阮籍，都能夠秉承風雅傳統，突破建安之後多新麗的詩風。

嵇康（223－262），字叔夜，譙郡人。崇尚老、莊學說，反對虛僞禮法，以言論放蕩不容於帝王而受害。善聲律，行刑時，索琴彈日：「昔袁孝尼嘗從吾學《廣陵散》，吾每靳固之，《廣陵散》於今絕矣！」著有《嵇中散集》十卷。劉勰《文心雕龍·體性》云：

> 叔夜儁俠，故興高而采烈。[59]

所寫《廣陵散》，鮑倚雲《題聽奕軒詩詞卷八絕句》云：

> 苔荒巷冷掩荊扉，贈答詩篇病後稀。
> 弦絕廣陵中散在，尋聲琴德思依依。[60]

李群玉《言懷》讚賞嵇康之琴酒云：

> 白鶴高飛不著群，嵇康琴酒鮑昭文。[61]

阮籍(210－263)，字嗣宗，陳留尉氏人。建安七子之阮瑀之子。好談玄縱酒，也反對禮法。或閉門讀書，累月不出，或登臨山水，經日忘歸。曾爲尚書郎，以病免。曹爽輔政，召爲參軍，宣帝時爲太傅，命籍爲從事中郎。後又任景帝大司馬從事中郎。高貴鄉公即位，封關內侯，徙散騎常侍。文帝輔政，拜東平相，後又引爲大將軍從事中郎。其後要求爲步兵校尉。時率意獨駕，不由徑路，車跡所窮，輒慟哭而反。景帝四年冬，卒。著有《阮步兵集》。鍾嶸《詩品》給予阮籍《詠懷》詩高度的讚揚：

> 《詠懷》之作，可以陶性靈，發幽思，言在耳目之內，情寄八荒之表。洋洋乎會於風雅，使人忘其鄙近，自致遠大，頗多感慨之詞。厥旨淵放，歸趣難求。[62]

劉勰《文心雕龍·明詩篇》云：

> 唯嵇志清峻，阮旨遙深，故能標焉。[63]

劉熙載《詩概》：

> 叔夜之詩峻烈，嗣宗之詩曠逸。[64]

姚瑩本劉勰語以論阮籍與嵇康二人之作。故云：

> 欲識遙深清峻旨，嵇公琴散阮公懷。

阮籍之《詠懷詩》八十二首，極具盛名。前舉鍾嶸對此詩之評論，即爲一例。而嚴羽《滄浪詩話》曾讚許此詩之高古：

> 黃初之後，惟阮籍《詠懷》之作，極爲高古，有建安風骨。[65]

王世貞（1526－1590）《藝苑卮言》以《詠懷》善於表露感興觸遇，其言云：

> 阮公《詠懷》，遠近之間，遇境即際，興窮即止，坐不著

論，故佳耳。[66]

王夫之《古詩評選》更以《詠懷》上承《國風》、《十九首》，
並認為阮籍以高朗襟懷，高超之技巧來進行他的創作。其言云：

> 步兵《詠懷》自是曠代絕作，遠紹《國風》，近出入於《十
> 九首》，而以高朗之懷，脫穎之氣，取神似於離合之間，
> 大要如晴雲出岫，舒卷初無定質。而當其有所不極，則弘
> 忍之力，內視荊、聶矣。且其托體之妙，或以自安，或以
> 自悼，或標物外之旨，或寄疾邪之思；意固邐庭，而言皆
> 一致，信其當然而又不徒然，疑其必然而彼固不然。[67]

陳祚明《采菽堂古詩選》云：

> 阮公《詠懷》，神至之筆。觀其抒寫，直取自然，初非琢
> 煉之勞，吐以匠心之感，與《十九首》若離若合，時一冥
> 符。但錯出繁稱，辭多悠謬；審其大旨，始睹厥真。悲在
> 衷心，乃成楚調；而子昂、太白目為古詩，共相仿效，是
> 猶強取龍門憤激之書，命為國史也。且子昂、太白所處
> 之時，寧有阮公之情，而能效其所作也哉！公詩自學《離
> 騷》，而後人以為類《十九首》耳。

毛先舒《詩辯坻》云：

> 阮嗣宗《詠懷》，如浮雲衝飆，碕岸蕩波，舒慼倏忽，渺
> 無恆度。[68]

又云：

> 嗣宗運際鼎革，故《詠懷》詞近放蕩，指實悲憤，與嘆銅
> 駝、悲麥秀，亦連類之文也。[69]

況澄《仿元遺山論詩三十首》讚揚《詠懷》詩充滿憂患意識：

> 登高嘗嘆少英雄，更學楊朱泣路窮。
> 欲識嗣宗憂患意，《詠懷》八十二篇中。[70]

劉熙載《詩概》：

> 阮嗣宗《詠懷》，其旨固爲淵遠，其屬辭之妙，去來無端，
> 不可蹤跡。後來如射洪《感遇》，太白《古風》，猶瞻望
> 弗及矣。[71]

沈德潛《古詩源》認爲《詠懷》詩妙在所反映的情感多樣化，以
及表露方式之令人難以捉摸：

> 阮公《詠懷》，反復零亂，興寄無端，和愉哀怨，雜集於
> 中，令讀者莫求歸趣。必求時事以實之，則鑿矣。[72]

吳汝綸（1840－1903）《古詩鈔》：

> 阮公雖云志在刺譏，文多隱避，要其八十一章決非一時之
> 作，吾疑其總集平生所爲詩，題爲《詠懷》耳。

馮煦（1843－1927）《論六朝詩絕句仿元遺山體》詠阮籍云：

> 長嘯空山猿鶴驚，酒酣吟諷不勝情。
>
> 《詠懷》一卷愁中讀，半是窮途痛苦聲。[73]

郭璞

姚瑩《論詩絕句六十首》第六首云：

> 游仙詩思絕塵氛，服石餐霞氣軼群；
>
> 山海蟲魚曾註遍，不將淹博雜風雲。

姚氏讚揚郭璞的游仙詩。郭璞（276－324），字景純，河東
聞喜人。他除了在文學上有傑出之成就之外，也知識淵博，對古
文字及訓詁學等均有研究。代表作爲《游仙詩》十四首。今存有
《郭弘農集》。郭璞的《游仙詩》，人以爲飄飄凌雲。惟鍾嶸
《詩品》不同意此說，認爲「乖離玄宗」，「非列仙之趣」，其
言云：

> （晉弘農太守郭璞）憲章潘岳，文體相輝，彪炳可翫。始
> 變永嘉平淡之體，故稱中興第一。《翰林》以爲詩首，但

> 《游仙》之作，詞多慷慨，乖遠玄宗，其云：奈何虎豹姿，
> 又云：戢翼棲榛梗，乃是坎壈詠懷，非列仙之趣也。[74]

何焯(1661－1722)《義門讀書記》則不滿鍾嶸之說，認爲郭詩旨
在悲傷詩人自己坎坷的遭遇，不能單純地只以其言詞是否有「列
仙之趣」來衡量。其言云：

> 景純《游仙》，當與屈子《遠游》同旨。蓋自傷坎壈，不
> 成匡濟，寓旨懷生，用以寫鬱。鍾嶸《詩品》譏其無列仙
> 之趣，此以辭害意也。

張晉《仿元遺山論詩絕句六十首》也以《游仙》詩在慨嘆郭氏坎
坷的遭遇但實有其存在之價值：

> 坎壈悲歌郭景純，游仙諸詠盡堪存。[75]

陳祚明《采菽堂古詩選》更清楚地表示：《游仙》詩，造語奇絕，
是寄托之詞，不能以「游仙」之趣求之：

> 景純本以仙姿游於方內，其超越恆情乃在造語奇傑，非關
> 命意。《游仙》之作，明屬寄托之詞，如以列仙之趣求之，
> 非其本旨矣。

陳沆（1785－1825）《詩比興箋》亦云：

> 景純《游仙》，振響兩晉。自鍾嶸謂其詞多慷慨，乖遠玄
> 宗，坎壈詠懷，非列仙之趣，李善亦謂其文多自敘，未能
> 餐霞倒景，錙銖塵網，見非前識，良匪無以。質諸弘農，
> 竊恐啞然。夫殉物者繫情，遺世者冥感。繫情者難平尤
> 怨，冥感者但任沖玄。取舍異途，情詞難飾。今既蟬蛻塵
> 寰，霞舉物外，乃復骯髒權勢，流連寒修。匪惟旨謬老、
> 莊，亦卜迷詹尹。是知君平兩棄，必非無因，夷、叔長辭，
> 正緣篤感云爾。世累人繁，此情未睹；毀譽兩非，比興如
> 夢。是用屏彼藻繪，直揭胸懷。景純勸處仲以勿反，知壽

命之不長，《游仙》之作，殆是時乎？青溪之地，正在荆
州，斯明證也。合何謂景純之什，即屈子《遠游》之思，
殆知言乎。[76]

柯振嶽《論詩》以郭氏《游仙》之作，幽清出群，成就卓越，可
與左思的《詠史》詩並美：

> 左思健筆欲凌雲，郭璞幽情迴出群。
>
> 《詠史》、《游仙》俱卓越，雖無古意也高文。[77]

唯姚範不同意何氏的看法，而同意鍾嶸等之批評。方東樹（1772
－1851）《昭昧詹言》引其言曰：

> 景純《游仙》，本屈子《遠游》之旨，而撮其意，遂成此
> 制。……余謂屈子以時俗迫阨，沈濁污穢，不足與語，托
> 言己欲輕舉遠游，脫屣人群，而求與古真人爲侶，乃夷、
> 齊《西山之歌》，《小雅》病俗之旨，孔子浮海之志，非
> 真欲服食求長生也。至其所陳道要，司馬相如《大人賦》
> 且不能至，何論景純。若景純此詩，正道其本事。鍾、李
> 乃譏之，誤也；義門更失之矣。[78]

劉熙載《藝概》亦云：

> 嵇叔夜、郭景純皆亮節之士，雖《秋胡行》貴玄默之致，
> 《游仙詩》假棲遯之言，而激烈發憤，自在言外，乃知識
> 曲宜聽其真也。[79]

姚瑩顯然肯定也嘉許郭氏的《游仙》之作，並讚揚其中的絕謝塵
想的幽思。故云：「游仙詩思絕塵氛。」

劉勰《文心雕龍·明詩篇》云：

> 江左篇制，溺乎玄風。……辭趣一揆，莫能爭雄；所以景
> 純《仙篇》，挺拔而爲俊矣。[80]

又《才略篇》云：

> 景純艷逸，足冠中興，郊賦既穆穆以大觀，《仙詩》亦飄
> 飄而凌雲矣。[81]

「挺拔而爲俊」與「飄飄而凌雲」，可爲姚瑩讚美郭璞語「詩思
絕塵氛」之註腳。唯姚氏更欣賞郭璞的，是他的博學。《晉書·
郭璞傳》云：

> 璞佔前後筮驗六十餘事，名爲《洞林》；又抄京、費諸家
> 要最，更撰《新林》十篇，《卜韻》一篇，註釋《爾雅》，
> 別爲《音義圖譜》；又註《三倉》、《方言》、《穆天子
> 傳》、《山海經》，及《楚辭》、《子虛》、《上林賦》
> 數十萬言。

故姚氏云：

> 山海蟲魚曾註遍。

姚氏又云：

> 不將淹博雜風雲。

讚賞郭璞在寫詩時，不把他的博學雜在作品中。**楊深秀**（1849－
1886）《仿元遺山論詩絕句五十首》則不但讚美郭璞之博學，更
以其博學使他的詩作更有成就：

> 蟲魚註罷薄雕蟲，不道游仙語倍工。
>
> 經術湛深詩雋上，千秋只見郭河東。[82]

陶淵明、謝靈運

姚瑩《論詩絕句六十首》第七首云：

> 文章眞性柴桑酒，山水清音康樂辭；
>
> 一種天然去雕飾，後人何事競鑽皮。

此詩論陶淵明與謝靈運其人與其作。陶淵明(365？－427)，
名潛，字元亮，世號靖節先生。潯陽柴桑人。晉孝武帝太元十八
年起爲江州祭酒，以不堪吏職，自解歸。晉安帝隆安三年爲桓玄

吏，四年曾以官使使都。元興三年爲劉裕鎮軍參軍。義熙元年，
爲江州刺史劉敬宣建威參軍、並爲彭澤令，旋解印綬去職。以不
肯與世俗同流合污，棄官歸隱。義熙末，徵著作郎，不就。元嘉
四年卒。年六十三。有《陶淵明集》。謝靈運(385－433)，陳郡
陽夏人。晉安帝義熙元年，謝靈運二十一歲，爲瑯邪王大司馬行
參軍。撫軍將軍劉毅鎮姑孰，以靈運爲記室參軍；劉毅鎮江陵，
又以爲衛軍從事中郎。劉毅死後，任劉裕太尉參軍，再入爲秘書
丞。惟到任不久，即被免職。義熙十二年，靈運三十二歲，爲驃
騎將軍劉道憐諮議參軍，轉中書侍郎。十三年，靈運三十三歲，
爲世子中軍諮議，黃門侍郎，遷相國從事中郎、世子左衛率。此
時，以殺與愛妾通奸之僕役故，遭免官。晉恭帝元熙二年，靈運
三十六歲，劉裕即位爲皇帝，改元永初，降靈運之爵位爲康樂縣
侯，食邑五百戶，後又起用爲散騎常侍，轉太子左衛率。宋武帝
永初三年，康樂三十八歲，出守永嘉郡。宋少帝景平元年，靈運
以病辭永嘉郡守，移居會稽。宋文帝元嘉三年，靈運年四十二
歲，朝廷起用爲秘書監，負責整理秘閣圖書，並補遺闕。元嘉五
年以病請辭。但遭免官。元嘉九年，靈運四十八歲，奉命任臨川
內史，後因罪被捕，徙付廣州，後更在廣州遇害，享年四十九歲。
著有《謝康樂集》。後人常以陶、謝並稱。杜甫：

　　陶、謝不枝梧，風騷共推激。

王安石《示兪秀老》：

　　未怕元、劉妨獨步，每思陶、謝與同游。[83]

陳師道《絕句》：

　　不共盧、王爭出手，卻思陶、謝與同時。[84]

楊萬里《跋徐公仲省翰近詩》：

　　傳派傳宗我替羞，作家各自一風流。

　　　　黃、陳籬下休安腳，陶、謝行中更出頭。[85]

陸游《讀陶詩》：

　　　　陶、謝文章造化侔，篇成能使鬼神愁。[86]

李玉州《與張支百研江話詩隨筆九首》：

　　　　淵明高骨鮮華盡，康樂新裁對屬忙。

　　　　時代並稱陶、謝手，池塘能否夢羲皇？[87]

孫雄（1866－1923）《論詩絕句》：

　　　　幽新雋妙師陶、謝，初、盛唐音莫共論。[88]

又云：

　　　　淡漠沖和嗣陶、謝，手操六彎自優柔。[89]

論者常以真與自然讚許陶詩。如鍾嶸《詩品》雖列陶詩為中品，
但許之云：

　　　　宋徵士陶潛，其源出於應璩，又協左思風力。文體省淨，
　　　　殆無長語。篤意真古，詞興婉愜。每觀其文，想其人德。
　　　　世嘆其質直。至如：歡言醉春酒；日暮天無雲。風華清靡，
　　　　豈直為田家語耶！古今隱逸詩人之宗也。[90]

葛立方《韻語陽秋》也讚云：

　　　　陶潛、謝朓詩皆平淡有思致，非後來詩人怵心劌目雕琢者
　　　　所為也。[91]

王世貞《藝苑卮言》云：

　　　　淵明托旨沖淡，其造語有極工者，乃大入思來，琢之使無
　　　　痕跡耳。後人苦一切深沉，取其形似，謂為自然，謬以千
　　　　里。[92]

施補華云：

　　　　凡作清淡古詩，須有沉至之語，樸實之理，以為之骨，乃
　　　　可不朽；非然，則山水清音，易流於薄，且白腹人可以襲

取，讀陶公詩知之。[93]

許愈初《論詩絕句》也讚許陶詩逸思超越，澹然無塵俗味，其中重要的關鍵在於所表露的是性情之眞：

> 綺麗原來未足珍，淵明詩思軼群倫。
>
> 澹然不復留塵滓，始覺文章有性眞。[94]

馬長海《讀陶淵明集》更以寫「天眞」來說明陶氏田園之作的特色：

> 處士胸中別有春，田園寄托寫天眞。[95]

性眞則自然，論詩絕句作者也多讚揚陶詩之天工。張晉《仿元遺山論詩絕句六十首》即以陶詩有奇趣，在於非關人力，而能表現天工：

> 五柳先生趣本奇，不關人力動天隨。
>
> 王儲韋柳終難肖，絕後空前見此詩。[96]

謝靈運的山水詩，也獲得後代論者高度評價。白居易《讀謝靈運詩》以謝靈運之山水詩，韻逸趣奇，在即事中寄托興喻，故云：

> 吾聞達士道，窮通順冥數。通乃朝廷來，窮即江湖去。謝
> 公才廓落，與世不相遇。壯士鬱不用，須有所洩處。洩爲
> 山水詩，逸韻諧奇趣。大必籠天海，細不遺草樹。豈惟翫
> 景物，亦欲攄心素。往往即事中，未能忘興諭。因知康樂
> 作，不獨在章句。[97]

陳祚明《采菽堂古詩選》以康樂山水之作奇佳的原因，在於深情山水，親自登臨，並能「吞納眾奇」：

> 康樂情深於山水，故山游之作彌佳，他或不逮。抑亦登覽
> 所及，吞納眾奇，故詩愈工乎？龍門足跡偏天下，乃能作
> 《史記》。子瞻海外之文益奇，善游者，以游爲學可也。

沈德潛《古詩源》讚揚魏、晉山水詩以康樂爲最：

莊、老告退，而山水方滋，見游山水詩，以康樂爲最。[98]
張晉《仿元遺山論詩絕句六十首》除了讚揚謝靈運山水詩獨具之
特色外，更用「山水千秋樹永嘉」予以嘉許：

> 慘澹經營別一家，謝公風調獨高華。
>
> 自從蠟屐登臨後，山水千秋屬永嘉。[99]

姚瑩對陶淵明與謝靈運的詩作，給予高度的讚揚。他稱許陶淵
明作品性情之眞與自然：「文章眞性柴桑酒」、「一種天然去雕
飾」。「天然去雕飾」，本李白《經亂離後天恩流夜郎憶舊游書
懷贈江夏韋太守良宰》：「清水出芙蓉，天然去雕飾。」姚瑩也
稱許謝靈運山水詩作風格之清新超群，故云：「山水清音康樂
辭。」有關以上所述二點，朱庭珍《筱園詩話》云：

> 陶詩獨絕千古，在自然二字，《十九首》、蘇、李五言亦
> 然。[100]

嚴羽《滄浪詩話》以謝靈運不及陶淵明處，在陶詩「質而自然」、
謝詩精工：

> 謝所以不及陶者，康樂之詩精工，淵明之詩質而自然耳。[101]

元好問《論詩三十首》讚賞陶淵明詩云：「一語天然萬古新。」
姚氏顯然據此略加修改，並且參用李白的詩句「清水出芙蓉，天
然去雕飾」，轉化爲「一種天然去雕飾」來形容陶氏與謝氏的作
品。釋惠洪《冷齋夜話》：

> 淵明詩，……大率才高意遠，則所寓得其妙，造語精到之
> 至，遂能如此。似大匠運斤，不見斧鑿之痕。[102]

賀貽孫《詩筏》云：

> 唐人詩近陶者，如儲、王、孟、韋、柳諸人，其雅懿之度，
> 樸茂之色，閒遠之神，澹宕之氣，雋永之味，各有一二，
> 皆足以名家，獨其一段眞率處，終不及陶。陶詩中雅懿、

樸茂、閒遠、澹宕、雋永，種種妙境，皆從眞率中流出，
所謂稱心而言，人亦易足也。[103]

也是此意。

任昉、沈約、江淹

姚瑩《論詩絕句六十首》第八首云：

任、沈詩名未足殊，江郎才盡尚齊驅；

車前收得雕龍奭，不愧騷壇一世趨。

於南北朝，姚瑩評論了任昉、沈約、江淹、鮑照、謝朓等人。
在本詩中，他認爲任昉、沈約、江淹詩才不相上下。蔣師轍《青
州論詩絕句》詠任昉云：

瑯函萬卷學淹該，遒變原從篤好來。

列品不妨同沈約，終憐博物累詩才。[104]

任昉（460－508），字彥升，樂安人。歷仕宋、齊、梁三朝。梁
武帝時爲黃門侍郎，出任義興新安太守。卒年四十九。張溥輯有
《任彥升集》。沈約（441－513），字休文，吳興武康人。歷仕
宋、齊、梁三代，宋時初爲奉朝請，累遷尚書度支郎。入齊，任
證虜記室，太子家令兼著作郎、東陽太守、國子祭酒等，曾校四
部圖書，並以文字游於竟陵王蕭子良門下，爲竟陵八友之一。後
助蕭衍成帝業，因功封建昌縣侯，官至尚書兼太子少傅，加特
進，卒諡隱，故稱沈隱侯。有《四聲譜》，《宋文章志》、《宋
書》等。《四聲譜》、《宋文章志》散佚。明人輯有《沈隱侯
集》。江淹（444－505），字文通，洛陽考城人。少孤貧，常慕
司馬長卿、梁伯鸞之爲人，不事章句之學，留情於文章。早爲高
平檀超所知，常升以上席，甚加禮焉。曾舉秀才對策上第，再遷
府主簿。後爲鎮軍參軍，領南東海郡丞。後黜爲建安吳興令。齊
高帝輔政，召爲尚書駕部郎驃騎參軍事。齊受禪，復爲驃騎豫章

王記室參軍，建元二年，任史官，後拜中書舍郎。永明三年，兼
尙書左丞。少帝初，兼御史中丞，累遷秘書監侍中衛尉卿。東昏
末，位相國右長史，天監元年爲散騎常侍左衛將軍，封臨沮伯。
以疾遷金紫光祿大夫，改封爲醴陵侯。卒。鍾嶸《詩品》云：

> 淹罷宣城郡，遂宿冶亭，夢一美丈夫，自稱郭璞，謂淹曰：
> 我有筆在卿處多年矣，可以見還。淹探懷中，得五色筆以
> 授之。爾後爲詩，不復成語。故世傳江淹才盡。[105]

又云：

> 約於時謝朓未逎，江淹才盡，范雲名級故微，故約稱獨
> 步。[106]

故趙翼（1727－1814）《詩思》云：

> 才盡江淹老未灰，苦無詩思出新裁。[107]

此即姚瑩所說：「江郎才盡」之所本。詩人亦常嚮往江淹的采筆。
柯振嶽《論詩》云：

> 陶冶性靈歸自得，創垂堂奧各精神。
> 我生若有江淹筆，不把浮光貌古人。[108]

也惋惜他的采筆之被奪。邵堂《論詩六十首》：

> 雜體詩篇氣骨逎，六朝綺麗擅風流。
> 一枝誰奪生花筆，春草春波爾許愁。[109]

江淹《雜體詩》，後人讚者甚多。況澄《仿元遺山論詩三十首》：

> 擬古新詩肖昔賢，江淹雜體至今傳。
> 規模正好追前軌，俯仰隨人語太偏。[110]

葉適《對讀文選杜詩成四絕句》云：

> 江淹雜體意不淺，合采和音列眾珍。[111]

黃維申《論詩絕句》也表示：

> 江南河外先分派，鄴下關西亦罕同。

雜體詩成三十首，弘農筆尚在懷中。[112]

姚瑩云：「任沈詩名未足殊，江郎才盡尚齊驅。」高讚江淹的才華，並認爲即使他「才盡」，其才華仍可與任昉和沈約齊驅。陳祚明《采菽堂古詩選》云：

> 文通於詩頗加刻劃，天分不優。而人工偏至。規古力篤，尤愛嗣宗。偶得蒼秀之句，頗宜邃詣。但意乏圓融，調非洪亮。衡其體氣，方直是小巫，而《詩品》謂休文意淺於江，何其妄論也。

屈復《論詩絕句三十四首》亦云：

> 漫說江郎才已盡，數篇擬錦尚天然。[113]

鮑照、顏延之

姚瑩《論詩絕句六十首》第九首云：

> 樂府驚才代不同，鮑家明艷步江東；
>
> 當時秘監多金縷，未抵參軍累句工。

鮑照（414？－466），字明遠，東海人。曾任臨海王前軍刑獄參軍，故人稱鮑參軍。有《鮑參軍集》十卷。鮑照詩作，以贍逸遒麗見稱。《南史‧鮑照傳》：

> （鮑）文辭贍逸，嘗爲古樂府，文甚遒麗。

許顗《彥周詩話》云：

> 明遠《行路難》，壯麗豪放，若決江河，詩中不可比擬，大似賈誼《過秦論》。[114]

《古詩歸》中鍾惺更讚許鮑照樂府「靈心妙舌」，爲第一高手云：

> 鮑參軍靈心妙舌，樂府第一手，五言古卻又沈至。

又以鮑氏能古詩聲格作樂府，以五言性情入七言，所以所寫的這類作品，「奇響異趣」：

> 鮑照能以古詩聲格作樂府，以五言性情入七言，別有奇響

異趣。

沈德潛《古詩源》以鮑氏樂府，爲後代開山之祖，李白就受到他的巨大影響：

> 明遠樂府，如五丁鑿山，開人世所未有。後太白往往效之。五言古，亦在顏、謝之間。[115]

何維棟《論詩》也用「暗度鍼」，來形容唐代詩人受到鮑照樂府的影響：

> 參軍獨擅縱橫句，已爲唐賢暗度鍼。[116]

劉熙載《詩概》更以當時的詩人與鮑照的詩作相比較，提出鮑照長句的成就：

> 明遠長句，慷慨任氣，磊落使才，在當時不可無一，不能有二。杜少陵《簡薛華醉歌》云：近來海內爲長句，汝與山東李白好；何、劉、沈、謝力未工，才兼鮑照愁絕倒。此雖意重推薛，然亦見鮑之長句，何、劉、沈、謝均莫及也。[117]

毛先舒則針對鮑氏一些樂府歌行之作，讚揚這些作品的成就，《詩辯坻》云：

> 鮑照《代東門行》，精刻驚挺，眞堪動魄。《白紵詞》字琢句煉，意致含吐。[118]

又比較鮑照、顏延之與謝莊，認爲鮑照沒有後兩者板滯之習，而六朝人不擅七言，鮑照直以七言見長：

> 明遠與顏、謝同時，而能獨運靈腕，盡脫顏、謝扳滯之習。……六朝人多不能爲七言，而明遠獨以七言擅長。

張玉穀《論古詩四十首》不但頌揚鮑照七言詩作的傑出，並以李白只是承繼他的俊逸，就足思超群倫：

> 挐龍跳虎鮑參軍，七字尤蒸筆底雲。

分取一端能俊逸，青蓮已是思超群。[119]

張晉《仿元遺山論詩絕句六十首》讚揚鮑氏的縱橫筆力，推許他
為詩豪：

> 逸氣縱橫筆力高，定推明遠是詩豪。
>
> 黃河一瀉能千里，比似胸中萬斛濤。[120]

王夫之《古詩評選》也嘉獎鮑氏的七言之作，但對鮑照以七言詩
法作五言，則表示不滿，意見與鍾惺不同：

> 明遠樂府，自是七言至極，顧於五言歌行，亦以七言手筆
> 行之，句疏氣迫，未免失五言風軌。[121]

葉矯然《龍性堂詩話》舉出鮑氏作品的實例，來說明他的七言作
品之妙，並批評鍾嶸評鮑詩「貴尚巧似，不避危仄，頗傷清雅之
調」的論調：

> 鮑明遠詩，靈心慧舌，不可殫指。如：萬曲不關情，一曲
> 動情多。欲知情厚薄，更聽此聲過。食梅常苦酸，衣葛常
> 苦寒。絲竹徒滿座，憂人不解顏。直如朱絲繩，清如玉壺
> 冰。何慚宿昔意，猜恨坐相仍。傷禽惡弦驚，倦客惡離聲。
> 離聲斷客情，賓御皆涕零。此五言之妙也。春燕差池風散
> 梅，開帷對影弄春爵。朱門九重九門關，願逐明月入君
> 懷。瀉水置平地，各自東西南北流。人生亦有命，安能行
> 嘆復坐愁。皆七言之妙也。其寫景寫情，無限悲婉，俊逸
> 鮑參軍，有以也。至其質而帶諂，直而轉趣，則如：今朝
> 臨水拔已盡，明日對鏡還復盈。君不見，亡靈蒙享祀，何
> 時傾杯竭壺罌。結帶與我言，死生好惡不相置。今朝見我
> 顏色改，意中索寞與先異。讀之令人失笑，覺俊逸二字，
> 復不足以盡之。鍾嶸謂其貴尚巧似，不避危仄，頗傷清雅
> 之調。豈知明遠者哉。[122]

朱應庚《論詩三十二首》更讚揚鮑氏的《行路難》云：

> 俊逸參軍已不刊，天高健隼振霜翰。
>
> 長吟獨樹千年幟，浩浩關河行路難。[123]

故姚氏云：「樂府驚才代不同，鮑家明豔步江東」。姚瑩又表示：「當時秘監多金鏤，未抵參軍累句工。」按：《東觀漢記》：

> 桓帝延熹二年初，置秘監，掌典圖書，古今文字，考合異同。

姚氏於鮑照樂府之作，也讚許他能突破當時講求雕飾的金鏤的文風，而以其性情之作標舉一時。「金鏤」原為鍾嶸《詩品》評顏延之詩作語，言云：

> 湯惠休曰：謝詩如芙蓉出水，顏如錯采鏤金。[124]

許顗《彥周詩話》則作鮑照之評。其言云：

> 宋顏延之問己與靈運優劣於鮑照，照曰：謝詩如初發芙蓉，自然可愛；君詩若鋪錦列繡，亦雕繢滿眼。此明遠對面褒貶，而人不自覺，善論詩也，特出之。[125]

黃徹《䂬溪詩話》亦載云：

> 顏延之嘗問鮑照，己與靈運優劣，照曰：謝五言如初發芙蓉，自然可愛；君詩鋪錦列繡，亦雕繢滿眼。鍾嶸乃記湯惠休云：謝詩如芙蓉出水，顏如錯采鏤金。與本傳不同。傳又稱延之嘗薄惠休制作，以為委巷中歌謠耳。豈惠休因為延之所薄，遂為芙蓉錯鏤之語，故更取以文飾之耶？[126]

田雯《古歡堂雜著》云：

> 宋代詩人，無出康樂之右者。……南史傳謂顏、謝齊名，其實顏不及謝。昔延年問鮑照己與靈運優絀，照曰：謝五言如初發芙蓉，自然可愛；君詩若鋪錦列繡，雕繢滿眼。蓋於延年有微詞，而論詩之善者可睹矣。若夫明遠，挺

拔名貴，俊偉光華，直與客兒並驅，尤非錯采鏤金者所
及。[127]

唯毛先舒以前人用「錯采鏤金」評顏延之，其實並非貶之。因為
顏延之詩具「錯采鏤金」之特色，猶留晉骨。《詩辯坻》先引鍾
惺之言而後評曰：

鍾云：謝靈運初日芙蓉，顏延之鏤金錯采，顏終身病之。
乃《秋胡詩》、《五君詠》，清真高逸，似別出一手。若
屏卻顏諸詩，獨標此數首，向評為妄語矣。案：此論非也。
蓋《秋胡》、《五君》，雖是顏佳作，然若《蒜山》、
《曲阿》諸篇，典飭端麗，自非小家所辨。且上人評雖當，
不知初日芙蓉，微開唐制；鏤采錯金，猶留晉骨。此關詩
運升降，鍾殆未知之。[128]

賀貽孫《詩筏》也為顏延之辯護云：

南史稱謝靈運：縱橫俊發過顏延之，而深密則不如也。鮑
明遠又稱康樂如初發芙蓉，自然可愛；顏光祿如鋪錦列
繡，雕繪滿眼。兩君當時聲價，互相優劣如此。然觀康樂
集，往往深密有餘，而疏澹不足，專指延之為深密，謬矣。
延之詩自《五君詠》、《秋胡行》諸篇稱絕調外，他如：
《贈王太常詩》、《夏夜呈兄散騎作》、《還至梁城及登
巴陵城樓作》，俱新警可喜。專以鋪錦列繡貶之，非定評
也。大約二君藻思秀質，如出一手，而光祿寄興高曠，章
法綿密，康樂意致豪華，造語幽靈，又各有其勝也。顏、
謝二人作詩，遲速懸絕。康樂惟以遲得，故多佳句；然顏
集中和謝監諸作，頗受板滯之累。謝詩雖多佳句，然自首
至尾，諷之未免痴重傷氣；惠連亦有是病，或當時習尚使
然耳。[129]

葉矯然《龍性堂詩話》亦云：

> 顏詩擅雕鏤，而〈秋胡行〉、〈五君詠〉不減芙蕖出水。[130]

方東樹則較持平地說：

> 顏詩以氣魄力勝，崇竑典則，有海嶽殿閣氣象，足以懾寒儉山林之膽，此其長也。不善學者，但成死句，余終不取。然政當以此與鮑、謝同參，可以測古人優劣，而擇所從也。

又云：

> 本傳稱延之嘗問鮑照，己與謝優劣。照曰：謝詩如初發芙蓉，自然可愛；君詩若鋪錦繡，亦雕繢滿眼。今尋鮑悄，以顏傷繢而乏生活之妙，不及謝明矣！顏當日蓋未喻鮑之貶己也。顏詩全在用字密，典則楷式，其實短淺，其所長在此，病亦在此。然學者用功，先從顏詩入手，可以藥儉父無學、率爾填砌之陋。[131]

後世乃常用「鏤金錯采」來概括顏氏之作。馮煦《論六朝詩絕句仿元遺山體》云：

> 東海參軍詩筆健，七言風骨更高寒。
>
> 鏤金錯采顏光祿，豈復能歌行路難？[132]

黃維申《論詩絕句》云：

> 君王雅好逞文章，故把蕪詞積滿箱。
>
> 豈識參軍才未盡，歌行字字壓齊梁。

詩自註引沈約《宋書》云：

> 鮑昭文辭贍逸，世祖時，昭……爲文多鄙言累句，當時咸謂昭才盡，實不然也。[133]

此即姚瑩「當時秘監多金縷，未抵參軍累句工。」之意。鄧鎔《論詩三十絕句》也表示：

> 同時顏、鮑並能文，勝負於今兩未分。

　　華嶽峰尖見秋隼，故應光祿愧參軍。[134]

茲聊記於此。姚氏在這裏，乃借湯惠休對顏延之之評語，以反映當時講求形式雕琢之詩風。顏延之（384－456），字延年，本籍瑯邪臨沂，晉安帝義熙十一年，由於受到將軍吳國內史劉柳的推舉，在幕府中任行參軍，不久轉爲後將軍主簿。劉柳後轉爲江州刺史，顏也轉爲劉柳的後軍功曹，駐守尋陽。義熙十二年，權臣劉裕選顏氏爲其世子義符之中軍行參軍。後又受鄭鮮之之推薦，調遷世子舍人，劉裕篡位，立太子爲皇太子，延之補爲太子舍人。後又成爲尚書儀曹郎，太子中舍人。由於親劉裕次子義眞關系，義眞在權利鬥爭失敗後，被廢爲庶人，延之也遭貶斥。宋少帝即位後，延子從正員外郎兼中書成員外常侍，出任始安太守。宋文帝元嘉三年，延之被召還都，擔任中書侍郎，轉太子中庶子領步兵校尉。元嘉八年，又遭貶爲永嘉太守。元嘉十七年，延之爲始後軍諮議參軍、御史中丞，又被遷升爲國子祭酒、司徒左長史，但又被尚書左丞荀赤松之彈劾而免官。但又迅速地恢復其官職爲秘書監、光祿勛、太常，這時文帝劉邵弒父自立，延之被徵爲光祿大夫。宋孝帝孝建三年，顏延之逝世，享年七十三歲。著有《顏延之集》、《逆降議》、《論語顏氏說》、《庭誥》、《纂要》等作。

謝朓

　　姚瑩《論詩絕句六十首》第十首云：

　　　大江日夜客心悲，發語蒼茫逸思飛；

　　　千載紛紛摘佳句，還應太白誤玄暉。

　　謝朓（464－499），字玄暉，陳郡陽夏人。曾任南齊諸王幕下參軍，明帝時掌中書詔誥，後任宣城太守，吏部郎。姚瑩於謝朓，舉出他的名句「大江流日夜，客心悲未央」，盛讚它的發語

蒼茫，情思飛翔。王士禎云：

> 或問詩工於發端如何？應之曰：如謝宣城：大江流日夜，
> 客心悲未央……是也。[135]

宋徵璧《抱真堂詩話》也以「警策」稱呼謝氏這兩句：

> 謝朓工於發端，如：大江流日夜，客心悲未央，即爲五律
> 起句，亦殊警策。[136]

楊慎《升庵詩話》：

> 五言律起句最難，六朝人稱謝朓工於發端，如大江流日
> 夜，客心悲未央。雄壓千古矣。唐人多以對偶起，雖森嚴，
> 而乏高古。[137]

論者甚而以謝朓佳句，直接影響及唐代詩人。曾習經《壬子九月
間所讀書題詞十五首》云：

> 宣城麗句啓唐風。[138]

葉矯然《龍性堂詩話初集》舉出謝氏的更多警句，認爲這等詩
句，高秀絕塵，不但直接影響唐人，連李白也不得不爲之傾倒：

> 謝玄暉集，佳句不一，……至其：大江流日夜，客心悲未
> 央；風雲有鳥道，江漢限無梁；春草秋更綠，公子未西歸；
> 天際識歸舟，雲中辨江樹；餘霞散成綺，澄江淨如練；風
> 動萬年枝，日華承露掌；朔風吹飛雨，蕭條江上來；此等
> 高秀絕塵，直開三唐諸公妙境，不可思議，宜太白之臨風
> 以爲驚人也。[139]

所以黃維申《論詩絕句》表示謝朓的詩格高於謝靈運、謝莊等
人，單是「大江流日夜」，已讓李白拜倒：

> 宣城詩格超諸謝，江左當時莫比肩。
> 讀罷大江流日夜，仙才拜倒李青蓮。[140]

實際上在李白作品中，言及謝朓詩並表示傾慕之情者甚多，如：

《金陵城西樓月下吟》：「解道澄江淨如練，令人長憶謝玄暉。」

《酬殷明佐》：「我吟謝朓詩上語，朔風吹飛雨。謝朓已沒青山空，後來繼之有殷公。」

《贈宣城宇文太守兼呈崔侍御》：「曾標橫浮雲，下撫謝朓肩。」

《新林浦阻風寄友人》：「明發新林浦，空吟謝朓詩。」

《寄崔侍御》：「高人屢解陳蕃榻，過客難登謝朓樓。」

《游敬亭寄崔侍御》：「我家敬亭下，輒繼謝公作。相去數百年，風期宛如昨。」

《三山望金陵寄殷淑》：「三山懷謝朓，水澹望長安。」

《宣州謝朓樓餞別校書叔雲》：「蓬萊文章建安骨，中間小謝尤清發。」

《送儲邕之武昌》：「諾謂楚人重，詩傳謝朓清。」

《答杜秀才五松山見贈》：「聞道金陵龍虎盤，還同謝朓望長安。」

《秋登宣城謝朓北樓》：「誰念北樓上，臨風懷謝公。」

《題東溪公幽居》：「宅近青山同謝朓，門垂碧柳似陶潛。」

《秋夜板橋浦泛月獨酌懷謝朓》：「玄暉難再得，灑酒氣填膺。」

謝朓佳句受到李白傾倒事，成為後代詩論者，特別是論詩絕句組詩的作者經常標舉之美談。鄧鎔《論詩三十絕句》云：

　　小謝中間又清發，唐賢暗里度金鍼。

　　高吟五字澄江練，早已銷亡正始音。[141]

張晉《仿元遺山論詩絕句六十首》亦云：

小謝新詩孰與儔？亦饒明艷亦風流。

驚人好句知多少？能使青蓮憶不休。[142]

馬長海《效元遺山論詩絕句四十七首》云：

花覆春洲雜落英，青蓮低首謝宣城。

丹霞錦樹雖成綺，要在澄江似練明。[143]

邵堂《論詩》云：

詩筆別開唐氣格，元暉清雋亦奇才。

問天獨有驚人句，直得青蓮頻首來。[144]

蔣其章《論六朝人詩絕句仿遺山體》云：

宣城佳句劇清妍，獨步南朝孰抗顏？

淡入敬雲亭一片，故應低首李青蓮。[145]

田雯《古歡堂集·雜著》云：

玄暉含英咀華，一字百煉乃出。如秋山清曉，霏藍翕黛之
中，時有爽氣。齊之作者，公居其冠，劉後村謂：餘霞散
成綺，澄江淨如練，皆吞吐日月，摘蹻星辰之句。故李白
《登華山落雁峰》云：恨不攜謝朓驚人語，搔首問青天。
其服膺如此。[146]

馮煦《論六朝詩絕句仿元遺山體》：

平楚寒煙薄暝時，青山一髮最相思。

謫仙陵轢無前氣，只愛宣城五字詩。[147]

唯鍾嶸《詩品》雖讚謝朓：「（謝）善自發詩端。」但又評云：

而末篇多躓。[148]

陳祚明不同意此見。《采菽堂古詩選》以謝氏詩不但善於發端，
選語悠揚，而且也深於謀篇。即使是結語，也極優秀：

玄暉去晉漸遠，啓唐欲近，天才既雋，宏響斯臻。斐然之
姿，宣諸逸韻，輕清和婉，佳句可廣。然佳既在茲，近亦

由是；古變爲律，風始悠歸。至於是平調單詞，亦必秀琢，
按章使字，法密旨工。後人哦傳警句，未究全文；知其選
語之悠揚，不知其謀篇之深造也。發端結響，每獲驪珠；
結句幽尋，亦鏗湘瑟。而《詩品》以爲末篇多躓，理所不
然。夫宦輒言情，旨投思遁；賦詩見志，固應歸宿是懷，
仰希逸流，貞觀邱壑，以斯托興，趣頗蕭然。恆見其高，
未見其躓。但嫌篇篇一旨，或病不鮮，幸造句各殊，豈相
妨誤？

王世貞《藝苑厄言》亦云：

玄暉不唯工發端，撰造精麗，風華映人，一時之傑。[149]

毛先舒《詩辯坻》則比較三謝，在說明他們之互有同異之後，言
及謝朓作品的特色道：[150]

世並稱三謝，然實互有同異。秘書無微不抉，隱秀絕倫。
法曹酷欲似兄，而才幅苦狹，角奧字句，殊乏微思，觀其
本色，乃在流逸，《秋懷》、《擣衣》，是其自運之妙。
宣城詞鋒壯麗，大啓唐音，元嘉遺響，自朓革之。氏源雖
同，詩派判矣。

姚瑩雖然讚賞謝朓詩作的發語，但不滿後人紛紛摘取謝朓的佳
句，以論其詩作之成就，例如李白讚美謝氏的一些精微的詩句的
處理，就引起後人對謝氏的誤解，故云：

千載紛紛摘佳句，還應太白誤玄暉。

李白詩云：

解道澄江靜如練，令人長憶謝玄暉。

謝榛《四溟詩話》曾經改「澄江淨如練」，爲「秋江淨如練」。
王世貞《藝苑厄言》評云：

謝山人謂澄江淨如練，澄、淨二字意重，欲改秋江淨如

煉。余不敢以爲然，蓋江澄乃淨耳。[151]

王士禛《戲仿元遺山論詩絕句》云：

> 楓落吳江妙入神，思君流水是天眞。
>
> 何因點竄澄江練？笑殺談詩謝茂秦！[152]

毛先舒《詩辯坻》云：

> 茂秦謂澄江淨如練，澄、淨二字意重，欲改爲秋江淨如
> 練。元美駁之，以爲江澄乃淨。余謂二君論俱不然。澄、
> 淨實復，然古詩名手多不忌此處。徐幹蘭華凋復零，阮籍
> 思見客與賓，《嬌女詩》溓水清且淺，謝莊夕天霽晚氣，
> 顏延年識密鑒亦洞，謝靈運洲縈渚連綿，簡文帝飛棟杏爲
> 梁，吳均白酒甜鹽甘如乳，即脁作仍有地回聞遙蟬，又曾
> 厓寂且寥。此類殊多，不妨渾樸。要之澄江淨如練，脁矚
> 之間，景候適藕，語俊調圓，自屬佳句耳。茂秦欲易澄爲
> 秋，亡論與通章春景牴牾，已頓成流薄；此茂秦欲以唐法
> 繩古詩，固去之遠甚。而元美曲解，亦落言筌，失作者之
> 妙矣。[153]

都是摘取謝脁詩作中某些詩句以論其詩之實例。

庾信

姚瑩《論詩絕句六十首》第十一首云：

> 開府衰年北入齊，傷心到處覓詩題；
>
> 何須更作江南賦，淚落長安烏夜啼。

庾信（513－581），字子山，南陽新野人。梁武帝時，與徐
陵同任東宮抄撰學士。大同十一年，任通直散騎常侍，並任訪問
東魏使節團副使。又任東宮學士，兼建康令。太清二年，侯景在
壽陽舉兵，三年，侯景入台城，庾信投靠在江陵的湘東王蕭繹，
入御史中丞，梁元帝即位後，任右衛將軍，封武康縣侯，元帝承

聖三年，擔任國使出使西魏，西魏軍攻江陵，元帝被殺，庾信也
被留在長安，曾在西魏擔任使持節撫軍將軍、右金紫光祿大夫、
大都督、車騎大將軍、西魏恭帝讓位給宇文覺，宇文覺即位爲北
周孝閔帝，庾信被封爲臨清縣子，除司水下大夫，以後歷任弘農
郡守、開府儀同三司、司憲中大夫、義城縣侯。北周武帝二年，
與王褒等擔任麟趾學士校書。五年，任洛州刺使，六年，任司宗
中大夫，宣帝大成元年，辭官居家，文帝開皇元年，因病逝世。
享年六十九歲。朝廷追封爲本職司宗中大夫，加贈荊、雍二州刺
史。在梁武帝時，與徐陵寫了許多綺麗華艷的宮體詩賦。世稱徐
庾體。著有《庾子山集》。詩云：「開府衰年北入齊。」庾信入
西魏（北周），未曾入齊，姚氏誤記。於庾信，姚氏讚許他晚年
仕魏與入北周之後的作品，看法與杜甫的「庾信生平最蕭瑟，暮
年詞賦動江關」相同。徐復觀《從文學史觀點及學詩方法試釋杜
甫戲爲六絕句》析杜詩「庾信文章老更成，凌雲健筆意縱橫」句
云：

> 庾信的作品，並非都是凌雲健筆，也並非概括庾信一生的
> 作品而言，杜甫所指的，僅是庾信晚年入周以後的作品，
> 所以他說：庾信平生最蕭瑟，暮年詩賦動江關。註杜的
> 人，常忽視了暮年二字，……因此，此詩第一句的老更
> 成，常被註釋家轉移爲老成二字，以爲這是說庾信的文
> 體，……從事實上講杜甫可以稱庾信的文體爲清新，但究
> 不能稱之爲老成，所以老更成三字，只是說老而更成功而
> 已。這與暮年詩賦動江關的暮年，豈不是正相映帶嗎？而
> 追朔其原因，乃由暮年感情的深刻化。[154]

陳祚明《采菽堂古詩選》云：

> 北朝羈跡，實有能堪；襄、漢淪亡，殊深悲慟。子山驚才

蓋代，身墮殊方，恨恨如亡，忽忽自失，生平歌詠，要皆激楚之音，悲涼之調。情紛糾而繁會，意離集也無端；兼且學擅多聞，思心委折，使事則古今奔赴，述感則方比抽新。又緣爲隱爲彰，時不一格，屢出屢變，匯彼多方；河漢汪洋，雲霞蒸蕩，大氣所舉，浮動毫端。故間秀句以拙詞，廁清聲於洪響，浩浩沂沂，成其大家。不獨齊、梁以來，無足限其何格，即亦晉、宋以上，不能定爲專家者也。

楊棨《書時賢詩集八首》也認爲庾信晚年才尤盛：

庾信才尤盛暮年，卻從煊爛化蒼堅。[155]

黃小魯《楚北論詩詩》仿杜甫句，稱讚庾信詩筆「老更清」：

白頭開府久知名，健筆凌雲老更清。[156]

姚瑩云：「何須更作江南賦，淚落長安烏夜啼。」庾氏所作《烏夜啼》，有二首。原詩爲：

促柱繁弦非子夜，歌聲舞態異前溪。御史府中何處宿，洛陽城頭那得棲。彈琴蜀郡卓家女，織錦秦川竇氏妻。詎不自驚長淚落，到頭啼烏恆夜啼。

桂樹懸知遠，風竿詎肯低？獨憐明月夜，孤飛猶未棲。虎賁誰能惜，御史詎相攜。雖言入弦管，終是曲中啼。

內容是寫長安女子因烏鴉夜啼而勾起的種種怨恨。劉熙載《藝概》：

庾子山《燕歌行》開唐初七古，《烏夜啼》開唐七律，其他體爲唐五絕、五律、五排所本者，尤不可勝舉。[157]

所以黃維申《論詩絕句》云：

昨夜烏聲驚四鄰，今朝定有詠花人。清新兩字推開府，已種唐朝五律因。[158]

《哀江南賦》作於北周武帝宣政元年十二月。《北史・庾信傳》云：

> 信雖位望通顯，常作鄉關之思，乃作《哀江南賦》以致其意。[159]

所言還欠詳。倪璠《庾子山集註》云：

> 《哀江南賦》者，哀梁亡也。本傳：信雖位望通顯，常作鄉關之思，乃作哀江南賦以致其意。宋玉《招魂》曰：魂兮歸來哀江南。宋玉戰國時楚人，梁武帝都建鄴，元帝都江陵，二都本戰國楚地，故云。

案：依《哀江南賦》內容，哀梁亡與寄托鄉關之思固是庾信作此賦之因。而其時南朝的陳代與北周修好，不少流寓之士，得許還歸。《周書・庾信傳》云：

> 時陳氏與朝廷通好，南北流寓之士，各許還其舊國，陳氏乃請王褒及信等十數人，高祖惟放王克、殷不害等，信及褒並留而不遣。[160]

「信及褒並留而不遣」，當是觸發庾信故國之思的另一個重要原因。的確，庾信晚年，充滿哀怨之鄉關之思，思情鬱積於中，乃不得不發於外。所作故多惆悵之感。司空曙《金陵懷古》云：

> 輦路江楓暗，宮朝野草春。
>
> 傷心庾開府，老作北朝臣。[161]

即慨嘆庾信晚年之遭遇。孫元晏《六朝詠史》乃云：

> 可惜多才庾開府，一生惆悵憶江南。[162]

這也常連帶勾起後代詩人的悲情，所以呂溫《題梁宣帝二首》其一云：

> 祀夏功何薄，尊周義不成。
>
> 淒涼庾信賦，千載共傷情。[163]

朱應庚《論詩三十二首》云：

　　　短褐沙塵殘劫外，斷轅煙雨翠微間。

　　　飄零詞客哀時後，誰弔江南庾子山？[164]

田雯《讀庾開府集題六絕句爲倪舍人魯玉》：

　　　草荒宋玉悲秋宅，老憶鄉關更不堪。

　　　別館都亭空灑淚，傷心故國是江南。[165]

【註釋】

[1]劉勰《文心雕龍》卷二。《四部叢刊初編》（上海：上海商務印書館縮
　　印明刊本），頁7。

[2]張玉轂《論古詩四十首》。見《萬首論詩絕句》。頁562。

[3]毛先舒《詩辯坻》卷一。《清詩話續編》。頁22。

[4]郭紹虞《滄浪詩話校釋》（北京：人民文學出版社，1961），頁45。

[5]許學夷《詩源辨體》。卷三。（北京：人民文學出版社，1987），頁61。

[6]王士禎《漁洋文》。《帶經堂詩話》。卷一。頁20。

[7]楊慎《升庵詩話》卷十四。頁九。（台北：藝文印書館）。

[8]賀貽孫《詩筏》。《清詩話續編》。頁152。

[9]牟願相《小澥草堂雜論詩》。見《清詩話續編》。頁911。

[10]同上註。頁912。

[11]許奉恩《蘭苕館論詩》。見《萬首論詩絕句》。頁1369。

[12]高彤《讀詩雜感》。見《萬首論詩絕句》。頁1302。

[13]陳延傑《詩品註》卷上（北京：人民出版社，1961），頁17。

[14]劉熙載《詩概》。見《清詩話續編》。頁2419。

[15]胡應麟《詩藪·內編》卷二（北京：中華書局，1958），頁27。

[16]劉勰《文心雕龍》卷九。《四部叢刊初編》（上海：上海商務印書館縮
　　印明刊本），頁49。

[17]劉勰《文心雕龍》卷二。《四部叢刊初編》。頁8。

[18]李玉州《與張支百研江話詩隨筆九首》見《萬首論詩絕句》。頁687。

[19]李希聖《論詩絕句四十首》。見《萬首論詩絕句》。頁1577。

[20]陳延傑《詩品註》。同本章註13。頁1。

[21]《三國志》卷十九。《魏書》十九。（北京：中華書局），頁557。

[22]王世貞《藝苑卮言》。卷三。《歷代詩話續編》（北京 ： 中華書局，1983），頁987。

[23]王夫之《夕堂永日緒論內編》。《清詩話》（北京：中華書局），頁16。

[24]同上註。

[25]陳延傑《詩品註》。同本章註13。頁2。

[26]《詩品註》卷上。同本章註13。頁28。

[27]同上註。

[28]胡應麟《詩藪·內編》卷二。同本章註15。頁28。

[29]劉勰《文心雕龍》卷十。《四部叢刊初編》，頁52。

[30]《三國志》卷二十一。《魏書》二十一。頁603。

[31]王士禎《戲仿元遺山論詩絕句》。見《萬首論詩絕句》。頁231。

[32]馬長海《效元遺山論詩絕句四十七首》。見《萬首論詩絕句》。頁354。

[33]張晉《仿元遺山論詩絕句六十首》。見《萬首論詩絕句》，頁664。

[34]黃維申《論詩絕句》。見《萬首論詩絕句》，頁1293。

[35]許奉恩《蘭苕館論詩》。見《萬首論詩絕句》，頁1370。

[36]陳熾《效遺山論詩絕句十首》。見《萬首論詩絕句》，頁1417。

[37]張戒《歲寒堂詩話》。卷上。《歷代詩話續編》（北京 ： 中華書局，1983），頁452。

[38]沈德潛《古詩源》。卷一（台北：商務印書館，1956），頁67。

[39]《晉書》列傳六十二。文苑。

[40]劉勰《文心雕龍》卷十。《四部叢刊初編》（上海：上海商務印書館縮

印明刊本），頁53。

[41]王夫之《古詩評選》卷四。《船山全集》（上海：上海太平洋書店，1933）。

[42]陳延傑《詩品註》卷上。見本章註13。頁26。

[43]胡應麟《詩藪·外編》。同本章註15。頁140。

[44]同註38。頁98。

[45]黃子雲《野鴻詩的》。《清詩話》。頁862。

[46]張晉《仿元遺山論詩絕句六十首》。見《萬首論詩絕句》，頁664。

[47]蔣師轍《青州論詩絕句》。見《萬首論詩絕句》，頁1445。

[48]胡應麟《詩藪·內編》卷二。同本章註15。頁142。

[49]同註38。頁99－1000。

[50]劉熙載《詩概》。見《清詩話續編》。頁2420。

[51]柯振嶽《論詩三十九首》。《萬首論詩絕句》，頁779。

[52]張玉轂《論古詩四十首》。見《萬首論詩絕句》，頁564。

[53]黃維申《論詩絕句》。見《萬首論詩絕句》，頁1294。

[54]鍾嶸《詩品》。卷上。見陳延傑《詩品註》。頁26。

[55]胡應麟《詩藪·外編》卷二。同本章註15。頁142。

[56]劉義慶《世說新語》文學第四。《世說新語校箋》卷上。(台北：文史哲出版社，1989），頁145。

[57]同上註。頁143。

[58]王夫之《古時評選》卷四。頁二三。《船山全集》（上海：太平洋書店，1922）。

[59]劉勰《文心雕龍》卷六。《四部叢刊初編》(上海：上海商務印書館縮印明刊本），頁33。

[60]鮑倚雲《題聽奕軒詩詞卷八絕句》。見《萬首論詩絕句》。頁581。

[61]李群玉《言懷》。《萬首論詩絕句》。頁31。

[62]鍾嶸《詩品》。卷上。陳延傑《詩品註》。頁23。

[63]劉勰《文心雕龍》卷二。《四部叢刊初編》(上海：上海商務印書館縮印明刊本)，頁78。

[64]劉熙載《詩概》。見《清詩話續編》。頁2420。

[65]嚴羽《滄浪詩話》。郭紹虞《滄浪詩話校釋》。頁155。

[66]王世貞《藝苑卮言》卷三。《歷代詩話續編》。頁989。

[67]王夫之《古詩評選》。卷四。頁十四至十五。

[68]毛先舒《詩辯坻》卷二。見《清詩話續編》。頁29。

[69]同上註。

[70]況澄《仿元遺山論詩三十首》。見《萬首論詩絕句》，頁883。

[71]劉熙載《詩概》。見《清詩話續編》。頁2420。

[72]同註38。頁82。

[73]馮煦《論六朝詩絕句仿元遺山體》。見《萬首論詩絕句》。頁1533。

[74]陳延傑《詩品註》卷中。同本章註13。頁38至39。

[75]張晉《仿元遺山論詩絕句六十首》。見《萬首論詩絕句》。頁665。

[76]陳沆《詩比興箋》。卷二。頁二六。(台北：藝文印書館)。

[77]柯振嶽《論詩》。見《萬首論詩絕句》。頁779。

[78]方東樹《昭昧詹言》。卷一(北京：人民文學出版社，1961)，頁38。

[79]劉熙載《詩概》。見《清詩話續編》。頁2422。

[80]劉勰《文心雕龍》卷二。《四部叢刊初編》。頁7。

[81]劉勰《文心雕龍》卷十。同上。頁52。

[82]楊深秀《仿元遺山論詩絕句五十首》。見《萬首論詩絕句》。頁1553。

[83]王安石《示俞秀老》。見《萬首論詩絕句》。頁58。

[84]陳師道《絕句》。見《萬首論詩絕句》。頁67。

[85]楊萬里《跋徐公仲省翰近詩》。見《萬首論詩絕句》。頁85。

[86]陸游《讀陶詩》。見《萬首論詩絕句》，頁93。

[87]李玉州《與張支百研江話詩隨筆九首》。見《萬首論詩絕句》。頁688。

[88]孫雄《論詩絕句》。見《萬首論詩絕句》。頁1653。

[89]同上註。見《萬首論詩絕句》。頁1656。

[90]陳延傑《詩品註》。卷中。同本章註13。頁41。

[91]葛立芳《韻語陽秋》。卷一。頁二。《歷代詩話》本。

[92]王世貞《藝苑卮言》卷三。《歷代詩話續編》。頁994。

[93]施補華《峴傭說詩》。《清詩話》。頁977。

[94]許愈初《論詩絕句》。見《萬首論詩絕句》。頁1647。

[95]馬長海《讀陶淵明集》。見《萬首論詩絕句》。頁361。

[96]張晉《仿元遺山論詩絕句六十首》。見《萬首論詩絕句》。頁665。

[97]白居易《讀謝靈運詩》。《白氏長慶集》。卷七 。《四部叢刊初編》
　　　（上海：商務印書館縮印江南圖書館藏日本活字本），頁37。

[98]同註38。卷二。頁36。

[99]張晉《仿元遺山論詩絕句六十首》。見《萬首論詩絕句》。頁665。

[100]朱庭珍《筱園詩話》卷一。《清詩話續編》。頁2340。

[101]嚴羽《滄浪詩話》。郭紹虞《滄浪詩話校釋》。頁138。

[102]惠洪《冷齋夜話》。

[103]賀貽孫《詩筏》。見《清詩話續編》。頁158。

[104]蔣師轍《青州論詩絕句》。見《萬首論詩絕句》。頁1445。

[105]陳延傑《詩品註》卷中。頁49至50。

[106]同上註。頁53。

[107]趙翼《詩思》。見《萬首論詩絕句》。頁454。

[108]柯振嶽《論詩》。見《萬首論詩絕句》。頁779。

[109]邵堂《論詩六十首》。見《萬首論詩絕句》。頁821。

[110]況澄《仿元遺山論詩三十首》。見《萬首論詩絕句》。頁883。

[111]葉適《對讀文選杜詩成四絕句》。見《萬首論詩絕句》。頁115。

［112］黃維申《論詩絕句》。見《萬首論詩絕句》。頁1295。

［113］屈復《論詩絕句三十四首》。見《萬首論詩絕句》，頁370。

［114］許顗《彥周詩話》。頁七。《歷代詩話》。

［115］沈德潛《古詩源》。卷二。同註38。頁46。

［116］何維棟《論詩》。見《萬首論詩絕句》。頁1515。

［117］劉熙載《詩概》。見《清詩話續編》。頁2423。

［118］毛先舒《詩辯坻》卷第二。《清詩話續編》。頁33。

［119］張玉轂《論古詩四十首》。見《萬首論詩絕句》。頁565。

［120］張晉《仿元遺山論詩絕句六十首》。見《萬首論詩絕句》。頁665。

［121］王夫之《古詩評選》。卷一。頁二十三。

［122］葉矯然《龍性堂詩話初集》。《清詩話續編》。頁964。

［123］朱應庚《論詩三十二首》。見《萬首論詩絕句》。頁1629。

［124］陳延傑《詩品註》。卷中。同本章註13。頁43。

［125］許顗《彥周詩話》。頁十九。《歷代詩話》。

［126］黃徹《碧溪詩話》。卷五。《歷代詩話續編》（北京：中華書局，1983），頁371。

［127］田雯《古歡堂雜著》。卷二。《清詩話續編》。頁697。

［128］毛先舒《詩辯坻》卷第四。《清詩話續編》。頁85。

［129］賀貽孫《詩筏》。《清詩話續編》。頁160。

［130］葉矯然《龍性堂詩話》。《清詩話續編》。頁959。

［131］方東樹《昭昧詹言》。卷五。頁159－160。

［132］馮煦《論六朝詩絕句仿元遺山體》。見《萬首論詩絕句》。頁1534。

［133］黃維申《論詩絕句》。見《萬首論詩絕句》。頁1295。

［134］鄧鎔《論詩三十絕句》。見《萬首論詩絕句》。頁1698。

［135］王士禎《漁洋詩話》。《帶經堂詩話》。卷三。頁79。

［136］宋徵璧《抱真堂詩話》。見《清詩話續編》。頁124。

[137]楊愼《升庵詩話》。卷二。頁三。

[138]曾習經《壬子九月間所讀書題詞十五首》。見《萬首論詩絕句》。頁1570。

[139]葉矯然《龍性堂詩話初集》。《清詩話續編》。頁958至959。

[140]黃維申《論詩絕句》。見《萬首論詩絕句》。頁1295。

[141]鄧鎔《論詩三十絕句》。見《萬首論詩絕句》。頁1698。

[142]張晉《仿元遺山論詩絕句六十首》。見《萬首論詩絕句》。頁665。

[143]馬長海《效元遺山論詩絕句四十七首》。見《萬首論詩絕句》。頁355。

[144]邵堂《論詩》。見《萬首論詩絕句》。頁821。

[145]蔣其章《論六朝人詩絕句仿遺山體》。見《萬首論詩絕句》。頁1455。

[146]田雯《古歡堂雜著》卷二。《清詩話續編》。頁697。

[147]馮煦《論六朝詩絕句仿元遺山體》。見《萬首論詩絕句》。頁1535。

[148]陳延傑《詩品註》。卷中。同本章註13。頁48。

[149]王世貞《藝苑卮言》。卷三。《歷代詩話續編》。頁996。

[150]毛先舒《詩辯坻》。卷二。《清詩話續編》。頁43-44。

[151]王世貞《藝苑卮言》。卷三。《歷代詩話續編》。頁996。

[152]王士禎《戲仿元遺山論詩絕句》。見《萬首論詩絕句》。頁236。

[153]毛先舒《詩辯坻》卷第二。《清詩話續編》。頁35。

[154]徐復觀《從文學史觀點及學詩方法試釋杜甫戲為六絕句》。《中國文學論集》（臺中：民主評論出版社）。

[155]楊縈《書時賢詩集八首》。見《萬首論詩絕句》。頁699。

[156]黃小魯《楚北論詩詩》。見《萬首論詩絕句》。頁1623。

[157]劉熙載《詩概》。見《清詩話續編》。頁2423。

[158]黃維申《論詩絕句》。見《萬首論詩絕句》。頁1295。

[159]《北史》。卷八十三。《列傳》七十一。（北京：中華書局），頁2794。

[160]《周書》。卷四十一。《列傳》三十三。（北京：中華書局），頁734。

[161]司空曙《金陵懷古》。見《萬首論詩絕句》。頁10。

[162]孫元晏《六朝詠史》。見《萬首論詩絕句》。頁49。

[163]呂溫《題梁宣帝二首》。見《萬首論詩絕句》。頁14。

[164]朱應庚《論詩三十首》。見《萬首論詩絕句》。頁1629。

[165]田雯《讀庾開府集題六絕爲倪舍人魯玉》。見《萬首論詩絕句》。頁251。

第五章　姚瑩《論詩絕句六十首》論唐代詩人

在唐代的詩人當中，姚氏標舉陳子昂、盧照鄰、王勃、沈佺期、宋之問、李白、杜甫、高適、王昌齡、李頎、岑參、孟浩然、錢起、郎士元、韋應物、柳宗元、韓愈、盧仝、樊宗師、劉禹錫、白居易、杜牧、李商隱、姚合、許渾、馬戴，和賈島等人。其中正面論及的，爲：陳子昂、李白、杜甫、高適、李頎、岑參、錢起、郎士元、韋應物、孟浩然、柳宗元、韓愈、劉禹錫、白居易、杜牧、李商隱、和姚合。傍及的爲：盧照鄰、王勃、沈佺期、宋之問、王昌齡、盧仝、樊宗師、許渾、馬戴，和賈島。茲分別論析如下：

陳子昂（兼及初唐四傑、宋之問、沈佺期）

姚瑩《論詩絕句六十首》第十二首云：

力振衰淫伯玉功，盧王沈宋未爲雄；

考亭異代眞知己，特識曾推感遇功。

陳子昂（661－702），字伯玉，梓州射洪人。唐睿宗元年登進士第，爲武則天所賞識，擢爲麟台正字，武后代唐，子昂上表稱頌，遷右拾遺。曾兩度從軍至北方邊塞。後爲縣令段簡陷害，死於獄中。有《陳拾遺集》。盧藏用曾云：

宋、齊之末，蓋憔悴矣。逶迤零頹，流靡忘返，至於徐、庾，天之將喪斯文也，後進之士，若得上官儀者，繼踵而生，於是風雅之道掃地盡矣。……道喪五百歲而得陳君。

……崛起江漢，虎視函復，卓立千古，橫制頹波，天下翕然，質文一變。[1]

肯定陳子昂在改變齊、梁習氣，建立唐代詩風的貢獻。韓愈也說：

齊、梁與陳隋，眾作等蟬噪。搜春摘花卉，沿襲傷剽盜。國朝盛文章，子昂始高蹈。[2]

王士禎《帶經堂詩話》云：

唐五言古詩凡數變，約而舉之，奪魏、晉之風骨，變梁、陳之俳優，陳伯玉功最大。[3]

浦起龍《詩學源流》云：

唐初承隋唐之弊，惟陳伯玉專師漢魏以及淵明，復古之功，於是爲大。[4]

何一碧《論詩十四首》之八也認爲陳子昂的作品，開啓唐風：

三百年來無此筆，子昂高蹈獨開唐。[5]

葉紹本《仿遺山論詩得絕句廿四首》之六不滿後人無視陳子昂杜絕文風薄艷的成就，從而肯定陳氏在制絕頹波上的貢獻：

頹波橫制有黃門，水碧金膏句內存。

從古文章薄綺靡，後人何意昧根源。[6]

毛瀚豐《論詩絕句十三首》之三，更高讚陳子昂驅除六代淫哇之風，恢復建安的風骨，使得唐代從此「始有詩」：

百萬明琴碎拾遺，高情如在建安時。

淫哇六代驅除盡，從此唐家始有詩。[7]

邱晉成《論蜀詩絕句三十六首》之一也表示了同樣的意見，並把他的功勞比之於中唐韓愈：

海內文宗陳拾遺，建安風骨遠能追。

論功不在昌黎下，詩筆先扶六代衰。[8]

姚氏也肯定陳子昂於反對齊、梁詩風的功績，並表示在這一點上，盧照鄰、王勃、沈佺期與宋之問和他相比，就顯得遜色了：「力振衰淫伯玉功，盧、王、沈、宋未爲雄。」

盧照鄰（635－689），字升之。幽州范陽人。十歲從曹憲、王義方學《蒼》、《雅》及經史，調鄧王府典籤，王有書十二車，照鄰總披覽，略能記憶。王愛重，比之相如。高宗龍朔末，拜益州新都縣尉，染疾去官。總章二年，秩滿去官，居太白山，又客東龍門山，再徙翟具茨山。武后垂拱二年前後，自投穎水死，年四十。有集二十卷，又《幽憂子》三卷。

王勃（650－?），字子安。原籍太原祁縣，其後移居絳州龍門。六歲能文辭。十四歲因呈書右相劉道祥，受賞識推薦，應幽素科及第，授朝散郎。沛王李賢聞其名，召署府修撰，以戲英王雞被令出府。咸亨四年求補虢州參軍，因匿殺官奴獲罪，遇赦除名。父王福畤因受亦受株連累貶官交趾令，上元二年，王勃前往交趾省親，次年渡水墮海死。今存王氏詩約八十首。

沈佺期（656－715），字雲卿，相州內黃人。唐高宗上元二年登進士第。任協律郎。武后時，爲通事舍人，大足元年遷考功員外郎，復遷給事中，四年坐賄入獄，後獲釋。中宗復辟，坐阿附張易之流驩州，稍遷台州錄事參軍，神龍中召見，拜起居郎，兼修文館直學士，歷中書舍人，終太子少詹事，開元初卒。著有《比肩集》十卷。

宋之問（約656－712），又名少連，字延清，汾州西河人。唐高宗上元二年登進士第，武后天授元年以學士分直習藝館，歷洛州從軍。神龍元年，中宗復辟，以阿附張易之，坐貶瀧州從軍。次年春逃歸洛陽匿張仲之家，令凶子告發仲之謀殺武三思事，擢升鴻臚主簿。景龍中，以戶部員外郎兼修文館直學士，再轉考功

員外郎。三年知貢舉貪賄，貶越州長史。睿宗時貶放欽州，後賜死。明人編有《宋之問集》行世。皎然《詩式》比較陳氏與沈、宋之作云：

> 作者須知復變之道，反古曰復，不滯曰變。……子昂復多而變少，沈、宋復少而變多。[9]

唯孫鑛《唐詩選脈會通評林》比較陳子昂與沈佺期和宋之問云：

> 沈、宋未被律骨，子昂意格全出。

這和李舟《獨孤常州集序》所說的：

> 天后朝，廣漢陳子昂獨泝潰波，以趨清源。自茲作者，稍稍而出。[10]

劉克莊（1187－1269）《後村詩話》所說的：

> 唐初，王、楊、沈、宋擅名，然不脫齊、梁之體，獨陳拾遺首唱高雅沖淡之音，一掃六代纖弱，趨於黃初、建安矣。[11]

李書吉《論詩雜詠》所說的：

> 草木禽魚語本葩，如何六代惑淫哇？
> 若非正字崛然起，競傚初唐有四家。[12]

意見相同，只不過後兩者更將初唐四傑與陳子昂聯繫在一塊而言。李開元（1734－1803）《雨村詩話》也說：

> 唐王、楊、盧、駱四傑，渾厚樸茂，猶是開國風氣。自吾蜀陳子，始以大雅之音，振起一代，颯颯乎清廟之什矣。
> 昌黎詩云：國朝盛文章，子昂始高蹈。信不誣也。吾蜀文章之祖，司馬相如、揚雄而後，必首推子昂。[13]

元好問（1190－1257）《論詩三十首》也比較初唐的沈佺期、宋之問與陳子昂的詩作，從而用「合著黃金鑄子昂」高度讚美之辭來肯定陳子昂的成就：

沈、宋橫馳翰墨場，風流初不廢齊、梁；

論功若準平吳例，合著黃金鑄子昂。[14]

「合著黃金鑄子昂」句經常受到後代論詩絕句作品的取用，如程恩澤（1758－1837）《徐廉峰仁弟詩律精密才筆華整得唐賢三昧頃以問詩圖相屬因取唐賢意仿遺山絕句奉答略舉數端漏正不少也十四首》之一就如是表示：

頹波橫制掃齊梁，合著黃金鑄子昂。[15]

賀裳《載酒園詩話又編》：

詩與樂通，其聲宜直廉，不宜粗屬，凡號雅音者，不徒黜淫哇之響，並宜去噍嗷也。吳少微、富嘉謨力矯頹靡，張說譬之濃雲鬱興，震雷俱發，亦猶丘門怪由瑟之意，故必穆如清風者，斯爲承。蓋扶輪起靡之功，獨歸之陳射洪耳。[16]

　朱熹（1130－1200）《感興》二十首小序中云：

余讀陳子昂《感遇》詩，愛其詞旨幽邃，音節豪宕，非當世詞人所及。

方回《瀛奎律髓》：

陳子昂《感遇》古詩三十八首，極爲朱文公所稱。[17]

張謙宜《絸齋詩談》支持朱熹的評論云：

子昂《感遇》，朱文公謂之碧水金膏，希世之寶，可謂隻眼。[18]

又云：

自風、雅後，便有《十九首》，此後又有《感遇》三十八篇，雖比古詩味漸瀉，皆存得忠厚和平之意。[19]

賀裳《載酒園詩話又編》亦云：

朱子稱《感遇詩》詞旨幽邃，音節豪宕，恨其不精於理，

自托仙佛之間以自高。此眞眼中金屑之見。[20]

早在唐代，元稹說明他的創作道路時就表示：

> 僕時孩騃，不慣聞見，獨於書傳中初習，理亂萌漸，心
> 體悸震，若不可活，思欲發之久矣。適有人以陳子昂《感
> 遇》詩相示，吟玩激烈，即日爲《寄思玄子》詩二十首。
> ……僕亦竊不自得，由是勇於爲文。[21]

所以姚氏說：「考亭異代眞知己，特識曾推《感遇》功。」肯定
朱熹賞識陳子昂《感遇詩》的眼光，稱他是陳氏之異代眞知己。

《感遇》詩之作，讚賞者極多。盧藏用云：

> 至於感激頓挫，微顯闡幽，庶幾見變化之朕，以接乎天人
> 之際，則《感遇》之篇存焉。

杜甫《陳拾遺故宅》云：

> 終古立忠義，《感遇》有遺篇。

胡應麟《詩藪》：

> 子昂《感遇》，盡削浮靡，一振古雅，唐初自是傑出。蓋
> 魏、晉之後，惟此尚有步兵餘韻。[22]

譚友夏《唐詩歸》：

> 子昂《感遇》諸詩，有似丹書者，有似《易》註者，有似
> 詠史者，有似讀《山海經》者，奇奧變化，莫的端倪，眞
> 又是一天地矣。

徐獻忠《唐詩品》：

> 《感遇》諸作，挺然自樹，雖頗峭逷，而興寄遠矣。

論者多以陳氏《感遇》詩出自阮籍《詠懷》。皎然《詩式》：

> 子昂《感遇》三十首，出自阮公《詠懷》。[23]

田雯《古歡堂集雜著》云：

> 初唐陳伯玉《感遇》詩，出自阮籍《詠懷》，盡滌綺靡，

力追正始。[24]

王士禎《帶經堂詩話》：

> 唐五言古詩凡數變，約而舉之，奪魏晉之風骨，變梁陳之
> 俳優，陳伯玉功最大。《感遇》、《古風》諸篇，可追嗣
> 宗《詠懷》、景陽《雜詩》。

周敬《唐詩選脈會通評林》：

> 正字《感遇》諸篇，以秀韻傳其藻采，直追阮籍，是千載
> 壇之奏，不可以乏風骨少之。

謝啓昆(1737－1802)《讀全唐詩仿元遺山論詩絕句一百首》云：

> 《感遇》佳篇本嗣宗，丹砂金碧寶希逢。
>
> 愴然淚下幽州客，一洗齊梁藻麗濃。[25]

一些論者甚至以陳氏《感遇》諸作，高於阮籍。如鍾惺云：

> 《感遇》數詩，其韻度雖與阮籍《詠懷》稍相近，身份銖
> 兩實過之。俗人眼耳賤近貴遠，不信也。

但有些論者不同意此見。毛先舒《詩辯坻》就批評鍾惺之說道：

> 鍾謂子昂《感遇》過嗣宗《詠懷》，其識甚淺。阮逐興生，
> 陳依義立；阮淺而遠，陳深而近；阮無起止，陳有結構；
> 阮簡盡，陳密至。見過阮處，皆不及阮處也。[26]

厲志《白華山人詩說》：

> 陳伯玉《感遇》諸詩，實本阮步兵《詠懷》之什。顧阮公
> 詩如玉溫醴醇，意味深厚，探之無窮。拾遺詩橫絕頹波，
> 力亦足以激發，而氣未和順，未可同日語也。[27]

焦袁熙《論詩絕句五十二首》之六云：

> 子昂忽作《感遇》詩，古文乃有韓退之。
>
> 兩家當時驚突起，可憐學步多小兒。[28]

馮繼聰《論唐詩絕句五百七十一首》之五十二首亦云：

> 四唐正派從君始，六代繁聲自此刪。
>
> 《感遇》詩成三十首，浮雲盡去見青山。[29]

朱熹《感興》詩，即本陳子昂《感遇》而作。劉熙載《詩概》評朱氏《感興》之作云：

> 朱子《感興詩》二十篇，高俊寥曠，不在陳射洪下。蓋惟有理趣，而無理障，是以至爲難得。[30]

李白

姚瑩《論詩絕句六十首》第十三首云：

> 《蜀道》吟成泣鬼神，歌行何似古風淳？
>
> 千秋大雅君能作，賞鑒難誇賀季眞。

此言李白詩。李白（701－762），字太白。祖籍隴西成紀，隋末流徙西域。生於湖南碎葉。唐中宗神龍元年，隨家遷居綿州昌隆縣。玄宗開元十二年出蜀漫游。天寶元年，奉詔入京，供奉翰林。爲權貴所不容，三年賜金放還。天寶末，安祿山叛亂，太白應詔入永王李璘慕府，李璘兵敗被殺，李白受累入獄。獲釋不久又被定罪流放夜郎。肅宗乾元二年於途中白帝城遇赦，返會江夏。寶應元年，病死安徽當涂縣。有王琦註《李太白集》。姚瑩云：

> 《蜀道》吟成泣鬼神。

讚賞李氏的《蜀道行》。案：「泣鬼神」原爲賀知章讚李白《烏棲曲》詩之語，而非《蜀道難》。孟棨《本事詩》：

> 李太白初自蜀至京師，舍於逆旅。賀監知章聞其名，首訪之，既奇其姿，復請所爲文，出《蜀道難》以示之。讀未竟，稱嘆者數四，號爲謫仙，解金龜換酒，與傾盡醉。期不間日。由是稱譽顯赫，賀又見其《烏棲曲》。嘆賞苦吟曰：此詩可以泣鬼神矣。故杜子美贈詩及焉。[31]

所謂杜子美贈詩，當指杜甫所作之《寄李十二白二十韻》。詩云：

> 昔年有狂客，號爾謫仙人。筆落驚風雨，詩成泣鬼神。聲
> 名自此大，汩沒一朝伸。[32]

王保定《唐摭言》云：

> 李白始自蜀至京師，舍于逆旅，賀知章聞其名，首訪之，
> 既奇其姿，復請所爲文，自出《蜀道難》以示之，讀未竟，
> 稱嘆者數四，號爲謫仙。

顧安《唐律消夏錄》云：

> 太白心地高朗，有置身雲霄，下視寰宇境界。律詩皆屈意
> 爲之。其長在樂府歌行耳。知章讀其《烏夜啼》，曰子眞
> 謫仙人也。又讀其《烏棲曲》，曰此詩可以泣鬼神矣。後
> 人竟以知章二語作泛看，不知此二詩實有謫仙人及泣鬼神
> 之處也。[33]

而郭兆麟《梅崖詩話》則以「泣鬼神」兼言李氏《烏棲曲》與
《蜀道難》：

> 太白《蜀道難》、《烏棲曲》等作，昔人謂可以泣鬼神。
> 詩中如此境界，煞是難到。[34]

喬松年《蘿藦亭札記》云：

> 太白之《烏棲曲》詞超而意深，《烏夜啼》則詞俗而意淺。
> 賀季眞所謂可泣鬼神者定是《烏棲曲》，或以《烏夜啼》
> 當之，眞大妄謬。近見選且有取《烏夜啼》而去《烏棲曲》
> 者，盲人豈可與道黑白哉。[35]

稱可「泣鬼神」之作者，爲《烏棲曲》，而非《烏夜啼》。

《蜀道難》，後人讚揚者極多。胡應麟《詩藪》云：

> 太白《蜀道難》、《遠別離》、《天姥吟》、《堯祠歌》
> 等，無首無尾，變幻錯綜，窈冥昏默，非其才力學之，立

見顛踣。[36]

許學夷《詩源辨體》亦云：

> 屈原《離騷》，本千古辭賦之宗，而後人模仿盜襲，不勝
> 饜飫，太白《鳴皋歌》雖本乎《騷》，而精彩絕出，自是
> 太白手筆。至《遠別離》、《蜀道難》、《天姥吟》，則
> 變幻恍惚，盡脫蹊徑，實與屈子互相照映。[37]

童軒《楊學士詩序》云：

> 今觀李詩《古風十九首》及《遠別離》、《蜀道難》諸作，
> 大抵得於變風之體居多。以譬而言，殆猶泰山出雲，頃刻
> 之間，彌布寰宇，隨以雷車電炮霍砰，及其飆輪一停，則
> 泯乎無跡，此誠神於詩者也。[38]

李東陽《懷麓堂詩話》也以「閱數千百年幾千萬人而莫有異義」
讚許這首詩作：

> 文章如精金美玉，經百煉歷萬選而後見。今觀昔人所選，
> 雖互有得失，至其盡善極美，則所謂鳳凰芝草，人人皆以
> 為瑞，閱數千百年幾千萬人，而莫有異義焉。如李太白
> 《遠別離》、《蜀道難》，杜子美《秋興》、《諸將》、
> 《詠懷古跡》、《新婚別》、《兵車行》，終日誦之不厭
> 也。[39]

陳沂《詩談》以「奇」字形容此作，認為非學可達致此境界：

> 太白長歌，如《蜀道難》之瑰奇，《將進酒》之豪壯，
> 《問月》之慷慨，《襄陽歌》之流動，其才實出天賦，非
> 學而能。當時名家，無與頡頏者。[40]

賀裳《載酒園詩話又編》：

> 《蜀道難》一篇，真與河嶽並垂不朽，即起句：噫吁戲，
> 危乎高哉七字，如纍碁架卵，誰敢併於一處？至其造句之

妙：連峰去天不盈尺，孤松倒掛倚絕壁。飛湍瀑流爭喧豗，

　　砯崖轉石萬壑雷。每讀之，劍閣、陰平如在目前。[41]

傅起岩《題李太白象》讚揚李詩之豪壯時，亦特舉《蜀道難》：

　　天吳顛倒錦袍寬，斗酒狂歌《蜀道難》。

　　聖主莫興宣室念，夜郎猶是玉堂寒。[42]

朱諫《李詩選註》云：

　　《蜀道難》，賦也。首二句以嘆辭而發其端，末二句以嘆

　　辭而結其意；首尾相應，而關鍵之密也。白此詩極其雄壯

　　而鋪敘有條，起止有法，唐詩之絕唱者。[43]

殷璠《河嶽英靈集》早已用「奇」字言李詩：

　　至如《蜀道難》等篇，可謂奇之又奇。[44]

田雯《古歡堂集雜著》也是如此：

　　太白以縱橫之才，俯視一切，《蜀道難》等篇，長短句奇

　　之而又奇，可謂極才人之致。然亦惟青蓮自為之，他人不

　　敢學，亦不能學也。[45]

葉觀國《秋齋暇日抄輯漢魏以來詩作絕句二十首》之三云：

　　瞥漢神鷹振羽翰，粲花生頰骨珊珊。

　　金丹不落平人手，呿筆空摹《蜀道難》。[46]

　　姚瑩又云：「賞鑒難誇賀季真。」此可參閱上述孟棨《本事

詩》、杜甫《寄李十二白二十韻》與顧安《唐律消夏錄》。又李

白《對酒憶賀監二首序》云：

　　太子賓客賀公於長安紫極宮一見余，呼余為謫仙人，因解

　　金龜換酒為樂。[47]

張祜《偶題》亦記此事並發中懷云：

　　古來名下豈虛為，李白顛狂自稱時。

　　唯恨世間無賀老，謫仙長在沒人知。[48]

元好問《濟南雜詩十首》之二亦云：

> 匡山聞有讀書堂，行過山前笑一場。
>
> 可惜世間無李白，今人多少賀知章。[49]

馮繼聰《論唐詩絕句》云：

> 相逢便號謫仙人，相士誰知賀季眞？[50]

程尙濂《海槎手錄太白少陵昌黎長吉詩成帙感而賦此》：

> 賀公雅愛謫仙狂。[51]

即指此事。以「謫仙」稱人，並非自賀氏始。徐枋《讀史稗語》
云：

> 南齊永明中，會稽山中有人姓蔡，不知名，時謂之謫仙。
>
> 唐賀知章謂李白爲謫仙才，宋周必大謂李璧爲謫仙才。[52]

唯董說認爲以謫仙稱李白，有不當處。《芝筠詩序》云：

> 《唐書》稱：李白至長安，往見賀知章，知章見其文，嘆
> 曰：子謫仙人也。余獨謂知章一時豪語，政未盡善。考
> 《神仙傳》：白石先生嘗煮白石爲糧，謂天上多至尊，相
> 奉事更苦於人間，時人呼爲隱遁仙人。而《十洲記》言：
> 方丈在東海中，與東西南北相去正等，方丈面各五千里，
> 有金玉琉璃之宮，三天司命所治處，群仙不欲升天者，皆
> 往來也。夫神仙曲匿風塵，俯悲文苑，虛雲霄之位，自放
> 於山水文章，是亦飛仙之高隱者耳，安在其爲謫哉？[53]

賀知章賞識李白事，後代論者言及李白時，紛紛傳述。如趙孟頫
《題李白酒船圖》云：

> 載酒向何處，稽山鏡水邊。若爲無賀老，興盡便回船。
>
> 瀟灑稽山邊，風流賀季眞。相思不相見，愁殺謫仙人。[54]

宋裘《太白酒樓》云：

> 謫仙人，今何在？汶水島山黯蒼靄。手揮玉鞭騎玉鯨，應

在浮雲九州外。仙人魂魄茫氣氳，望之不見翔可親。明朝
我亦玉京去，願謁蓬仙賀季眞。[55]

或讚揚兩人之友誼。劉基《濟州太白樓》：

小逕迂行客，危樓舍酒星。河分洸水碧，天倚嶧山青。昭
代空文藻，斯人竟斷萍。登臨無賀老，誰與共忘形。[56]

孫蕡《采石太白墓》也說：

冠履何年墮世塵，先生原是謫仙人。春雲彩筆驚飛燕，暮
雨滄江泣石麟。牢落清名元不沒，衰遲大雅竟難陳。脩然
我亦狂吟客，思殺風流賀季眞。[57]

孫緒《跋盧潤卿所藏李太白壯觀二大字墨本》云：

非知章不能致太白之留連，非太白不能得知章之契合。[58]

趙翼（1727－1814）於《甌北詩話》中言稱李白爲仙人者，不僅
賀知章而已，尙有司馬子微。其言云：

李青蓮自是仙靈降生，司馬子微一見，即謂其有仙風道骨，
可與神游八極之表。賀知章一見，亦即呼爲謫仙人。放還
山後，陳留采訪使李彥允爲請於北海高天師授道籙。[59]

李白亦以「謫仙人」自稱。《答湖州迦葉司馬問余是何人》云：

青蓮居士謫仙人，酒肆藏名三十春。

湖州司馬何須問，金粟如來是前身。[60]

亦曾學仙。趙翼《甌北詩話》云：

青蓮少好學仙，故登眞度世之志，十詩而九。蓋出於性之
所嗜，非矯托也。[61]

後人美談李白時，多以「天仙」、「謫仙人」、「仙」、「仙才」，
或「仙人」稱之。李陽冰《唐李翰林草堂集序》：

（白）不讀非聖之書，恥爲鄭、衛之作，故其言多似天仙
之辭。

嚴羽《滄浪詩話》云：

> 人言太白仙才，長吉鬼才。不然，太白天仙之詞；長吉，
> 鬼仙之詞耳。[62]

高棅《唐詩品彙·七言古詩敘目》也本之云：

> 太白天仙之詞，語多率然而成者，故樂府歌辭成善。[63]

馬長海《效元遺山論詩絕句四十七首》之十三稱之爲「謫仙人」：

> 凌雲逸氣謫仙人，沘筆淋灕氣格新。
>
> 秋水芙蓉去雕飾，天然一語足傳神。[64]

而稱李氏爲「謫仙」者更多。如朱庭珍（1841－1903）《論詩》
云：

> 才筆縱橫擅千秋，絳雲舒卷妙天然。
>
> 精思脆節無人會，競騁豪情學謫仙。[65]

王惟成《論唐宋詩絕句十四首》之二也是如此：

> 獨冠騷壇是謫仙，天才俊逸思超然。
>
> 興酣落筆渾無敵，斗酒眞能賦百篇。[66]

元好問《華不注山》：

> 元氣遺形老更頑，孤峰直上玉屛顏。龍頭突出海波沸，鰲
> 腳斷來天宇閑。齊國伯圖殘照里，謫仙詩興冷雲間。乾坤
> 一劍無人識，夜夜光芒北斗寒。[67]

釋英《言詩寄致上人》：

> 淵明天趣高，工部法度備。謫仙勢飄逸，許渾語工致。郊
> 島事寒瘦，元白極偉麗。[68]

周權《謫仙樓》稱爲大羅仙人：

> 大羅仙人李太白，秋水疏連浮玉色。
>
> 一來金馬玉堂中，詩救猖狂天子客。[69]

況澄《仿元遺山論詩三十首》稱之爲「仙才」：

　　絕世仙才千百首，難忘美酒與嬌娥。[70]

王庚言《論詩十首》更以「酒中仙」稱之：

　　咳唾珠璣落九天，詩中仙是酒中仙。[71]

李俊民《申元帥四隱圖》亦云：

　　謫在人間凡幾年，詩中豪傑酒中仙。

　　不因采石江頭月，那得騎鯨去上天。[72]

高棅《題李白邀月圖》云：

　　邀歡花月下，嗜飲酒中仙。[73]

黃淮《題趙松雪畫李白觀瀑圖》稱之爲「人中仙」：

　　李白人中仙，壯志凌九州。[74]

陳繹曾《詩譜》之讚李氏爲詩家之仙：

　　李白詩祖風騷，宗漢、魏，下至鮑照、徐、庾亦時用之。
　　善掉弄造出奇怪，驚動心目，忽然撒出，妙入無聲，其詩
　　家之仙者乎？格高於杜，變化不及。[75]

姚鼐《五七言今體詩鈔序目》云：

　　盛唐人禪也，太白則仙也。[76]

胡應麟《詩藪》云：

　　太白筆力變化，極於歌行。[77]

姚瑩不同意此說。姚氏云：「歌行何似古風淳？」以李白的歌行
和他的古風相比，不如後者的眞淳，而且也認爲李氏的古風，眞
能秉承大雅的傳統。陳廷焯《白雪齋詞話》：

　　世人論詩，多以太白之縱橫超逸爲變，而以杜陵之整齊嚴
　　肅爲正，此第其形骸不知本源也。太白一生大本領全在
　　《古風》五十九首。今讀其詩，何等樸拙，何等忠厚；至
　　如《蜀道難》、《行路難》、《太姥吟》、《鳴皋行》等
　　篇，粗而不精，枝而不理，絕非太白高作。[78]

李白詩作，古詩多於律作。朱諫《李詩選註》云：

> 《古風》詩五十九章，所言者世道之治亂、文辭之純駁、
> 人物之邪正，與夫游仙之術、飲酒之情，意高而論博，間
> 見而層出，諷刺當乎理而可規戒者，得風人之體。三百篇
> 以下，漢魏晉以來言詩之大家，數者必歸於白。[79]

沉澄《仿元遺山論詩三十首》之六云：

> 律詩較少古詩多，太白風流付醉歌。[80]

田雯《古歡堂集雜著》：

> 謫仙五古直接阮、陳之派，而奇矯豪宕，殆又過之。[81]

論者也常讚賞李白的古詩，許學夷《詩源辯體》云：

> 太白五言古，軼蕩處多，似明遠而矯逸過之。[82]

梅鼎祚《李杜二家詩體評林》云：

> 朱在云：太白《古風》，自子昂《感遇》來。然陳以精深，
> 李以鴻朗。而陳有意乎古，李近自然。[83]

沈德潛《唐詩別裁》：

> 太白詩縱橫馳騁驟，獨《古風》二卷，不矜才，不使氣，
> 原本阮公，風格俊上，伯玉《感遇》詩後，有嗣音矣。[84]

喬億《劍谿說詩》：

> 太白古詩往往音調似律，蓋體源齊梁，興酣落筆而不自
> 覺，然逸氣橫生，高出齊梁萬萬也。[85]

謝啓昆《讀全唐詩仿元遺山論詩絕句一百首》之三十亦云：

> 古風哀怨激騷人，刪述千篇接獲麟。
> 露草飛螢視郊島，空山流水見天眞。[86]

馮繼聰《論唐詩絕句》：

> 釣鼇海上幾千春，喜見開元有道辰。
> 五十九章風最古，《三百篇》後更何人？[87]

揭溪斯《詩法正宗》云：

> 李太白古風，韋蘇州、王摩詰、柳子厚、儲光羲等古詩，
> 皆平淡蕭散，近體亦無拘攣之態。嘲哳之音，此詩之嫡派
> 也。

劉履《李翰林詩十九首》：

> 李白天寶中爲翰林供奉，未幾，不合去，遂浪跡天下。工
> 爲古詩歌，言多諷刺。嘗曰：齊、梁以來，艷薄斯極，沈
> 休文又尚以聲律。將復古道，非我而誰？故所著五十九首
> 者，特以《古風》爲題。今觀其詞，宏麗俊偉，雖未必盡
> 合軌轍，而才逸氣邁，蓋亦劉越石、鮑明元之儔歟？[88]

杜甫、高適

姚瑩《論詩絕句六十首》第十四首云：

> 力破滄溟萬象開，乾坤奧氣少陵才；
> 論詩若溯無懷氏，常侍東川太古來。

本詩論杜甫和高適的詩作。杜甫（712－770），字子美，原
籍襄陽，生於河南鞏縣。後徙京兆杜陵。十世祖杜遜，南遷襄陽。
七歲能詩，唐玄宗開元二十三年舉進士，不第。天寶六年又應制
舉，再落第。十年獻《三大禮賦》，玄宗賞識，命待制集賢院。
十四年授河西尉，不受，改右衛率府兵曹參軍。安史之亂發，長
安陷落，杜甫也受困其中。李亨即位靈武，改元至德，杜甫奔赴
行在，授官左拾遺，乾元元年，貶華州司功參軍。不久棄官遠徙。
在成都時，定居浣化池畔草堂。曾任劍南節度使嚴武之參謀，武
表爲檢校工部員外郎。五十七歲乘船東下，五十九歲病死在湘江
途中。有《杜工部集》。

高適（701？－765），字達夫，渤海人。天寶八年有道科及
第，授封丘縣尉。十二年任隴右節度使哥舒翰記事參軍。後受唐

蕭宗之賞識，先後擔任左拾遺、淮南節度使、太子少詹事、彭州刺史、劍南西川節度使等職。廣德二年召還長安，爲刑部侍郎，轉左散騎常侍，晉封渤海縣侯。卒於長安，贈禮部尙書。諡忠。著有《高常侍集》。

　　李頎(690？－751？)，字東川。東川人。開元十三年進士。曾任新鄉縣縣尉。開元末年棄官歸隱。

　　韓愈《題杜工部墳》讚杜甫詩云：

　　有唐文物盛復全，名畫史冊俱才賢。中間詩筆誰清新？屈指都無四五人。獨有工部稱全美，當日詩人無擬倫。筆追清風洗俗耳，心奪造化回陽春。天光晴射洞庭秋，寒玉萬頃清光流。我常愛慕如饑渴，不見其面生閒愁。[89]

孫僅《讀工部詩集序》云：

　　洎夫子之爲也，剔陳梁、亂齊宋、抉晉魏，潴其淫波，過其煩聲，與周楚西漢相準的。其复邈高聳，則若鑿太虛而噉萬籟；其馳驟怪駭，則若仗天策而騎箕尾；其首截峻整，則若儼鉤陳而界雲漢。樞機日月，開闔雷電，昂昂然神其謀、挺其勇、握其正，以高視天壤，趨入作者之域，所謂眞粹氣中人也。[90]

張伯玉《讀子美集》：

　　寂寞風騷主，先生第一才。詩魂躘斗壁，筆力撼蓬萊。運動天樞巧，奔騰地軸摧。萬蛟盤險句，千馬夾雄才。勢走岷峨盡，辭含混沌來。[91]

王彥輔《增註杜工部詩序》：

　　逮至子美之詩，周情孔思，千匯萬狀，茹古涵今，無有端涯。森嚴昭煥，如在武庫，見戈戟布列，蕩人耳目。非特意語天出，尤工於用字，故卓然爲一代冠，而歷世千古，

膾炙人口。[92]

王安石（1021－1086）《杜甫畫像》：

> 吾觀少陵詩，爲與元氣侔；力能排天幹九地，壯顏毅色不可求。浩蕩八極中，生無豈不稠，醜妍巨細千萬殊，竟莫見以何雕鎪。[93]

王令（1032－1059）《讀老杜詩集》：

> 氣吞風雅妙無倫，碌碌當年不見珍。自是古賢因發憤，非關詩道可窮人。鑴鑱物象三千首，照耀乾坤四百春。寂寞有名身後事，惟餘孤冢寐江濱。[94]

童軒《楊學士詩序》：

> 杜詩《北征》、《詠懷》、《苦戰》、《冬狩》等作，要之得於變雅之體居多。以譬而言，殆猶滄溟巨浸，涵雲天，浴日月，時或颶風一噓，則蛟龍百怪呈露，觀者每有望洋之嘆。此誠聖於詩者也。[95]

而宋犖（1634－1713）《漫堂說詩》云：

> 七言古詩，上下千百年定當推少陵爲第一。蓋天地元氣之奧，至少陵而盡發之，允爲集大成之聖。子美自許沈鬱頓挫，掣鯨碧海；退之稱其光焰萬丈，介甫稱其疾徐縱橫，無施不可；孫僅亦稱其馳驟怪駭，開合雷電。合諸家之論，施之七古，尤屬定評。[96]

馬長海《效元遺山論詩絕句四十七首》讚杜詩之成就同於大禹治水之功績：

> 老杜篇章出《國風》，詩中疏鑿禹同功。[97]

都從多個方面讚賞杜甫詩之筆力、才情與豪氣。姚氏也讚許杜甫詩的氣魄，以及能夠表現天地間奧氣之才華。故云：「力破滄溟萬象開，乾坤奧氣少陵才。」姚氏又於《論詩絕句六十首》之最

後第二首讚杜甫詩云：

> 少陵才力韓蘇富，走馬驅山筆更遒。

也是高度讚許杜甫的詩才以及他的詩作筆力之能「走馬驅山」。

姚氏又云：「論詩若溯無懷氏，常侍東川太古來。」讚美高適和李頎的作品能夠承續古代純樸之風。翁方剛《石洲詩話》讚高適詩之渾樸云：

> 高之渾樸老成，亦杜陵之先鞭也。[98]

徐獻忠《唐詩品》論高詩云：

> 常侍朔氣縱橫，壯心落落，抱瑜握瑾，浮沈閭巷之間，殆俠徒也。故其為詩，直舉胸臆，摹畫景象，氣骨瑯然，而詞鋒華潤，感賞之情，殆出常表。視諸蘇卿之悲憤，陸平原之惆悵，辭節雖離，而音調不促，無以過之矣。

賀貽孫《詩筏》：

> 高、岑五言古、律，俱臻化境，而高達夫尤妙於用虛。非用虛也，其筋力精神俱藏於虛字之內，急讀之遂以為虛耳。以此作律詩更難。[99]

范大士《歷代詩發》：

> 常侍七古，慷慨疏越，氣韻沉雄，斧鑿之痕，一歸熔化，才老養優，真承學之典型也。

馮繼聰《論唐詩絕句》讚美高適詩云：

> 五十詩名高達夫，天然風力與人殊。
> 歌行自是多奇句，見說平原病亦蘇。[100]

又讚美李頎詩云：

> 東川高第尉新鄉，漁父吟來逸興長。
> 綠水江邊香飯罷，一聲短笛韻滄浪。[101]

殷璠《河嶽英靈集》：

頎詩發調既清，修辭亦綉，雜歌咸善，玄理最長。[102]

賀孫貽《詩筏》：

> 唐李頎詩，雖近於幽細，然其氣骨，則沉壯堅老，使讀者從沉壯堅老之內，領其幽細，而不能以幽細名之也。惟其如是，所以獨成一家。[103]

宋育仁《三唐詩品》：

> 五言其源出於鮑明遠，發言清雋，骨秀神清，雖偶泛弦中，仍復自然合奏。七言變離，開闔轉接奇橫，沉鬱之思，出以明秀，運少陵之堅重，合高、岑之渾脫，高音古色，冠絕後來。

陳維崧（1625－1682）《抄唐人七言律竟輒題數斷句楮尾》讚兩人云：

> 神韻天然高達夫，嘉州格調也應無。
>
> 更憐絕代東川李，七首吟成萬顆珠。[104]

《新唐書》與《舊唐書》之「高適傳」，均讚高詩「以氣質自高」。

殷璠《河嶽英靈集》云：

> 評事性拓落，不拘小節，恥預常科，隱跡博徒，才名自遠。然適詩多胸臆語，兼有氣骨，故朝野通賞其文。[105]

劉熙載《藝概》：

> 高適詩，兩《唐書》本傳並稱其以氣骨自高。今即以七古論之，體或近似唐初，而魄力雄毅，自不可及。[106]

又云：

> 高常侍、岑嘉州兩家詩，皆可亞匹杜陵。[107]

翁方剛《石洲詩話》又讚許李頎之作云：

> 高之渾厚，岑之奇峭，雖各自名家，然俱在少陵籠罩之中。至東川，則不盡爾也。學者欲從精密中推宕伸縮，其

必問津於東川乎？[108]

王昌齡、李頎、高適、岑參、孟浩然

姚瑩《論詩絕句六十首》之第十五首云：

> 王、李、高、岑競一時，盛唐興趣是吾師；
>
> 何人解道襄陽俗，始信嘉州已好奇。

姚氏以王、李、高、岑並稱。除了高適之外，姚氏也肯定王昌齡、李頎、岑參等其他三位詩人。高適、李頎之生平見上則。王昌齡（698？－約757），字少伯。京兆萬年人。開元十五年進士，授秘書省校書郎。二十二年登博學宏詞科，遷汜水尉。越數年，以事謫嶺南。二十八年北返，改江寧丞，復謫龍標尉。世稱王江寧、王龍標。安史亂後，為刺史閭丘曉所忌，遇害。

岑參（約715－約770），河南南陽人。天寶五年進士，授右內率府兵曹參軍。太寶八年，為安西節度使高仙芝幕僚，後授安西節度使判官。唐肅宗時，經杜甫推薦，任右補闕、起居舍人。後被貶虢州長史。代宗大曆二年，任嘉州刺史，旋罷官，客死成都。有《岑嘉州集》。

舊常以王、孟、高、岑合稱，如胡應麟《詩藪》：

> 五言律體，兆自梁、陳，……王、孟、高、岑，並馳於後，新制迭出，古體仅分，實詞章改變之大機，氣運推遷之一會也。[109]

許學夷《詩源辨體》：

> 開元、天寶間，高、岑、王、孟古、律之詩，始流為大曆錢、劉諸子。[110]

葉燮《原詩》：

> 盛唐大家，稱高、岑、王、孟。高、岑相似，而高為稍優，孟則大不如王矣。高七古為勝，時見沉雄，時見沖淡，不

一色，其沉雄直不減杜甫。岑七古間有傑句，苦無全篇，
且起句意調，往往相同，不見手筆。……王維五律最出
色，七古最無味。孟浩然諸體似乎淡遠，然無縹緲幽深思
致，如畫家寫意，墨氣都無。[111]

陳僅《竹林詩問》云：

> 唯五律舍杜無所取法，工力既到，而後涵詠於王、孟、高、
> 岑、二李，以博其趣。[112]

「王」指王維，「孟」指孟浩然，「高」爲高適，「岑」爲岑參。
亦有作王、孟、高、李者，如胡應麟《詩藪》云：

> 學五言律毋習王、楊以前，毋窺元、白以後，先取沈、宋、
> 陳、杜、蘇、李諸集，……次及盛唐王、岑、孟、李，永
> 之以風神，暢之以才氣，和之以眞澹，錯之以清新。然後
> 歸宿杜陵。[113]

「王」指王維，「岑」指岑參，「孟」爲孟浩然，「李」爲李頎。
姚氏云：「王、李、高、岑競一時。」將王、李、高、岑連在一
起，與前舉各說異。但將王、李、高、岑連繫在一道來談的，非
始於姚瑩。如胡震亨《唐音癸籤》云：

> 盛唐名家稱王、孟、高、岑，獨七言祧孟，進李頎，應稱
> 王、李、岑、高云。[114]

胡應麟《詩藪》曾說：

> 唐七言律自杜審言、沈佺期首創工密，至崔顥、李白時出
> 古意。一變也。高、岑、王、李，風格大備。又一變也。[115]

唯「高」爲高適，「岑」爲岑參，「王」指王維，「李」指李頎。
又云：

> 王、岑、高、李，世稱正鵠。嘉州詞勝意，句格壯麗而神
> 韻未揚。常侍意勝詞，情致纏綿而筋骨不逮。王、李二家

> 和平而不累氣，深厚而不傷格，濃麗而不乏情，幾於色相
> 俱空，風雅備極，然制作不多，未足以盡其變。[116]

也是如此。而姚瑩所稱之「王、李、高、岑」，「王」指王昌齡，
「李」指李頎，「高」指高適，「岑」指岑參。與胡應麟異。清
朱庭珍《筱園詩話》：

> 唐人七古，高、岑、王、李諸公規格最正，筆最雅練。散
> 行中時作對偶警拔之句，以爲上下關鍵，非惟於散漫中求
> 整齊，平正中求警策，而一篇之骨，即樹於此。兼以詞不
> 欲盡，故意境寬然有餘；氣不欲放，故筆力銳而時斂，最
> 爲詞壇節制之師。[117]

又云：

> 學七古者，才力學力俱強，則當以李、杜、韓、蘇爲宗，
> 否則宗法高、岑、王、李，不失正格，勿誤於歧途，竄入
> 荊棘，致爲大雅所棄也。[118]

則與姚瑩同。「高」指高適，「岑」指岑參，「王」指王昌齡，
而「李」指李頎。論詩絕句之作也有用及「高、岑、王、李」者，
例如張晉《仿元遺山論詩絕句六十首》：

> 長句篇篇轉韻精，高、岑、王、李擅歌行。[119]

也是分指高適、岑參、王昌齡、李頎四人。不過，姚氏清楚地說
明他排除孟浩然在王昌齡、高適、岑參之外，單獨把他擺在一邊
的原因，那就是他認爲孟浩然詩「俗」。孟浩然詩，評者意見紛
紜。有高讚孟氏的，如沈德潛《唐詩別裁》論孟之五言律云：

> 孟詩勝人處，每無意求工，而清超越俗，正復出人意表。[120]

嚴羽《滄浪詩話》云：

> 孟浩然之詩，諷詠之久，有金石宮商之聲。[121]

馬長海《效元遺山論詩絕句四十七首》云：

襄陽五字是余師，逸韻天成更不疑。[122]

胡震亨（1569－約1645）《唐音癸籤》引徐獻忠評孟詩評也說：

> 襄陽氣象清遠，心慘孤寂，故其出語灑落，洗脫凡近，讀
> 之渾然省淨，眞彩自復內映。雖藻思不及李翰林，秀調不
> 及王右丞，而閒澹疏豁，翛翛自得之趣，亦有獨長。[123]

李東陽《懷麓堂詩話》甚至表示孟浩然詩高於王維詩。其言云：

> 唐詩李、杜之外，孟浩然、王摩詰，足稱大家。王詩豐縟
> 而不華靡，孟詩專心古淡，自無寒儉枯瘠之病，由此言
> 之，則孟尤勝。[124]

張元《讀孟襄陽詩七絕句》更表示：

> 漫釣槎頭縮項鯿，清詩句句果堪傳。
> 杜陵才筆雄千古，只愛襄陽孟浩然。[125]

馮繼聰《論唐詩絕句》云：

> 眼看榮利笑浮漚，秘書聯吟第一流。
> 疏雨微雲清獨絕，兩言寫盡一天秋。[126]

又云：

> 幽興多生岩壑間，從來心跡總相關。
> 云何詩思清入骨？家在龐公隱處山。[127]

然而陳師道（1053－1101）《後山詩話》引蘇軾語云：

> 孟浩然之詩，韻高而才短，如造內法酒手而無材料爾。[128]

王夫之《唐詩評選》云：

> 襄陽律，其可取者在一致，而氣局拘迫，十九淪爲酸餡，
> 又往往於情景處爲格法所束，安排無生趣，於盛唐諸子品
> 居中下，猶齊、梁之有沈約，取合於淺人，非風雅之遺意
> 也。[129]

王士禎《香祖筆記》曾云：

> 汪純翁問予：王、孟齊名，何以孟不及王？予曰：正以襄
> 陽未能脫俗耳。汪深然之，且曰：他人從來不見此。[130]

汪琬（1624－1690）雖說他從來不曾見及前人有如王士禎一樣評
說襄陽未能脫俗，其實，從上舉的王夫之的評論，就可以知道在
王士禎之前，王夫之已提出這種看法了。《師友詩傳續錄》又記
王士禎之言云：

> 譬之釋氏，王是佛語，孟是菩薩語，孟詩有寒儉之態，不
> 及王天然而工。惟五言不可優劣。[131]

顧安《唐律消夏錄》：

> 人皆以王孟並稱，是但看辭句耳。摩詰見地既高，法脈亦
> 細，句句清逸，句句沉著，襄陽雖清逸，而時有膚淺處，
> 以其見地尚有出入故也。

謝榛（1496－1575）《四溟詩話》云：

> 李空同評孟浩然《送朱二》曰：不是長篇手段。浩然五言
> 古體，清新高妙，不下李、杜，但七言長篇，語平氣緩，
> 若曲澗流泉，而無風卷江河之勢。空同之評是矣。[132]

賀裳《載酒園詩話又編》亦云：

> 孟襄陽寫景、敘事、述情，無一不妙，令讀者躁心欲平。
> 但瑰奇磊落，實所不足，故不甚作七言，專精五字。[133]

更進一步指出他們所不滿意孟氏者，乃其七言之作。

孟浩然（689－740），襄州襄陽人。唐玄宗十六年入長安應
進士舉，不第，還襄陽。韓朝宗任山南東道采訪使，曾舉薦孟浩
然面君，孟不赴。開元二十五年，張九齡貶荊州長史，署孟氏為
從事。終於冶城南園。

姚氏又云：

> 盛唐興趣是吾師。

嚴羽《滄浪詩話》：

> 詩者，吟詠性情也。盛唐人惟在興趣，羚羊掛角，無跡可求。[134]

翁方剛（1733－1818）《石洲詩話》：

> 盛唐諸公之妙，自在氣體醇厚，興象超遠。[135]

姚瑩即表示他盛唐詩作之興趣，爲他師事對象。

姚氏云：「始信嘉州已好奇。」以「奇」形容岑參的詩作。前人已有此說。殷璠《河嶽英靈集》：

> 參詩語奇體峻，意亦造奇。[136]

徐獻忠《唐詩品》：

> 嘉州詩一以風骨爲主，故體裁峻整，語亦造奇，持意方嚴，竟鮮落韻。

毛先舒《詩辯坻》：

> 嘉州《輪台》諸作，奇姿傑出，而風骨渾勁，琢句用意，俱極精思，殆非子美、達夫所及。[137]

沈德潛《唐詩別裁》：

> 參詩能作奇語，尤長於邊塞。[138]

洪亮吉《北江詩話》：

> 詩奇而入理，乃謂之奇。若奇而不入理，非奇也。盧玉川、李昌谷之詩，可云奇而不入理者矣。詩之奇而入理者，其惟岑嘉州乎！[139]

杜甫：

> 岑參兄弟皆好奇，攜我遠來游渼陂。

翁方剛《石洲詩話》云：

> 嘉州之奇峭，入唐以來所未有，又加以邊塞之作，奇氣益出。風會所感，豪傑挺生，遂不得不變出杜公矣。[140]

錢起、郎士元、劉長卿

姚瑩《論詩絕句六十首》之第十六首云：

> 中興風度憶錢郎，君胄翩翩發艷香。
>
> 世有易牙真辨味，仲文猶自遜文房。

中唐的錢起、郎士元一向爲後代詩論者並稱。高仲武《中興間氣集》云：

> 員外，……右丞以往，與錢更長。……兩君體調，大抵欲同。[141]

《新唐書·文藝傳》云：

> 起，……與郎士元齊名，時語曰：前有沈、宋，後有錢、郎。

葛立方（？－1164）《韻語陽秋》亦云：

> 錢起與郎士元齊名。時人語曰：前有沈、宋，後有錢、郎。[142]

錢起(約727－約780)，字仲文。吳興人。唐玄宗天寶十年登進士第，釋褐授秘書省校書郎。乾元元年前後任藍田縣尉。寶應二年後入朝任司勛員外郎、司封郎中，終考功郎中、太清宮使。有《錢考功集》。爲「大曆十才子」之冠。

郎士元（？－780？），字君胄。中山人。唐玄宗天寶十五載登進士第。避安史之亂，滯羈江南。代宗寶應元年九月授渭南尉。大曆元年前後擢爲拾遺。四年前後遷員外郎，復轉郎中。德宗建中初出爲郢州刺史，並持節治軍。卒於官。

讚譽錢起詩作者甚多。馮繼聰《論唐詩絕句》云：

> 大曆才名錢仲文，一時艷看畫圖新。
>
> 前番沈、宋誰能繼？疏雨殘陽最警人。[143]

錢、郎雖齊名，但論者有以郎氏高於錢起者。如高仲武云：

郎員外與錢起齊名。……體調大抵相同，就中郎公稍更閒
雅，如荒城背流水，遠雁入寒雲。去鳥不知倦，遠帆生暮
愁。又：蕭條夜靜邊風吹，獨倚營門向秋月。可以齊衡古
人，掩映時輩。[144]

辛文房《唐才子傳》舉《中興間氣集序》並進一步說：

二公體調，大抵欲同，就中郎君稍更閒雅，逼近康樂，珠
聯玉映，不覺成編，掩映時流，名不虛矣。[145]

晁公武《郡齋讀書志》：

（郎）與錢起俱有詩名，而士元尤更清雅。[146]

也有以錢氏高於郎士元者。如葛立方《韻語陽秋》云：

錢起與郎士元齊名，……然郎豈敢望錢哉？起《中書遇雨
詩》云：雲衢七曜起，雨拂九門來。《宴李監宅》云：晚
鐘過竹靜，醉客出花遲。……亦可謂奇句矣。士元豈有如
此句乎？[147]

姚氏並沒有在錢起與郎士元之間，比較高下，只是讚賞錢起與郎
士元兩人的作品的風度：「中興風度憶錢郎，君冑翩翩發艷香。」
高仲武《中興間氣集》讚錢起之作云：

員外詩，體格新奇，理致清贍，越從登第，挺冠詞林。文
宗右丞，許以高格。右丞沒後，員外爲雄，芟齊、梁之浮
游，削梁、陳之綺靡，迥然獨立，莫之與群。[148]

又讚郎士元之作云：

員外，河嶽英奇，人倫秀異，自家形國，遂擁大名。右丞
以往，與錢更長。自丞相以下，更出作牧。[149]

劉辰翁讚郎氏云：

士元諸詩，殆洗練有味，雖自濃景，別有淡意。

賀裳《載酒園詩話》又編：

郎君胄詩，不能高岸，而有談言微中之妙。劉須溪謂其濃景中別有澹意，余則謂其澹語中饒有腴味。如亂流江渡淺，遠色海山微；河來當塞曲，山遠與沙平；荒城背流水，遠雁入寒雲；罷磬風枝動，懸燈雪屋明；雖蕭寂而不入寒苦。至若：月到上方諸品淨，心持半偈萬緣空。讀之眞躁心欲消，妄心欲熄矣。[150]

錢起亦與劉長卿齊名。劉長卿（？－約790），字文房。宣州人。唐玄宗開元中應士舉，後期登第，釋褐長州尉。肅宗至德三年攝海鹽令。同年以事下獄，貶南巴。代宗永泰元年前後入京。大曆初以檢校祠堂員外出爲轉運判官，駐揚州。後擢鄂岳轉運留使。爲鄂岳觀察使吳仲孺誣奏，貶睦州司馬。德宗建中初，遷隨州刺史。建中三年，李希烈叛變，據隨州。長卿流寓江洲。晚年入淮南節度使幕。論者常以錢起、劉長卿並稱。王世貞（1526－1590）《藝苑卮言》云：

錢、劉並稱故耳。[151]

阮玉《二劉詩敘》：

文房與錢郎中齊名，時稱錢、劉。

翁方剛《石洲詩話》云：

盛唐之後，中唐之初，一時雄傑，無過錢、劉。[152]

但賀裳不滿意錢、劉並列。《載酒園詩話又編》：

古稱錢、郎，今訛爲錢、劉，兩家實不相類。[153]

毛奇齡《詩話》就直以劉不及錢：

劉長卿與錢起齊名，錢不及劉遠甚，而劉似甘之。觀劉自言曰：李嘉祐、郎士元豈得與我齊名耶！以當時原有劉、郎、錢、李之稱，而劉辭郎、李，而獨不及錢，則其甘之可知也。[154]

　　劉長卿詩，後代讚賞者不少。李東陽（1447－1516）《麓堂詩話》欣賞其「淒婉清切」：

> 《劉長卿集》淒婉清切，盡羈人怨士之思，蓋其情性固然，非但以遷謫故，譬之琴之有商調，自成一格。[155]

潘德輿（1785－1839）《養一齋詩話》言其古、近體「清妙」：

> 隨州古、近體清妙，可與王、孟埒。若楚國蒼山古，幽州白日寒。捲簾高樓上，萬里看日落。直摩少陵之壘，又不止清妙而已。[156]

陳維崧《抄唐人七言律竟輒題數斷句楮尾》：

> 大曆詩人劉長卿，淨如秋水滑如鶯。
> 閑窗吟寫無人會，老向隨州過此生。[157]

劉熙載《詩概》：

> 劉文房詩，以研煉字句見長，而清贍閑雅，蹈乎大方。其篇章亦盡有法度，所以能斷截晚唐家數。[158]

論者尤稱讚其五律之作。權德輿(759－818)譽之爲「五言長城」。其《秦徵君校書與劉隨州唱和詩序》云：

> 夫彼漢東寧嘗自以爲五言長城。[159]

故余成教《石園詩話》云：

> 劉隨州長卿以詩馳聲上元、寶應間，權德輿謂爲五言長城。[160]

後人談及劉長卿及其作品，也常以「五言長城」稱之。謝啓昆《讀全唐詩仿元遺山論詩絕句一百首》：

> 長城五字德輿誇，路入橫山犬吠花。[161]

許奉恩《蘭苕館論詩》：

> 十子而還格日衰，隨州終是出群才。
> 五言堅築長城壘，未必偏師攻得開。[162]

顧璘云：

> 劉公雅暢清爽，中唐獨步，表曰：五言長城，允矣。

陳世鎔《求志居唐詩選·五言律詩》：

> 文房五言長城，其清微妙遠，要以自然爲宗，故能於李、
> 杜、岑、王諸公之外，高置一座，後人謂李、杜不可學，
> 當先學此種，亦談何容易！古人名家俱有獨到之處，恐未
> 許逐影尋聲者得相摹擬也。

馮繼聰《論唐詩絕句》：

> 高名不重李嘉祐，健氣還輕郎士元。
> 自有長城橫萬里，誰教琴系破雄藩。[163]

唯高仲武《中興間氣集》不滿意劉長卿詩，曾云：

> 長卿有吏幹，剛而犯上，兩遭遷謫，皆自取之。詩體雖不
> 新奇，甚能練飾。大抵十首已上，語意稍同，於落句尤甚，
> 思銳才窄也。[164]

王士禎《論詩絕句三十二首》替劉長卿表示不平：

> 不解雌黃高仲武，長城何意貶文房？[165]

邵堂《論詩六十首》支持王士禎的意見云：

> 排詆長城高仲武，中人癥結砭詩才。
> 漁洋正自憐同病，曾爲崔暹護短來。[166]

黃維申《論詩絕句》也表示：

> 中興五字有長城，鑄煉中猶見性情。
> 豈是漁洋工護短，雌黃仲武未持平。[167]

馬長海《效元遺山論詩絕句四十七首》亦云：

> 隨州響接輞川清，仲武雌黃孰重輕？
> 論古須分涇、渭水，文房那不是長城。[168]

姚氏先稱讚錢起與郎士元，認爲前者詩具風度，後者文筆翩翩。

論及劉長卿時，更進一步強調劉氏的成就要比錢起高。按：王世貞《藝苑巵言》云：

> 錢、劉並稱故耳，錢似不及劉。錢意揚，劉意沉；錢調輕，劉調重。如：輕寒不入宮中樹，佳氣常浮仗外峰。是錢最得意句，然上句秀而過巧，下句寬而不稱。劉結語：匹馬翩翩春草綠，邵陵西去獵平原，何等風調；家散萬金酬士死，身留一劍答君恩，自是壯語，而于鱗不錄，又所未解。[169]

吳喬（1611－約1695）《圍爐詩話》比較錢、劉五律之作，也認爲劉高於錢：

> 劉長卿五律勝於錢起，《穆陵關》、《吳公台》、《漂母墓》，皆言外有遠神。[170]

胡應麟《詩藪》亦云：

> 詩至錢、劉，遂露中唐面目，錢才遠不及劉。[171]

阮玉《二劉詩敘》：

> 文房與錢郎中齊名，時稱錢劉，然劉詩溫而錢微燥，劉詩鈍而錢微駁。故善讀隨州，則不第可該郎、錢，並可以洞視韋、柳之清深，旁通賈、孟之孤秀。

許學夷《詩源辯體》云：

> 五七言律絕，以全集觀，錢去劉益遠。[172]

韋應物

姚瑩《論詩絕句六十首》之第十七首云：

> 古澹誰如韋左司，空山落葉暮鐘時。
> 分明一卷楞伽字，未許聲聞小果知。

姚氏也在《論詩絕句》分別用了五首絕句稱讚劉禹錫、韋應物、柳宗元、韓愈、白居易等詩人。**韋應物**（737－約791），號

韋江州、韋蘇州。京兆萬年人。唐玄宗天寶十年，韋氏時十五歲，已在朝中供職。初任三衛郎。天寶十五年，安史亂軍入長安，韋氏失職流落。肅宗乾元元年，進太學，折節讀書。代宗廣德元年，爲洛陽丞。永泰二年，罷任。大曆九年，爲京兆府功曹。不久攝高陵宰，轉鄠縣令。十四年轉櫟陽令。德宗建中二年任尚書比部員外郎。四年出爲滁州刺史，旋即罷任。貞元元年，任江州刺史。三年入朝爲左司郎中。次年出爲蘇州刺史。六年罷任。卒於蘇州。有《韋蘇州集》十卷。論者多讚其作品能自成一體。白居易云：

> 韋蘇州五言詩要高雅閑淡，自成一家體。今之秉筆者，誰能及之？

許學夷《詩源辨體》：

> 韋、柳之詩，蕭散沖淡，後進不宜遽學。[173]

晁公武《郡齋讀書志》：

> 詩律自沈、宋以後，日益靡曼，鏤章刻句，揣合浮切，雖音韻婉諧，屬對麗密，而嫻雅平淡之氣不存矣。獨應物之詩，馳驟建安以還，得其風格云。[174]

崔敦禮《韋蘇州集序》：

> 韋蘇州以詩鳴唐，其辭清深閑遠，自成一家。

余成教《石園詩話》引白居易之言云：

> 韋蘇州歌行，才麗之外，頗近興諷，五言詩又高雅閑淡，自成一家體。[175]

又引蘇軾之言云：

> 李、杜以絕世之資，凌跨百代，後之詩人繼出，而才不逮意，獨應物、子厚，發纖穠於簡古，寄至味於淡泊，非餘子所及也。[176]

翁方剛《石洲詩話》亦云：

> 王、孟諸公，雖極超詣，然其妙處，似猶可得以言語形容
> 之，獨至韋蘇州，則其奇妙全在淡處，實無跡可求。[177]

喬億《劍谿說詩又編》云：

> 韋詩不惟古澹，兼以靜勝。古澹可幾，靜非澄懷觀道不可
> 能也。[178]

又云：

> 韋如古雅琴，其音澹泊。[179]

賀裳《載酒園詩話又編》云：

> 韋蘇州冰玉之姿，蕙蘭之質，粹如藹如，警目不足，而沁
> 心有餘。然雖以澹漠爲宗，至若：喬木生夏涼，流雲吐華
> 月；日落群山陰，天秋百泉響；落葉滿空山，何處尋行跡；
> 高梧一葉下，空齋歸思多；一爲風水便，但見山川馳；何
> 因知久要，絲白漆亦堅；正如嵇叔夜土木形骸，不加修
> 飾，而龍章鳳姿，天質自然特秀。[180]

潘德輿《養一齋詩話》云：

> 漁洋謂左司五絕，源出右丞，加以古澹。愚按左司古澹清
> 麗，詩源自出魏、晉，非出右丞，其年代不甚在右丞後。
> 詩之古澹，本與右丞相似，非加以古澹也。古澹由氣骨，
> 豈由加增而得者耶！[181]

何良俊《四友齋叢說》：

> 韋左司性情閒遠，最近風雅，其恬淡之趣，亦不減陶靖節。
> 唐人中五言古詩，有陶、謝餘韻者，獨左司一人。[182]

許奉恩《蘭茗館論詩》以韋氏之作高於儲光羲：

> 柴桑同派卻風流，太祝蘇州果孰優？
> 詩品若因人論斷，終應太祝遜蘇州。[183]

朱應庚《論詩三十二首》以韋氏詩高於儲光羲與柳宗元：

　　太祝清眞世所期，柳州峻潔亦堪師。

　　微雲疏雨梧桐院，沖淡終當讓左司。[184]

王士禎《戲仿元遺山論詩絕句》以韋詩高於柳宗元：

　　解識無聲弦指妙，柳州那得比蘇州。[185]

所以焦袁熙《論詩絕句五十二首》云：

　　閑雲出岫自悠悠，千古誰傳第一流？[186]

　　王士禎《戲仿元遺山論詩絕句》以「澄澹」形容韋詩之後，後世論者多以此語稱譽韋氏之作。王氏云：

　　風懷澄澹推韋、柳，佳處多從五字求。[187]

如吳嵩梁(1766－1834)《余有山水癖念昔賢多同調者輒紀整詩》云：

　　萬壑千岩各異姿，蘇州澄澹柳州奇。[188]

馮繼聰《論唐詩絕句》許之以「骨格清高意閑雅」：

　　滁州一去又蘇州，掃地焚香詩興幽。

　　骨格清高意閑雅，如逢元亮古風流。[189]

又云：

　　門對寒流雪滿山，聖人清思妙相間。

　　自來詠雪應推此，縞帶銀杯定可刪。[190]

謝啓昆《讀全唐詩仿元遺山論詩絕句一百首》讚之以「意蕭疏」：

　　山泉品味意蕭疏，掃地焚香闔户居。

　　野渡舟橫潮不至。空傳西澗到臨滁。[191]

　　姚瑩云：「古澹誰如韋左司，空山落葉暮鐘時。」韋應物《寄全椒山道士》云：「落葉滿空山，何處尋行跡？」《賦得暮雨送李冑》：「楚江微雨里，建業暮鐘時。」馮繼聰《論唐詩絕句》云：

> 郡齋清吟望雲關，引領長歌意自閑。
>
> 不是全椒有高士，誰知落葉滿空山？[192]

又云：

> 少年汾上又經過，相送東橋風漾波。
>
> 著句蘇州風韻好，楚鐘春雨細如何？[193]

姚瑩引此等詩句以突出韋詩的古澹風格。所引詩句，皆為五言律。歷代詩論者多嘆賞韋應物之五律。蘇軾《和孔周翰二絕》之一云：

> 樂天長短三千首，卻愛韋郎五字詩。[194]

元好問《濟南雜詩十首》之五云：

> 只應畫戟清香地，多欠韋郎五字詩。

葛立方之《韻語陽秋》云：

> 韋應物詩平平處甚多，至於五字句，則超然出於蹊徑之外。[195]

劉熙載《詩概》云：

> 五言尚安恬，七言尚揮霍。安恬者，前莫如陶靖節，後莫如韋左司；揮霍者，前莫如鮑明遠，後莫如李太白。[196]

姚氏更把韋氏之作比喻如佛書的經卷：「分明一卷楞伽字，未許聲聞小果知。」賀裳《載酒園詩話又編》云：

> 韋詩皆平心靜氣出之，故多近於有道之言。[197]

顧安《唐律消夏錄》：

> 唐詩……，韋公為獨至。五言古、律一體，讀之每令人作登仙入佛想。

柳宗元

姚瑩《論詩絕句六十首》之第十八首云：

> 史潔騷幽並有神，柳州高詠絕嶙峋；

　　吳興卻選淮西碑，不及平生五字眞。

　　柳宗元(773－819)，字子厚，世稱柳柳州。河東人。唐德宗貞元九年進士，十二年任秘書省校書郎，十四年第博學宏詞科，任集殿書院正字。十七年調任藍田尉。十九年擢任監察御史里行。唐順宗即位，任禮部員外郎。唐憲宗即位後，被貶爲邵州刺使，其後又再貶爲永州司馬。元和十年，奉詔回長安，兩個月後又貶爲柳州刺使。元和十四年卒於柳州。行世有《柳子厚集》。

　　柳宗元詩作，前人給予高評者極多。劉克莊《後村詩話》云：

　　　　柳子厚才高，他文惟韓可對壘；古律詩精妙，韓不及也。當舉世爲元和體，韓猶未免諧俗，而子厚獨能爲一家之言，豈非豪傑之士乎？[198]

胡震亨《唐音癸籤》引陳振孫《直齋書錄解題》：

　　　　柳宗元詩與王摩詰相上下，頗有陶家風氣。

馮繼聰《論唐詩絕句》：

　　　　弄玉依依不解書，莫將嬌女比官奴。沈吟鳥跡空然在，一種風情絕世無。[199]

故吳嵩梁《余有山水癖念昔賢多同調者輒紀以詩》以「奇」稱其詩作：

　　　　萬壑千岩各異姿，蘇州澄澹柳州奇。江山妙處憑誰領？都似幽人卷里詩。[200]

《蔡白衲詩評》云：

　　　　柳子厚詩，雄深簡澹，迥拔流俗，至味自高，直揖陶、謝。然似入武庫，但覺森嚴。

嚴羽《滄浪詩話》更以柳詩深得騷學：

　　　　唐人惟柳子厚深得騷學，退之、李觀皆所不及。若皮日休《九諷》，不足爲騷。[201]

陸時雍《詩鏡總論》：

> 劉夢得七言絕，柳子厚五言古，俱深於哀怨，謂騷之餘派
> 可。[202]

喬億《劍谿說詩》：

> 柳州哀怨，騷人之苗裔，幽峭處亦近是。[203]

賀裳《載酒園詩話又編》：

> 大曆以還，詩多崇尚自然。柳子厚始一振屬，篇琢句錘，
> 起頹靡而蕩穢濁，出入《騷》、《雅》，無一字輕率。[204]

沈德潛《唐詩別裁》與他的詩話之作《說詩晬語》都以哀怨稱道
柳宗元詩作，並認爲深得《騷》意。《唐詩別裁》云：

> 柳州詩長於哀怨，得《騷》之餘意。東坡謂在韋蘇州上，
> 而王阮亭謂不及蘇州，各自成家，兩存其說可也。[205]

《說詩晬語》云：

> 柳子厚哀怨有節，律中騷體，與夢得故是敵手。[206]

胡壽之《東目館詩見》也表示：

> 子厚深得騷學，故能至味自高。

魯九皋《詩學源流考》云：

> 貞元、元和之際，韓文公崛起，以天縱逸才，爲起衰鉅手，
> 詩繼李、杜之盛。而柳子厚獨傳《騷》學，亦宗陶公，五
> 言幽淡綿眇，足繼蘇州，故世稱韋、柳。

葉矯然《龍性堂詩話》亦云：

> 韓、柳二家以詩論，韓具別才，柳卻當家。韓之氣魄奇矯，
> 柳不能爲，而雅淡幽峭，得騷人之致，則韓須讓柳一席
> 也。[207]

楊士雲《詠史》乃云：

> 幾向中朝漫寄書，著書更欲獻貞符。

> 馬遷文字離騷思，不作明卿才丈夫。[208]

馮繼聰《論唐詩絕句》亦云：

> 仙靈仙種出湘原，爲我移根慰竄魂。
>
> 蹩躠皆能無脛走，吟詩嘆羨勝蘭蓀。[209]

姚氏亦以柳詩得《騷》之幽，沈德潛《歸愚文鈔餘集》曾以「幽峭」言柳詩：

> 余嘗觀古人詩，得江山助者，詩之品格每肖其所處之地，永嘉山水明秀，謝康樂詩肖之；夔州山水險絕，杜少陵詩肖之；永州山水幽峭，柳儀曹詩肖之。彼專於其地故也。[210]

姚氏以《史記》的簡潔的文筆，和《離騷》幽雅的風格來比喻柳宗元的作品。賀貽孫《詩筏》云：

> 詩文中潔字最難，柳子厚云：本之太史以著其潔。惟太史能潔，惟子厚能著其潔。潔可易言哉！詩如摩詰，可謂之潔。惟悟生潔，潔斯幽，幽斯靈，靈斯化矣。[211]

王士禎《帶經堂詩話》也以「潔」來形容柳詩：

> 唐五言古詩凡數變。……貞元、元和間，韋蘇州古淡，柳柳州峻潔。[212]

沈德潛《說詩晬語》云：

> 陶詩胸次浩然，其中有一段淵深樸茂不可到處。唐人祖述者，王右丞有其清腴，……柳儀曹有其峻潔，揭學焉而得其性之所近。[213]

上引之楊士雲《詠史》也說：

> 馬遷文字離騷思，不作明卿才丈夫。[214]

許學夷《詩源辨體》則以柳詩之氣韻得自《國語》。其言云：

> 昔人言：子厚雅好《國語》，其文長枝大節處，多得於《國

語》。予謂子厚五言古，氣韻沉鬱，亦得於《國語》。[215]

　　姚氏又云：

　　　　吳興卻選淮西雅，不及生平五字眞。

柳宗元作有《平淮西雅》四言詩二篇。胡震亨讚此詩云：

　　　　柳州之《平淮西》，最章句之合調；昌黎之《元和聖德》，
　　　　亦長篇之偉觀。一代四言有此，未覺風雅墜緒。[216]

賀裳《載酒園詩話又編》：

　　　　《平淮雅》二篇，誠唐音之冠。[217]

潘德輿《養一齋詩話》：

　　　　唐人畢竟是韓、柳得古《雅》、《頌》深處，如《琴操》十
　　　　章，《平淮夷雅》二篇，雖謂其脫出於周人之口可也。[218]

郝經《郝文忠公陵川文集》云：

　　　　子厚之《平淮雅》，……皆有風人之托物，二雅之正言，
　　　　中聲盛烈，止乎禮義，抉去污剝，備述王道，馳騖於月露
　　　　風雲花鳥之外，直與《三百五篇》相上下。[219]

錢謙益云：

　　　　有唐之文，莫繩於韓、柳，而皆出元和之世。聖德之
　　　　《頌》，淮西之《雅》，鏗鏘其音，灝汗其氣，曄然與三
　　　　代同風。

許印芳《詩法萃編》：

　　　　子厚《平西夷雅》，退之《平淮西碑》，……更軼楚漢而
　　　　追兩周，於是唐詩有復古之盛，卓然爲百代楷模。[220]

「吳興卻選淮西雅」，指姚鉉《唐文粹》選柳氏《平淮西雅》四
言詩作事。《四庫全書總目提要》云：

　　　　《唐文粹》一百卷。宋姚鉉編。陳善《捫蝨新話》以爲徐
　　　　鉉者，誤也。鉉字寶臣，盧州人。自署郡望，故曰吳興。

太平興國中第進士，官至兩浙轉運使。事跡具《宋史》本
傳。是編文賦惟取古體，而四六文不錄。詩歌亦惟取古體
而五七言近體不錄。[221]

《唐文粹》，一名《文粹》。有《四部叢刊》影印明嘉靖徐氏刻
本。王士禎也有《唐文粹詩選》六卷。從上舉《四庫全書總目提
要》所言，知《唐文粹》不取柳氏五言之作，乃由於體例局限之
故，實不能因此而怪責其選詩原則。實際上，在《唐文粹》所選
的十六類作品中，有十二類選入柳氏的作品，共五十八篇，分量
僅次於韓愈的八十二篇。不過，由姚氏此語，可知他對柳氏五言
之作之高度賞識。

　　歷代論者讚賞柳氏五言之作者很多。楊萬里《誠齋詩話》云：

五言古詩，句雅淡而味深長者，陶淵明、柳子厚也。[222]

嚴羽《滄浪詩話》亦盛讚柳宗元之五言古詩云：

若柳子厚五言古詩，尚在韋蘇州之上，豈元、白同時諸公
所可望耶？[223]

劉克莊《後村詩話》：

五言如孟浩然、劉長卿、韋蘇州、柳子厚，皆高簡要
妙。[224]

元好問云：

五言以來，六朝之陶、謝，唐之陳子昂、韋應物、柳子厚
最爲風雅。[225]

許學夷《詩源辨體》：

韋、柳五言古，猶摩詰五言絕，意趣幽玄，妙在文字之外，
學者必欲於音聲色相求之，則見。[226]

又云：

五言古，子厚雖沖淡，細玩是一段功夫，退之雖七險，然

才大不費力。故退之之詩，非才高者不能讀；子厚之詩，
非深造者不能知。[227]

陳衍《石遺室詩話》云：

韋詩清麗而傷雋，亞於柳。……柳之五言，可與入古矣，
以其淵然而有也。

周履靖《騷壇秘語》論五言古體云：

柳子厚斟酌陶、謝之中，用意極工，造語極深。

范晞文《對床夜語》則讚柳氏之五絕云：

唐人五言四句，除柳子厚《釣雪》一詩之外，極少佳
者。[228]

吳汝綸《桐城吳先生文集》則以柳氏五言之佳者在其長篇之作：

柳州五言佳處在長篇，世徒賞其短章，以配韋蘇州，未為
知言。

方東樹《昭昧詹言》：

柳子厚才又大於夢得，然境地得失，與夢得相似。至其五
言，則妙絕古今，非劉所及矣。[229]

劉克莊《後村詩話》以柳氏五言之作即使雜於陶淵明作品中，也
很難分辨：

韓、柳齊名，然柳乃本色詩人，自淵明沒，雅道幾熄，當
一世競作唐詩之時，獨為古體以矯之。未嘗學陶、和陶，
集中五言，凡十數篇，雜之陶集，有未易辨者。[230]

曾習經（1867－1926）《壬子八九月間所讀書題詞十五首》：

不安唐古氣堂堂，五言直逼華子岡。

後人不識儀曹旨，只與時賢較短長。[231]

韓愈（兼及樊志、盧仝）

姚瑩《論詩絕句六十首》之第十九首云：

　　　　文體能興八代衰，韻言猶自鬨藩籬；

　　　　主持雅正惟公在，底事盧、樊別賞奇？

　　本詩主在論析韓愈之詩作。**韓愈**(768－842)，字退之。南陽人。唐德宗貞元八年，時韓氏二十五歲，中進士。曾任汴州觀察推官。貞元十九年因觸犯臣怒，貶爲連州陽山令。憲宗即位，移江陵府曹法參軍，詔拜國子監博士。元和十二年升任刑部侍郎。元和十四年，五十歲時，因勸諫唐憲宗迎佛骨，遭貶爲潮州刺使。穆宗時，詔拜國子祭酒。長慶二年，轉任吏部侍郎、京兆尹等職。卒於長安。著有《昌黎先生集》。蘇軾《潮州韓文公廟碑》云：

　　　　自東漢以來，道喪文弊，異端並起，歷唐貞觀、開元之盛，
　　　　輔以房、杜、姚、宋而不能救，獨韓文公起布衣，談笑而
　　　　麾之，天下靡然從公，復歸於正，蓋三百年於此矣。文起
　　　　八代之衰，而道濟天下之溺。

趙翼《甌北詩話》云：

　　　　昌黎以主持風雅爲己任，故調護氣類，宏獎後進，往往不
　　　　遺餘力。[232]

鍾廷瑛《讀詩絕句十二首》：

　　　　文回八代紹西京，餘事詩人氣骨雄。

　　　　哆口多談子杜子，宗門誰道是韓公？[233]

鄧鎔《論詩三十絕句》：

　　　　詩到貞元才力薄，幾人硬語獨盤空？

　　　　昌黎特具回瀾筆，疏鑿龍門識禹功。[234]

馮繼聰《論唐詩絕句》：

　　　　八代頹風誰變更？文豪原不以詩名。[235]

故姚氏云：

文體能興八代衰。

歐陽修（1007－1072）《六一詩話》：

> 退之筆力，無施不可，而嘗以詩爲文章末事，故其詩曰：
> 多情懷酒伴，餘事作詩人也。然其資談笑，助諧謔，敍人
> 情，狀物態，一寓於詩，而曲盡其妙。此在雄文大手，固
> 不足論，而余獨愛其工於用韻也。蓋其得韻寬，則波瀾橫
> 溢，泛入旁韻，乍還乍離，出入回合，殆不可拘以常格，
> 如此日足可惜之類是也。得韻窄，則不復旁出，而因難見
> 巧，愈險愈奇，如《病中贈張十八》之類是也。[236]

論者甚而以韓愈以文爲詩，詩心強半是文心。況澄《論詩》：

> 昌黎浩氣發長吟，殊欠風人靜好音。
>
> 後學推崇誰更議，詩心強半是文心。[237]

陳師道《後山詩話》評韓愈以文爲詩云：

> 退之以文爲詩，子瞻以詩爲詞，如教坊雷大使之舞，雖極
> 天下之工，要非本色。[238]

魏泰《臨漢隱居詩話》引王存言云：

> 韓退之詩，乃押韻之文耳，雖健美富贍，而格不近詩。[239]

黃子雲《野鴻詩的》云：

> 昌黎極有古音，惜其不由正道，反爲盤空硬語，以文入
> 詩，欲成一家言，難矣！[240]

但陳善《捫蝨新話》云：

> 韓以文爲詩，杜以詩爲文，世傳以爲戲。然文中要自有
> 詩，詩中要自有文，亦相生法也。文中有詩，則句語精確；
> 詩中有文，則詞調流暢。謝玄暉曰：好詩圓轉流暢如彈
> 丸。此謂詩中有文也。唐子西曰：古人雖不用偶儷，而散
> 句之中暗有聲調，步驟馳騁，亦有節奏。此所謂文中有詩

也。……世之議者，遂謂子美於韻語不堪讀，而以退之之詩但爲押韻文者，是果足爲韓、杜病乎？文中有詩，詩中有文，當有知者領予此語。[241]

趙翼《甌北詩話》：

自沈、宋創爲律詩後，詩格已無不備，至昌黎又斬新開闢，務爲前人所未有。如《南山》詩內鋪列春夏秋冬四時之景，《月蝕》詩鋪列東西南北四方之神，《譴瘧鬼》詩內歷數醫師、灸師、詛師、符師是也。又如《南山》詩連用數十或字，《雙鳥》詩連用不停兩鳥鳴四句，《雜詩》四首內，一首連用五鳴字，《贈別元十八》詩連用四何字，皆有意出奇，另增一格。《答張徹》五律一首，自起至結，句句對偶，又全用拗體，轉覺生峭，此則創體之最佳者。[242]

李夢陽《鏡川先生詩集序》：

韓昌黎之詩，或譏其爲文；……今觀其宏才遠趣，拔時代而超群也，惡可不與知者道哉！

許奉恩《蘭苕館論詩》：

起衰八代創雄文，即論詩篇亦不群。

浩氣橫空蟠硬語，雲漢手抉天章分。[243]

王惟成《論唐宋詩絕句十四首》：

文章八代起衰隤，詩筆還從李、杜來。

莫道昌黎吟思薄，鬥雞諸作孰追陪？[244]

陳啓疇《論詩十二首呈裘愼圃邑宰》：

退之眞是起衰手，乞得飛霞高頡頏。[245]

許愈初《論詩絕句》乃稱其以文爲詩之筆力爲健筆，並云：

健筆凌雲膽氣粗，昌黎骨格古今無。

模糊石鼓開生面，崛兀南山展畫圖。[246]

葉紹本《仿遺山論詩得絕句廿四首》之十亦讚韓氏詩作之筆力云：

> 千秋嵩岱有韓公，鞭走蛟螭駕赤龍。
>
> 十相威嚴大神力，何人鬼語泣秋蛩。[247]

何一碧《論詩》亦贊韓氏七言之作云：

> 萬壑中間特起峰，摩天巨刃健於龍。
>
> 七言自有昌黎筆，排戛盤空立大宗。[248]

邵堂《論詩六十首》之十六更針對陳師道之評，反駁其說爲「不解雌黃」：

> 崢嶸健筆昌黎伯，不解雌黃陳後山。
>
> 此是五丁開鑿手，蠶叢鳥道幾人攀。[249]

葉矯然《龍性堂詩話》亦云：

> 昌黎詩不似唐，卻高於唐。永叔論詩，不專美子美而尊昌黎，良亦有見。陳後山謂韓以文爲詩，故不工，不知韓，並不知詩也。然則韓之起八代，寧特以其文哉！[250]

翁方剛《石洲詩話》亦云：

> 韓文公約《六經》之旨而成文，其詩亦每於極瑣碎、極質實處，直接《六經》之脈。蓋爻象、繇占、典謨、誓命、筆削記載之法，悉醞入《風》、《雅》正旨，而具有其遺味。自韋孟、束皙以來，皆未有如此沉博也。[251]

李重華《貞一齋詩說》：

> 詩家奧衍一派，開自昌黎，然昌黎全本經學，次則屈、宋、揚、馬亦雅意取裁，故得字字典雅。後此陸魯望頗造其境。[252]

劉熙載《詩概》云：

> 詩文一源。昌黎詩有正有奇，正者，即所謂約《六經》之旨而成文；奇者，即所謂時有感激怨懟奇怪之辭。[253]

因此可以說韓愈詩在唐眾多詩人中，獨樹一幟。吳喬《圍爐詩話》云：

> 於李、杜後，能別開生路，自成一家者，惟韓退之一人。
>
> 既欲自立，勢不得不行其心之所喜奇崛之路。

姚瑩顯然同意韓愈以文為詩之處理，故云：「韻言猶自闢藩籬。」他稱讚韓愈提倡古文，振興八代之衰，而詩作獨樹一幟，主持雅正，而不滿他所賞識的盧仝、樊宗師奇澀之詩風。故云：「底事盧、樊別賞奇？」

盧仝（約775－835），自號玉川子。范陽人。曾隱居登封少室山。終身不仕。唐文宗大和元年，因甘露之禍牽連，被捕殺。**樊宗師**（約766－824），原籍南陽湖陽。祖父詠時遷居河東。初為國子簿。唐憲宗元和三年，登軍謀宏遠科，授著作佐郎分司東都，轉太子舍人，累遷至山南西道節度副使。後以事出為綿州刺史。穆宗長慶元年，拜左司郎中，出為絳州刺史。四年進諫議大夫，未拜卒。陳師道《後山詩話》：

> 歐陽公謂退之為樊宗師志，便似樊文。[254]

馮繼聰《論唐詩絕句》評盧仝詩云：

> 春風不到玉川濱，大類周昌木強人。
>
> 除卻韓公著青眼，詩篇奇怪竟沈淪。[255]

盧仝詩確以怪稱。何汶《竹莊詩話》：

> 《學林新編》云：玉川子詩雖豪放，然太險怪，而不循詩家法度。[256]

元好問《論詩三十首》：

> 萬古文章有坦途，縱橫誰似玉川盧。
>
> 真書不入今人眼，兒輩從教鬼畫符。[257]

劉禹錫

姚瑩《論詩絕句六十首》之第二十首云：

> 貞元唱罷又元和，探取驪珠夢得多；
>
> 誰愛絕塵奔逸調，髯翁低首竹枝歌。

劉禹錫(772－842)，字夢得。河南洛陽人。一說生於彭城，另一說生於嘉興。貞元九年，登進士第，又登宏詞科。十一年，登吏部取士科。唐順宗永貞元年，任屯田員外郎，參與王叔文等領導之政治革新，革新失敗後，被貶爲連州刺史，途至荆南，又被貶爲郎州司馬。十年後召還長安，爲主客、禮部郎中，兼集賢殿學士，因詩作觸犯權貴，再貶爲蘇州、汝州、同州等地刺史。開成元年，入朝爲太子賓客，分司東部。武宗初，加檢校禮部尙書。著有《劉賓客集》。計有功《唐詩紀事》：

> 長慶中，元微之、夢得、韋楚客，同會樂天舍，論南朝興
> 廢，各賦金陵懷古詩。劉滿引一杯，飲已即成，曰：王浚
> 樓船下益州，金陵王氣黯然收。千尋鐵鎖沉江底，一片降
> 幡出石頭。人世幾回傷往事，山形依舊枕江流。而今四海
> 爲家日，故壘蕭蕭蘆荻秋。白公覽詩曰：四人探驪龍，子
> 先獲珠，所餘鱗爪何用耶？於是罷唱。[258]

此姚氏「探取驪珠夢得多」所本。許奉恩《蘭苕館論詩》：

> 割取驪珠鱗爪抛，詩豪亦復愼推敲。[259]

馮繼聰《論唐詩絕句》：

> 金陵懷古集群英，記得劉郎詩早成。
>
> 驪頷珍珠獨探得，使人閣臂寂無聲。[260]

謝啓昆《讀全唐詩仿元遺山論詩絕句一百首》：

> 探得驪珠白傅驚，踏歌詞唱竹枝清。
>
> 韓碑柳雅終難敵，鼓角晨雞入蔡城。[261]

楊愼《丹鉛總錄》：

元和以後，詩人之全集可觀者數家，當以劉禹錫爲第一。

胡應麟《與顧叔時論宋元二代詩十六通》：

通較中晚人才，三大家外，劉禹錫爲最優。

劉禹錫的《竹枝歌》，自具手眼，早受到後世廣泛注意。魏慶之《詩人玉屑》引黃庭堅語云：

劉夢得《竹枝》九章，詞意高妙，元和間誠可以獨步。道風俗而不俚，追古昔而不愧，比之杜子美夔州歌，所謂同工而異曲也。昔子瞻聞余詠第一篇，嘆曰：此本軼絕塵，不可追也。

毛先舒《詩辯坻》：

詩有近俚，不必其詞之閭巷也。劉夢得《竹枝》，所寫皆兒女子口中語，然頗有雅味。[262]

翁方剛《石洲詩話》亦云：

劉賓客之能事，全在《竹枝詞》。至於鋪陳排比，輒有傖俗之氣。山谷云：夢得《竹枝》九章，詞意高妙，昔子瞻嘗聞余詠第一篇，嘆曰：此奔軼絕塵，不可追也。[263]

《師友詩傳錄》載歷友答問云：

《竹枝》本出巴、渝。唐貞元中，劉夢得在沅、湘，以其地俚歌鄙陋，乃作新詞九章，教里中兒歌之。其詞稍以文語緣諸俚俗，若太加文藻，則非本色矣。世所傳白帝城頭以下九章是也。嗣後擅其長者，有楊廉夫焉。後人一切譜風土者，皆沿其體。[264]

馮繼聰《論唐詩絕句》：

演罷楊枝又竹枝，劉郎別樣擅豐姿。

巴歈楚舞傳來久，一種風情未若斯。[265]

姚氏故云：「誰愛絕塵奔逸調，髯翁低首竹枝歌。」

白居易

姚瑩《論詩絕句六十首》之第二十一首云：

> 三留詩集施山門，文字華嚴法界存。
>
> 若許披沙探金穴，秦中諸作國風源。

白居易(772－846)，字樂天，晚年號香山居士。祖籍太原，後遷居下邽。唐德宗貞元十六年登進士第，十九年中書判拔萃科，授秘書省校書郎。憲宗元和二年自集賢校理充翰林學士。五年改官京兆府戶曹參軍，翰林學士。後任左拾遺、左贊善大夫。十年因上表勘察刺死宰相武元衡凶手，得罪權貴，被貶爲江州司馬，後轉任忠州刺史。十五年獲召回長安，任尚書司門員外郎，旋改授主客郎中、知制誥及中書舍人。穆宗長慶二年，出爲杭州刺史。敬宗寶應元年，又自太子左庶子分司東度出爲蘇州刺史。後回返長安，相繼出任秘書監、刑部侍郎。武宗會昌二年，任刑部尚書。後退職居洛陽奉佛醉吟，卒於洛陽。有《白氏長慶集》。《四部叢刊初編》影印日本大字本《白氏長慶集》之《白氏集後記》云：

> 白氏前著《長慶集》五十卷，元微之爲序，後集二十卷，自爲序。今又續後集五卷，自爲記，前後七十五卷，詩筆大小，凡三千八百四十首。集有五本，一本在廬山東林寺經藏院，一本在蘇州禪林寺經藏內，一本在東都勝善寺益塔院律庫樓。一本付侄龜郎，一本付外孫談閣童，各藏於家，傳於後。[266]

趙翼《甌北詩話》云：

> 才人未有不愛名，然莫有如香山之甚者。所撰詩文，曾寫五本，一送廬山東林寺經藏堂，一送蘇州南禪寺經藏內，一送東都聖壽寺鈦塔院律庫樓，一付姪龜郎，一付外孫談

閣重。此香山所自記也。《舊唐書》謂其集送江州東西二
林寺及香山聖善寺，《春明退朝錄》謂寄藏廬山東林寺、
龍門香山寺，蓋皆摘舉之詞。後高騈在淮南，寄語江西廉
使，取東林本而有之。香山寺本，經亂亦不復存。履道宅
後爲普明僧院，唐明宗子秦王從榮施大字經藏於院，又寫
香山本置經藏中。[267]

袁壽齡《白樂天》云：

禪堂詩舊藏三本，歷二千年尚不磨。

自是法王神力大，一生詩集比人多。[268]

不僅如此，白氏與劉禹錫的唱和詩，也寫成二本，分別收藏。馮
繼聰《論唐詩絕句》詠劉禹錫時云：

唱和紛紛入簡編，還聞唱和太平年。

龜兒珍重詩豪本，更有昆郎貯舊篇。

「龜兒珍重詩豪本」句下有附註云：

白香山與劉唱和一百三十八篇，使其倅龜兒寫二本，一付
龜兒，一付劉郎子昆郎藏之。[269]

姚氏詩云：「三留詩集施山門，文字華嚴法界存。」王士禎《漁
洋詩話》云：

白樂天自寫其集三本：一置東都聖善寺，一置廬山東林
寺，一置蘇州南禪院。自云：願以今生世俗文字之因，轉
爲來世讚佛乘轉法輪之緣。[270]

朱彝尊《重刊白香山詩集序》曾譏白氏此舉云：

詩家好名，未有過於唐白傅者，既屬其友元微之排纘《長
慶集》矣，而又自編後集，爲之序，復爲之記，既以集本
付其從子外孫矣，而又分貯之東林、南禪、香山諸寺，比
於杜元凱峴山碑，尤汲汲焉。[271]

白居易詩作極多，《唐宋詩醇》云：

> 唐人詩篇什最富者，無如白居易詩。其源亦出於杜甫，而
> 視甫為更多。史稱其每一篇出，士人傳誦，雞林行賈，售
> 其國相，詩名之盛，前古罕儷矣。[272]

葉燮《原詩》評云：

> 詩文集務多者，必不佳。古人不朽可傳之作，正不在多。
> 蘇、李數篇，自可千古。後人漸以多為貴。元、白《長慶
> 集》，實始濫觴。其中頹唐俚俗十居六七，若去其六七，
> 所存二三，皆卓然名作也。[273]

趙翼《甌北詩話》亦云：

> 大凡才人好名，必創前古所未有，而後可以傳世。古來但
> 有和詩，無和韻。唐人有和韻，尚無次韻；次韻實自元白
> 始。依次押韻，前後不差，此古所未有也。而且長篇累牘，
> 多至百韻，少亦數十韻，爭能鬥巧，層出不窮，此又古所
> 未有也。[274]

此姚瑩所謂「若許披沙探金穴」之意。姚氏讚揚白居易的《秦中
吟》能淵源於《國風》。白氏《傷唐衢》言及《秦中吟》一詩創
作之緣由云：

> 是時兵革後，生民正憔悴。但傷民病痛，不識忌時諱。遂
> 作秦中吟，一吟悲一事。[275]

朱應庚《論詩三十二首》言及白氏《秦中吟》之作道：

> 潯陽江上柳空枝，歸去香山有所思。
> 莫唱秦中新樂府，街頭老嫗淚如絲。[276]

李翊《題毛西河詩話後》：

> 鑑湖春水起微波，元、白風流孰較多？
> 樂府秦中存諷喻，詩人義旨更如何？[277]

黃安濤《讀唐詩絕句十首》：

> 左掖由來不易居，隨班飽食愧何如？
>
> 此官自合詩人作，十首秦吟抵諫書。[278]

所以柯振嶽《論詩》云：

> 秦中吟愛白香山，夢得微之盡莫攀。[279]

許奉恩《蘭苕館論詩》云：

> 價重雞林嫗亦解，新詩諷諭抵韶咸。[280]

羅可桓《讀白香山諷喻詩》云：

> 長慶開端編諷喻，感人詩教在柔溫。[281]

白氏嘗自言其《秦中吟》及其他作品云：

> 凡聞僕《賀雨》詩，而眾口藉藉，已謂非宜矣。聞僕《哭
> 孔》詩，眾負脈脈盡不悅矣。聞《秦中吟》，則權豪貴近
> 者相目而變色矣。聞《樂游原》寄足下詩，則執政柄者扼
> 腕矣。聞《宿紫閣村》詩，則握軍要者切齒矣。[282]

杜牧

姚瑩《論詩絕句六十首》之第二十二首云：

> 十里揚州落魄時，春風豆蔻寫相思；
>
> 誰從絳蠟銀箏底，別識談兵杜牧之。

於晚唐，他稱許杜牧、姚合，也批評許渾、馬戴的作品。

杜牧（803－852），字牧之，京兆萬年人。生於唐德宗貞元
十九年，卒於唐宣宗大中七年。先祖杜預，為晉鎮南大將軍。祖
父杜佑，歷任唐德宗、順宗、憲宗三朝宰相，封岐國公。堂兄也
在武宗、懿宗朝官至宰相。杜牧十三歲發奮讀書，十六歲研習兵
法。唐文宗大和二年，時杜牧二十六歲，進士及第，復舉賢良方
正能直言極諫科，授弘文館校書郎。同年為江西團練巡官。七年
在揚州任淮南節度府推官，後轉掌書記。九年回長安任監察御

史，後分司東部。開成元年，爲宣州團練判官。四年回長安，任左補闕，史館修撰，後轉膳部、比部員外郎。武宗會昌二年，出爲黃、池、睦等州刺史。宣宗大中二年，擢司勛員外郎，史館修撰，後轉吏部員外郎。四年出爲湖州刺史。五年升爲考功郎中，知制誥。六年爲中書舍人，一年後卒。著有《樊川集》。

「十里揚州落魄時，春風豆蔻寫相思。」語出杜牧《贈別詩》：

> 娉娉裊裊十三餘，豆蔻梢頭二月初。
> 春風十里揚州路，卷上珠簾總不如。[283]

及《遣懷》：

> 落魄江南載酒行，楚腰腸斷掌中輕。
> 十年一覺揚州夢，贏得青樓薄幸名。

「落魄」一作落拓；「江南」一作江湖。胡仔《苕溪漁隱叢話》：

> 《遣懷》詩：落魄江南載酒行，楚腰腸斷掌中輕。十年一覺揚州夢，贏得青樓薄倖名。余嘗疑此詩必有謂焉。因閱《芝田錄》云：牛奇章帥維揚，牧之在幕中，多微服逸游。公聞之，以街子數輩潛隨牧之，以防不虞。後牧之以拾遺召，臨別，公以縱逸爲戒。牧之始猶諱之，公命取一篋，皆是街子筆報帖，云：杜書記平善。乃大感服。方知牧之此詩，言當日逸游之事耳。[284]

事亦見《唐語林》。馬長海《效元遺山論詩絕句四十七首》論及杜牧詩時云：

> 采筆凌雲第一流，穠華不復夢揚州。
> 春風豆蔻渾閑事，頭白傷心賦杜秋。[285]

杜牧的風流韻事，以及以此所寫成之詩作，前人贊者甚多。王祖昌《論詩絕句》云：

> 刻意風流杜牧之，春風春柳最相思。
>
> 秋深廿四橋頭夜，猶有簫聲倚月吹。[286]

沈遼《齊山偶題》云：

> 杜子風情春水波，至今詩句使人誇。
>
> 不知朽骨猶存否，山上年年黃菊花。[287]

王惟成《論唐宋詩絕句十四首》云：

> 風流誰似杜樊川，一夢揚州已十年。
>
> 休嘆鬖絲霜雪比，江湖落魄悟詩禪。[288]

杜詔《讀樊川集》云：

> 落拓何辭薄倖名，翩翩書記亦風情。
>
> 劇憐芍藥詩成後，摘艷燻香過一生。[289]

黃榮康《夏日雜閱古今人詩集每綴一首》亦云：

> 無賴揚州月二分，平生志氣薄風雲。
>
> 從來豪傑多情種，把劍論詩獨愛君。[290]

所以楊士雲《詠史》讚云：

> 杜牧才華未易量。[291]

姚瑩希望後人能在杜牧這些「摘艷燻香」之作外，也認識到杜氏的另一些談兵論戰的憂國之作。按：杜牧熟悉「治亂興亡之跡，財賦兵甲之事，地形之險易遠近，古人之長短得失」。[292]特別肯定：

> 樹立其國，滅亡其國，未始不由兵也。主兵者，聖賢材能多聞博學之士，則必樹立其國也；壯健擊刺不學之徒，則必敗亡其國也。然後信知為國家者，兵為最大，非賢卿大夫不可堪任其事，苟有敗滅，真卿大夫之辱，信不虛也。[293]

所以他寫作了《罪言》、《原十六衛》、《戰論》、《守論》、

《赤壁》等作，漫談時事、軍事。杜牧知兵事，前人亦有說。崔道融《讀杜紫微集》：

> 紫微才調復知兵，長覺風雷筆下生。
>
> 還有枉拋心力處，多於五柳賦閑情。[294]

蔡邦甸《詠唐人詩仿元遺山論詩絕句》：

> 澤潞談兵羨少年，江都花月寄情緣。
>
> 風流贏得揚州夢，綺語如何笑樂天？[295]

謝啓昆《讀全唐詩仿元遺山論詩絕句一百首》：

> 關西男子談兵事，太息摅懷賈誼同。
>
> 詎意終爲樊上老，閑拈草木詠春風。[296]

許奉恩《蘭苕館論詩》：

> 慷慨談兵作《罪言》，樊川風骨本高騫。[297]

李商隱

姚瑩《論詩絕句六十首》之第二十三首云：

> 錦瑟分明是悼亡，後人枉自費平章；
>
> 牙旗玉帳眞憂國，莫向無題覓瓣香。

李商隱(約812－約858)，字義山，號玉溪生，又號樊南。懷州河內人。唐文宗大和三年謁令狐楚於洛陽，後隨楚爲天平節度使巡官。開成二年登進士第，三年春應博學宏詞科，不取。入涇原節度使王茂元幕，並與其女成婚。四年釋褐爲秘書省校書郎，調補弘農尉。第二年辭尉任。武宗會昌元年，赴王茂元陳許幕。二年以書判拔萃復入秘書省爲正字，旋丁母憂居家。五年多，服闋入京仍爲秘書省正字。宣宗大中元年，隨桂管觀察使鄭亞赴桂林，爲支使及掌書記。二年，罷幕北歸。補周至尉，旋爲京兆尹留假參軍事，專章奏。三年，充判官，得御史銜，赴徐州。五年罷幕歸京。復任太學博士。後赴梓州爲節度書記。十年還朝，任

鹽鐵推官。未幾，卒。李商隱由於介入朝廷兩黨之爭，故屢遭排擠。有《玉溪生詩集》、《樊南文集》、《樊南文集補編》等集。

《錦瑟》一詩，其詩句爲：

> 錦瑟無端五十絃，一絃一柱思華年。
>
> 莊生曉夢迷蝴蝶，望帝春心托杜鵑。
>
> 滄海月明珠有淚，藍田日暖玉生煙。
>
> 此情可待成追憶，只是當時已惘然。[298]

解人多表示難以釋解此詩含意。所以元好問有無人能解此詩之感嘆。《論詩三十首》云：

> 望帝春心托杜鵑，佳人錦瑟怨華年。
>
> 詩家總愛西崑好，獨恨無人作鄭箋。[299]

王世貞《藝苑巵言》說：

> 不解則涉無謂，既解則意味都盡，以此知詩之難也。[300]

王士禎《戲仿元遺山論詩絕句》也有「獺祭曾驚博奧殫，一篇錦瑟解人難」[301]之句。許奉恩《蘭苕館論詩》：

> 獺祭紛華氣自清，八叉那敵玉溪生。
>
> 寓言故使人難解，錦瑟迷離間碧城。[302]

陳啓疇《論詩十二首呈裘愼圃邑宰》則認爲《錦瑟》一詩，在成詩之時已難索解，何況後代：

> 義山才調屬詩仙，錦瑟當時已惘然。[303]

嘗試析解者，或以爲錦瑟是當時貴人愛姬之名。宋劉攽《中山詩話》云：

> 李商隱有《錦瑟》詩，人莫曉其意，或謂是令狐楚家青衣名也。[304]

或以此詩在詠瑟中之感怨清和四曲，許顗《彥周詩話》云：

> 李義山《錦瑟》詩曰：錦瑟無端五十絃，一絃一柱思華年。

莊生曉夢迷蝴蝶，望帝春心托杜鵑。滄海月明珠有淚，藍
田日暖玉生煙。此情何待成追憶，只是當時已惘然。《古
今樂志》云：錦瑟之爲器也，其柱如其絃數，其聲有適怨
清和。[305]

又云：

感怨清和，昔令狐楚侍人能彈此四曲，詩中四句，狀此四
曲也。章子厚曾疑此詩，而趙推官深爲說如此。[306]

《竹坡詩話》亦云：

《緗素雜記》云：義山《錦瑟》詩云，山谷道人讀此詩殊
不曉其意，後以問東坡。東坡云：此出《古今樂志》，云：
錦瑟之爲器也，其絃總十，其柱如之，其聲也適、怨、清、
和。按，李詩：莊生曉夢迷蝴蝶，適也；望帝春心托杜鵑，
怨也；滄海月明珠有淚，清也；藍田日暖玉生煙，和也。
一篇之中曲盡其意，史稱其瑰奇雄邁，信然。[307]

或以爲是商隱自悔之詞。葉矯然《龍性堂詩話》：

李義山《錦瑟》詩：錦瑟無端五十絃，一絃一柱思華年。
莊生曉夢迷蝴蝶，望帝春心托杜鵑。滄海月明珠有淚，藍
田日暖玉生煙。此情可待成追憶，只是當時已惘然。黃山
谷不曉其義，蓋未識其寓言之意也。細味此詩，起句說無
端，結句說惘然，分明是義山自悔其少年場中，風流搖
蕩，到今始知其有情皆幻，有色皆空也。次句說思年華，
懊悔之意畢露矣。此與香山《和微之夢游》詩同意。曉夢、
春心、月明、日暖，俱是形容其風流搖蕩處，著解不得。
義山用事寫意，皆此類也。[308]

或以爲乃悼亡之作，何焯《批義山詩集》云：

愚按此悼亡之詩也。首聯，借素女鼓五十絃之瑟而悲，泰

帝禁不可止爲發端，言悲思之情，有不可得而止者，次
聯，則悲其遷化爲異物，腹聯又悲其不能復起之九原，曰
思華年，曰追憶，指趣黯然，何事紛紛附會乎？

或以爲乃是義山自況之作。汪師韓《詩學纂聞》：

> 李義山《錦瑟》一篇，說者但以爲悼亡之作，或遂以錦瑟
> 爲女子之名，其於一絃一柱句難通，則有改五十爲十五，
> 廿五者；或又作斷絃解，瑟二十五絃，斷則五十絃矣，然
> 於藍田日暖句，覺雜出不倫，即指藍田爲葬地，何以之生
> 煙之喻也耶，按《舊唐書》義山仕宦不進，坎壈終身。裴
> 庭裕《東觀奏記》曰：商隱自開成二年升進士第，大中十
> 二年，以鹽鐵推官死，則錦瑟乃是以古瑟自況。……世所
> 用者，二十五絃之瑟，而此乃五十絃之官制，不爲時尚，
> 成此才學，有此文章，即己亦不解其故，故曰無端，猶言
> 無謂也。自顧頭顱老大，一絃一柱，蓋已半百之年矣，曉
> 夢喻少年時事。義山早負才名，登第入仕，都如一夢，春
> 心，壯心也。壯志消歇，如望帝之化杜鵑，已成隔世，珠
> 玉皆寶貨，珠在滄海，則有遺珠之艱，惟見月照而淚。生
> 煙者，玉之精氣，玉雖不爲人采，而日中之精氣，自在藍
> 田。追憶，謂後世之人追憶也。可待者猶云必傳於後無疑
> 也。當時指現在言。惘然，無所適從也，言後世之傳，雖
> 可自信，而即今淪落爲可嘆耳。詩中雖虛文無一泛設。[309]

或以爲表露悵望之情。薛雪《一瓢詩話》：

> 玉溪《錦瑟》一篇，解者紛紛，總屬臆見。余幼時好讀之，
> 確有悟入，覓解人甚少。此詩全在起句無端二字，通體妙
> 處，俱從此出。意云：錦瑟一絃一柱，已足令人悵望年華，
> 不知何故有此許多絃柱，令人悵望不盡；全似埋怨錦瑟無

端有此絃柱，遂致無端有此悵望。即達若莊生，亦迷曉
夢；魂為杜宇，猶托春心。滄海珠光，無非是淚；藍田玉
氣，恍若生煙。觸此情懷，垂垂追溯，當時種種，盡付惘
然。對錦瑟而興悲，嘆無端而感切。如此體會則詩神詩
旨，躍然紙上。[310]

或以此詩在寄托，唯寄托者何，實不可知。屈復《玉溪生詩意》：

此詩解者紛紛，有言悼亡者，有言憂國者，有言自比文才
者，有言思侍兒錦瑟者，不可悉數。凡詩無自序，後之讀
者，就詩論詩而已。其寄托或在君臣朋友，夫婦昆弟，或
實有其事，俱不可知。自《三百篇》、漢、魏、三唐，男
女慕悅之詞，皆寄托也。若必強牽其人其事以解之，作者
固未嘗語人，解者其誰曾起九原而問之哉？

或以此詩只以錦瑟起興，並無他指。朱鶴齡《箋註李義山詩集》：

按義山房中曲，憶得前年春，未語含悲辛，歸來已不見，
錦瑟長於人。此詩寓意略同，是以錦瑟起興，非專賦錦瑟
也。[311]

有些論者認為無須在這些無題詩大費周章。丘緯菱《讀玉溪生詩》云：

幕府才高亦摘仙，詩人遇苦本來然。

傷春傷別知何恨？錦瑟無端費鄭箋。[312]

何一碧《論詩》云：

大雅風微刻琢工，玉溪意匠尚沈雄。

時藏議論成心史，箋釋何須覓鄭公。[313]

李氏作品無題之作，也引起後人議論紛紛。論者在讚賞這些
作品卓越成就之餘，認為全是有感之作。王惟成《論唐宋詩絕句
十四首》云：

　　玉溪才調信超倫，老杜宗傳第一人。

　　托興無題多有感，漫嗤獺祭尚敷陳。[314]

岑振祖《書李義山詩集》肯定其詩作於含情之餘，另有所托：

　　瑤台璚宇流連甚，舞榭歌筵想象間。

　　須識含情終有託。楚雲原是淚痕斑。[315]

　　姚瑩則以這些詩乃憂國之作。其作品詩句像「玉帳牙旗得上游，安危須共主君憂」，充滿憂國思危的情思，讀者無須只是環繞在《無題》之意旨上大作文章。鄧鎔《論詩三十絕句》：

　　誰從艷體別高低，強把金荃配玉溪。

　　沈鬱莽蒼眞杜律，西昆何事學無題。[316]

馬長海《效元遺山論詩絕句四十七首》也慨嘆地說：

　　寄託文心是杜鵑，玉溪五十惜華年。

　　卻憐錦瑟無人會，枉把青衣作鄭箋。[317]

朱鶴齡析李詩中托諷憂國之意尤詳。《箋註李義山詩集序》云：

　　義山蓋負才傲兀，抑塞於鈎黨之禍，而《傳》所云：放利偷合、詭薄無行者，非其實也。……吾觀其活獄弘農，則忤廉察；題詩《九日》，則忤政府；於劉蕡之斥，則抱痛巫咸；於乙卯之變，則銜冤晉石；太和東討，懷積骸成莽之悲；黨項興師，有窮兵禍胎之戒。以至《漢宮》、《瑤池》、《華清》、《馬嵬》諸作，無非諷方士爲不經，警色荒之覆國。此其指事懷忠，鬱紆激切，直可與曲江老人相視而笑，斷不得以放利偷合、詭薄無行嗤摘之者也。或曰：義山之學，半及閨閣，讀者與《玉臺》、《香奩》例稱。荊公以爲善學老杜，何居？余曰：男女之情，通於君臣朋友。《國風》以蠑首蛾眉、雲髮瓠齒，其詞甚褻，聖人顧有取焉。《離騷》托芳草以怨王孫，借美人以喻君子，

遂爲漢、魏、六朝樂府之祖。古人之不得志於君臣朋友
者，往往寄遙情於婉孌，結深怨於蹇修，以序其忠憤無
聊、纏綿宕往之致。唐至太和以後，閹人暴橫，黨禍蔓延，
義山阨塞當塗，沉淪記室。其身危，則顯言不可而曲言
之；其思苦，則莊語不可而漫語之，莫若瑤台璃宇、歌筵
舞榭之間，言之可無罪，而聞之足以動。其梓州吟曰：楚
雨含情俱有託，早已自下箋解矣。吾故曰：義山之詩，乃
風人之緒音，屈、宋之遺響，蓋得子美之深而變出之者
也。豈徒以徵事奧博、擷采妍華，與飛卿、柯古爭霸一
時哉！學者不察本末，類以才人浪子目義山，即愛其詩
者，亦不過以爲帷房暱媟之辭而已。此不能論世知人之故
也。[318]

姚合、許渾、馬戴

姚瑩《論詩絕句六十首》之第二十四首云：

童時論格卑中、晚，白首何人到武功；

許、馬一時猶伯仲，苦難索解是江東。

「童時論格卑中、晚，白首何人到武功。」武功，指姚合。
姚合，陝西人。曾任武功主簿。方回《瀛奎律髓》：

姚少監合，初爲武功尉，有詩聲，世稱爲姚武功。與賈島
同時而稍後，似未登昌黎之門。[319]

姚瑩以他雖然早年卑視中、晚唐詩，然而年紀大了，也覺得姚合
的作品有一定的成就。吳德旋《雜著示及門諸子》：

詩到元和句益工，章成只少建安風。

還因寒瘦稱郊島，寂寞無人說武功。[320]

姚勉《贊府兄詩稿序》：

晚唐詩姚秘監爲最清妙。

余成教《石園詩話》：

> 姚武功合詩多名言，如：客行長似病，煩熱束四肢。到君
> 讀書堂，忽如逢良醫。時時相獻酬，文字當酒巵。嘗聞朋
> 友惠，贈言始爲恩。金玉日消費，好句長相存。人生須氣
> 健，饑凍縛不得。至交不可合，一合難離析。窮愁一成疾，
> 百藥不能治。士人甚商賈，終日須東西。士有經世籌，自
> 無活身策。求食道路間，勞困甚徒役。懶拜腰肢硬，慵趨
> 立樂生。因客始沽酒，借書方到城。詩書愁觸雨，店舍喜
> 逢山。靜者多便夜，豪家不見秋。皆耐人尋味。[321]

馮繼聰《論唐詩絕句》：

> 開元相國憶元之，想象貽謀雅善詩。
> 自古篇章均擅美，武功風韻獨清奇。[322]

又云：

> 主簿詩篇著意裁，朗吟好似故人來。
> 誰知肝膽逢人見，句句誠心金石開。[323]

又云：

> 算家博士駱賓王，商隱依稀獺祭忙。
> 清妙何如姚主簿，武功縣裏勝河陽。[324]

又云：

> 取材頓覺山溪瘦，搜骨誰教花木肥？
> 別徑尋來非小徑，清機發處得眞機。[325]

有些論者更指出姚合對永嘉四靈的影響。方回《瀛奎律髓》云：

> 武功時官況三十首，趙紫芝多選取配賈島，以爲《二妙
> 集》，蓋四靈之所宗也。[326]

許奉恩《蘭苕館論詩》云：

> 少監權輿導四靈，雕鏤纖巧甚瓏玲。[327]

中國詩論界多不滿許渾的作品，而推許馬戴。馬戴，字虞臣。曲陽人。唐武宗會昌四年進士。宣宗大中初，任太原幕府書記，以言論獲罪，貶爲龍陽尉，後得赦還京。懿宗咸通末，終太學博士。嚴羽《滄浪詩話》云：

> 馬戴在晚唐諸人之上。[328]

辛文房《唐才子傳》：

> 戴詩壯麗，居晚唐諸公之上。優游不迫，沈著痛快，兩不相傷，佳作也。[329]

賀黃裳《載酒園詩話又編》：

> 晚唐詩，今昔咸推馬戴。按戴與賈島、姚合同時，其稱晚唐，猶錢、劉之稱中唐也。[330]

翁方剛《石洲詩話》亦云：

> 馬戴五律，又在許丁卯之上，此直可與盛唐諸賢儕伍，不當以晚唐論矣。[331]

馬星翼《東泉詩話》云：

> 晚唐五律，以馬戴爲最，自嚴滄浪有此論，後人每以爲然。

葉矯然《龍性堂詩話續集》云：

> 晚唐馬虞臣：猿啼洞庭樹，人在木蘭舟。右丞之：雨中山果落，燈下草蟲鳴也。[332]

王夫之《唐詩評選》云：

> 此公於唐人中最爲高手。亭亭獨立於時，制淫濫之餘，較樊川尤加古煉，猶齊、梁之有江文通也。

陸鑒《問花樓詩話》：

> 馬戴、許渾齊名，戴殊超絕。其《易水懷古》云：荊卿西去不復返，易水東流無盡時。落日蕭條薊城北，黃沙白草任風吹。雅有深致。《楚江懷古》一首，柳吳興無以過之，

嚴羽推爲晚唐之冠，信哉！[333]

李懷民《中晚唐詩主客圖》：

> 虞臣詩，今昔咸推爲晚唐之最。馬與賈、姚同時，其稱晚唐，猶錢、劉之稱中唐也。詩亦近體多於古體，短律富於長律。筆格視賈氏稍開展，而體澀思苦，致極幽清，誠亦賈門之高弟也。斷爲升堂第一。

馮繼聰《論唐詩絕句》：

> 會昌甲第馬虞臣，姚合知音意獨眞。
>
> 詩句多悲離別苦，故能分與許棠春。[334]

許渾(791-858)，字用晦。祖籍洛陽。生於郡望安陸。其後移家京口丁卯澗。故人亦稱他爲許丁卯。唐文宗大和六年進士，於文宗、武宗、宣宗三朝，歷任當塗、太平縣令、虞部員外郎、監察御史、潤州司馬、郢州、睦州刺史等職。著有《丁卯集》。對許渾詩作，論者尤多抨擊。方回《瀛奎律髓》云：

> 其詩出於元、白，體格太卑，對偶天切。

紀昀亦云：

> 用晦五律勝七律，然終是意境淺狹，如老於世故人，言動衣冠，毫無圭角，而有一種說不出可厭處。

楊愼《升庵詩話》云：

> 唐詩至許渾，淺陋極矣。而俗喜傳之，至今不廢。高棅編《唐詩品彙》，取至百餘首，甚矣棅之無目也。棅不足言，而楊仲弘選《唐音》，自謂詳於盛唐而略於晚唐，不知渾乃晚唐之尤下者，而取之極多。仲弘之識鑒，亦羊質而虎皮乎？陳後山云：近世無高學，舉世愛許渾。斯卓識矣。孫光憲云：許渾詩，李遠賦，不如不做。當時已有公論。惜乎伯謙輩之惜於此也。[335]

不過也有讚賞許渾之作者。韋莊早已在《題許渾卷》給許渾以高評，並稱之為「江南才子」：

> 江南才子許渾詩，字字清新句句奇。
>
> 十斛明珠量不盡，惠休虛作《碧雲詞》。[336]

田雯《古歡堂集雜著》針對楊慎之論辯駁云：

> 予謂聲律之熟，無如渾者。七言拗句如：嶺猿群宿夜山靜，沙鳥獨飛秋水來。孤舟移棹一江月，高閣卷簾千樹風。一聲溪鳥暗雲散，萬片野花流水香。劉伶臺下稻花晚，韓信廟前楓葉秋。兩岩花落夜風急，一徑葦荒秋雨多。拗字聲律，極自然可愛。又如：蘭葉露光秋月上，蘆花風起夜潮來。村徑繞山松葉暗，柴門臨水稻花香。花盛庾園攜酒客，草深顏巷讀書人。舟橫野渡寒風急，門掩荒山夜雪深。寒雲曉散千峰雪，暖雨晴開一徑花。牛羊晚食鋪平地，鵰鶚晴飛摩遠天。暖眠鸂鶒晴灘草，高掛獼猴暮澗松。對岸水花霜後淺，傍簷山果雨來低。亦自挺拔，兼饒風致，似不可過詆丁卯也。[337]

許奉恩《蘭苕館論詩》云：

> 吾宗丁卯舊名橋，健筆摩空鶴在霄。
>
> 根觸金陵懷古句，高低禾黍弔南朝。[338]

馮繼聰《論唐詩絕句》也引及韋莊之評論云：

> 惠休空作碧雲詞，字字清新句句奇。
>
> 記得韋莊贈佳句，江南才子許渾詩。

又云：

> 詩詞清快意工新，丁卯橋邊別有春。
>
> 那似并州溫助教，任才馳騁不驚人。[339]

姚瑩的見解與多數說法不同，他認為許渾、馬戴的作品不相上

下，故云：

> 許、馬一時猶伯仲。

但是對賈島的作品，姚氏言下就帶著些微不滿的口氣了：

> 苦難索解是江東。

賈島（779－843），字浪仙，一作閬仙，自稱碣石山人。范陽人。早年曾爲僧，法名無本。唐憲宗元和年間在洛陽以詩文投謁韓愈，後隨韓愈入長安，返俗應舉，然終生未第。文宗開成二年，坐飛謗責授遂州長江主簿，世稱賈長江。後遷普州司倉參軍。武宗會昌三年卒於任所。有《長江集》。作詩以苦吟爲主，詩風僻苦清奇，與孟郊之「清寒」相應。人稱二人詩爲「郊寒島瘦」。如許顗《彥周詩話》記蘇軾云：

> 東坡《祭柳子玉文》：郊寒島瘦，元輕白俗，此語具眼。

姚福均《書各家詩集後》云：

> 郊寒島瘦溫柔失。[340]

馮繼聰《論唐詩絕句》：

> 驢背推敲遇達官，應須島瘦配郊寒。
>
> 浮圖倏爾仍初服，千秋憐才誰似韓？[341]

焦袁熙《論詩絕句五十二首》：

> 元輕白俗眞能事，島瘦郊寒並絕倫。
>
> 世上幾多無病者，大都碌碌不堪珍。[342]

馮廷槐《論詩十首示謝文偉陳初山》：

> 長慶詩成體較強，春風野火好篇章。
>
> 郊寒島瘦何煩說，絕倒風流白侍郎。[343]

李必恆《論詩絕句十三首》：

> 帝里風光禁苑賒，抽毫日對上蘭花。
>
> 寒郊瘦島何曾見，官樣規模自一家。[344]

葉茵《寄社友》：

> 近來何事倦於吟，豈是因吟誤卻身。
>
> 此道自來多冷淡，郊寒島瘦少陵貧。[345]

但亦有爲之辯者，廖鼎聲《拙學齋論詩絕句一百九十八首》：

> 群季汪洋總惠連，一官南徼老青氈。
>
> 莫嗤郊島原寒瘦，綠雪紅冰句亦仙。[346]

方回《桐江集》亦云：

> 東坡謂郊寒島瘦，元輕白俗。予謂詩不厭寒，不厭瘦，惟輕與俗，則決不可。

許學夷《詩學辯體》言其詩味清苦云：

> 島五言律氣味清苦，聲韻峭急，在唐體尚爲小偏，而句多奇闢，在元和則爲大變。[347]

余成教形容其詩風奇僻云：

> 元和中詩尚輕淺，島獨變格入闢，以矯艷俗。[348]

李懷民《中晚唐詩主客圖》云：

> 浪仙詩無七古，其五古，五、七言律以及絕句，皆身峭險闢，錘鍊之功不遺餘力，故韓吏部詩云：無本與爲文，身大不及膽。蛟龍弄角牙，造次欲手攬。孟東野亦云：瘦僧臥冰稜，嘲詠含金瘀。金瘀非戰痕，峭病方在茲。

【註釋】

[1]盧藏用《右拾遺陳子昂文集序》。見《全唐文》卷二百三十八。

[2]韓愈《薦士詩》。《昌黎先生集》。卷二。《四部叢刊初編》（上海：商務印書館影元刊本）。

[3]王士禎《帶經堂詩話》。卷四。（北京：人民文學出版社，1963），頁93。

[4]浦起龍《詩學源流》。《釀蜜集》卷二。

[5]何一碧《論詩十四首》。《萬首論詩絕句》。頁1321。

[6]葉紹本《仿遺山論詩得絕句廿四首》之六。《萬首論詩絕句》。頁727。

[7]毛瀚豐《論詩絕句十三首》。《萬首論詩絕句》。頁1605。

[8]邱晉成《論蜀詩絕句三十六首》之一。《萬首論詩絕句》。頁1613。

[9]許清雲《皎然詩式輯校新編》（臺北：文史哲出版社，1984)，頁36。

[10]李舟《獨孤常州集序》。《文苑英華》卷七零二。

[11]劉克莊《後村詩話》。《後村先生大全集》。卷一百七十三。《四部叢
　　刊初編》（上海：商務印書館縮印賜硯堂抄本），頁1543。

[12]李書吉《論詩雜詠》。《萬首論詩絕句》。頁613。

[13]李開元《雨村詩話》卷下。見《清詩話續編》。頁1525。

[14]元好問《論詩三十首》。《萬首論詩絕句》。頁158。

[15]程恩澤《徐廉峰仁弟詩律精密才筆華整得唐賢三昧頃以問詩圖相屬因
　　取問唐賢意仿遺山絕句奉答略舉數端漏正不少也十四首》之一《萬首
　　論詩絕句》。頁793。

[16]賀裳《載酒園詩話又編》。見《清詩話續編》。頁299。

[17]方回《瀛奎律髓》。卷三。頁一至二。《四庫全書》（台北：商務印　　·
　　書館影文淵閣本），頁1366－24至25。

[18]張謙宜《絸齋詩談》卷四。見《清詩話續編》。頁824。

[19]同上註。

[20]賀裳《載酒園詩話又編》。見《清詩話續編》。頁299。

[21]元稹《敘詩寄樂天書》。《元氏長慶集》卷三十（上海：商務印書館
　　縮印江南圖書館藏明嘉靖刊本），頁105。

[22]胡應麟《詩藪·內編》卷二。《詩藪》。頁35。

[23]皎然《詩式》。見許清云《皎然詩式輯校新編》（臺北：文史哲出版
　　社，1984），頁35。

[24]田雯《古歡堂雜著》卷二。《清詩話續編》。頁698。

[25]謝啓昆《讀全唐詩仿元遺山論詩絕句一百首》。《萬首論詩絕句》。頁
　　462。

[26]毛先舒《詩辯坻》卷四。《清詩話續編》。頁87。

[27]厲志《白華山人詩說》。《清詩話續編》。頁2285。

[28]焦袁熙《論詩絕句五十二首》之六。《萬首論詩絕句》。頁276。

[29]馮繼聰《論唐詩絕句五百七十一首》之五十二首。《萬首論詩絕句》。
　　頁1095。

[30]劉熙載《詩概》。見《清詩話續編》。頁2434。

[31]孟棨《本事詩》。頁七。《續歷代詩話》（台北：藝文印書館）。

[32]杜甫《寄李十二白二十韻》。《杜工部集》卷十。頁二九。(台北：學
　　生書局影宋本，1967）。

[33]顧安《唐律消夏錄》卷三。

[34]郭兆麟《梅崖詩話》。《山右叢書初編》本。

[35]喬松年《蘿藦亭札記》。卷四。《山右叢書初編》本。

[36]胡應麟《詩藪·內編》卷三。《詩藪》。頁46。

[37]許學夷《詩源辨體》。卷十八。頁199。

[38]童軒《楊學士詩序》。《明文海》卷二六一。

[39]李東陽《懷麓唐詩話》。《歷代詩話續編》。頁1378。

[40]陳沂《詩談》。見《拘虛集》。《四明叢書》本。

[41]賀裳《載酒園詩話又編》。《清詩話續編》。頁316。

[42]傅起岩《題李太白象》。《盛明百家詩·傅夢求集》。

[43]朱諫《李詩選註》。卷二。明隆慶二年朱氏家塾本。

[44]殷璠《河岳英靈集》卷上。見《唐人選唐詩》(北京：中華書局，1958)，
　　頁53。

[45]田雯《古歡堂雜著》卷二。見《清詩話續編》。頁700。

[46]葉觀國《秋齋暇日抄輯漢魏以來詩作絕句二十首》之三。《萬首論詩絕句》。頁402。

[47]李白《對酒憶賀鑒二首並序》。見《分類補註李太白詩》。卷二十三。《四部叢刊初編》（上海：商務印書館影蕭山朱氏藏明郭雲鵬刊本），頁319。

[48]張祜《偶題》。《萬首論詩絕句》。頁24。

[49]元好問《濟南雜詩》之二。《遺山先生文集》。卷十二。頁八。《四部叢刊初編》。

[50]馮繼聰《論唐詩絕句》。《萬首論詩絕句》。頁1125。

[51]程尚濂《海槎手錄太白少陵昌黎長吉詩成帙感而賦此》。《萬首論詩絕句》。頁574。

[52]徐枋《讀史稗語》。卷六。

[53]董說《芝筠詩序》。《豐草庵文集》卷六。《吳興叢書》本。

[54]趙孟頫《題李白酒船圖》。《松雪齋文集》卷五。《四部叢刊初編》本。

[55]宋褧《太白酒樓》。《燕石集》卷四。《四庫全書》(台北：商務印書館影文淵閣本）。

[56]劉基《濟州太白樓》。《誠意伯劉文成公文集》卷十五。《四庫全書》（台北：商務印書館影文淵閣本）。

[57]孫蕡《采石太白墓》。《西庵集》卷六。《四庫全書》(台北：商務印書館影文淵閣本）。

[58]孫緒《跋盧潤卿所藏李太白壯觀二大字墨本》。《沙溪集》。卷十三。《四庫全書》（台北：商務印書館影文淵閣本）。

[59]趙翼《甌北詩話》卷一。見《清詩話續編》。頁1139。

[60]李白《答湖州迦葉司馬問白是何人》。同本章註28。卷十九。頁266。

[61]趙翼《甌北詩話》。卷一。《清詩話續編》。頁1142。

[62]嚴羽《滄浪詩話》。見郭紹虞《滄浪詩話校釋》。頁164。

[63]高棅《七言古詩敘目》。《唐詩品彙》(上海：上海古籍出版社，1981)，頁267。

[64]馬長海《效元遺山論詩絕句四十七首》。《萬首論詩絕句》。頁355。

[65]朱庭珍《論詩》。《萬首論詩絕句》。頁1044。

[66]王惟成《論太歲宋詩絕句十四首》之二。《萬首論詩絕句》。頁1066。

[67]元好問《華不注山》。《遺山先生文集》卷九。

[68]釋英《言詩寄致上人》。《白雲集》卷三。

[69]周權《謫仙樓》。《此山先生詩集》卷三。《四庫全書》(台北：商務印書館影文淵閣本）。

[70]況澄《仿元遺山論詩三十首》。《萬首論詩絕句》。頁883。

[71]王庚言《論詩十首》。《萬首論詩絕句》。頁651。

[72]李俊民《申元帥四隱圖》。《莊靖集》卷五。《四庫全書》(台北：商務印書館影文淵閣本）

[73]高棅《題李白邀月圖》。《高漫士木天清氣集》卷九。清金氏問瑞樓抄本。

[74]黃淮《題趙松雪畫李白觀瀑圖》。《黃文簡公介庵集》卷一。《敬鄉樓叢書》第三輯。

[75]陳繹曾《詩譜》。《五朝小說大觀》。

[76]姚鼐《五七言今體詩鈔序目》。《四部備要》。

[77]胡應麟《詩藪。內編》。《詩藪》。卷三。

[78]陳廷焯《白雨齋詞話》。卷七。

[79]朱諫《李詩選註　》。卷一。

[80]況澄《仿元遺山論詩三十首》之六。《萬首論詩絕句》。頁883。

[81]田雯《古歡堂集雜著》。《清詩話續編》。頁698。

[82]許學夷《詩源辯體》。卷十八。頁198。

[83]梅鼎祚《李詩鈔評四卷》。《李杜二家詩體評林》本。

[84]沈德潛《唐詩別裁》。卷二（上海：上海古籍出版社，1979），頁43。

[85]喬億《劍谿說詩又編》。《清詩話續編》。頁1117。

[86]謝啓昆《讀全唐詩仿元遺山論詩絕句一百首》之三十。《萬首論詩絕句》。頁464。

[87]馮繼聰《論唐詩絕句》。《萬首論詩絕句》。頁1125。

[88]劉履《李翰林詩十九首》。《風雅翼》卷十一。《四庫全書》。（台北：商務印書館影文淵閣本）。

[89]韓愈《題杜工部墳》。見蔡夢弼《集註草堂杜工部詩外集·酬唱附錄》。

[90]孫僅《讀工部詩集序》。見蔡夢弼《草堂詩箋·傳序碑銘》。《古逸叢書》本。

[91]張伯玉《讀子美集》。見闕名編《分門集注杜工部詩》。《四部叢刊初編》本（上海：商務印書館影宋本）。

[92]王彥輔《增註杜工部詩序》。見蔡夢弼《草堂詩箋》。同本章註90。

[93]王安石《杜甫畫象》。見《臨川先生文集》卷九。《四部叢刊初編》本（上海：商務印書館影明本）。

[94]王令《讀老杜詩集》。《廣陵先生文集》卷十一。《嘉業堂叢書》本。

[95]童軒《楊學士詩序》。《明文海》卷二六一。

[96]宋犖《漫堂說詩》。見《清詩話》。頁418。

[97]馬長海《效元遺山論詩絕句四十七首》。《萬首論詩絕句》。頁356。

[98]翁方剛《石洲詩話》卷一。見《清詩話續編》。頁1368。

[99]賀貽孫《詩筏》。《清詩話續編》。頁172。

[100]馮繼聰《論唐詩絕句》。《萬首論詩絕句》。頁1111。

[101]同上註。頁1112。

[102]殷璠《河嶽英靈集》。卷上。《唐人選唐詩》。頁72。

[103]賀孫貽《詩筏》。《清詩話續編》。頁175。

[104]陳維崧《抄唐人七言律竟輒題數斷句楮尾》。《萬首論詩絕句》。頁

259。

[105]殷璠《河嶽英靈集》。同本章註44。頁77。

[106]劉熙載《藝概》。見《清詩話續編》。頁2427。

[107]同上註。

[108]翁方剛《石洲詩話》。卷一。見《清詩話續編》。頁1369。

[109]胡應麟《詩藪・內編》卷四。《詩藪》。頁56。

[110]許學夷《詩源辯體》。卷二十。頁223。

[111]葉燮《原詩》。《清詩話》。頁604。

[112]陳僅《竹林詩問》。見《清詩話續編》。頁2259。

[113]胡應麟《詩藪・內編》卷四。《詩藪》。頁56及57。

[114]胡震亨《唐音癸籤》。卷十(上海：古典文學出版社，1957)，頁78。

[115]胡應麟《詩藪。內編》。卷五。頁81。

[116]胡應麟《詩藪。內編》。卷五。頁80。

[117]朱庭珍《筱園詩話》。卷三。見《清詩話續編》。頁2384。

[118]同上註。頁2385。

[119]張晉《仿元遺山論詩絕句六十首》。《萬首論詩絕句》。頁666。

[120]沈德潛《唐詩別裁》。卷九。頁319。

[121]嚴羽《滄浪詩話》。見郭紹虞《滄浪詩話校釋》。頁180。

[122]馬長海《效元遺山論詩絕句四十七首》。《萬首論詩絕句》。頁356。

[123]胡震亨《唐音癸籤》卷五（上海：古典文學出版社，1957），頁40至
　　41。

[124]李東陽《懷麓堂詩話》。《續歷代詩話》本。

[125]張元《讀孟襄陽詩七絕句》。《萬首論詩絕句》。頁347。

[126]馮繼聰《論唐詩絕句》。《萬首論詩絕句》。頁1104。

[127]同上註。

[128]陳師道《後山詩話》。見《歷代詩話》。頁308。

[129]王夫之《唐詩評選》評孟浩然《臨洞庭》語。該書。卷一。頁六。

[130]王士禎《香祖筆記》卷八（上海：古籍出版社，1982），頁148。

[131]王士禎語。見《師友詩傳續錄》。《清詩話》。頁151。

[132]謝榛《四溟詩話》。卷二。頁三。《續歷代詩話》本。

[133]賀裳《載酒園詩話又編》。見《清詩話續編》。頁312。

[134]嚴羽《滄浪詩話》。見郭紹虞《滄浪詩話校釋》。頁24。

[135]翁方剛《石洲詩話》。卷一。見《清詩話續編》。頁1371。

[136]殷璠《河嶽英靈集》。卷中。頁一。《唐人選唐詩》（台北：大通書
　　局影中央圖書館藏明崇禎元年毛氏汲古閣刊本）。

[137]毛先舒《詩辯坻》。卷三。《清詩話續編》。頁47。

[138]沈德潛《唐詩別裁》。卷一。頁36。

[139]洪亮吉《北江詩話》。卷五(北京：人民文學出版社，1983)，頁86。

[140]翁方剛《石洲詩話》。卷一。《清詩話續編》。頁1368。

[141]高仲武《中興間氣集》。卷之下。頁一。《唐人選唐詩》（台北：大
　　通書局影中央圖書館藏明崇禎元年毛氏汲古閣刊本）。

[142]葛立方《韻語陽秋》。卷四。《歷代詩話》本。頁514。

[143]馮繼聰《論唐詩絕句》。見《萬首論詩絕句》。頁1128。

[144]高仲武《中興間氣集》卷下。頁一。見《唐人選唐詩》。

[145]辛文房《唐才子傳》。卷三。周本淳校正《唐才子傳校正》。頁74。

[146]晁公武《郡齋讀書志》。《四庫全書》（台北：商務印書館影文淵閣
　　本）。

[147]葛立方《韻語陽秋》卷四。《歷代詩話》本。頁514。

[148]高仲武《中興間氣集》卷上。頁一。見《唐人選唐詩》。

[149]同上註。

[150]賀裳《載酒園詩話》又編。見《清詩話續編》。頁333。

[151]王世貞《藝苑巵言》。卷四。頁五。《續歷代詩話》本。

[152]翁方剛《石洲詩話》。卷二。見《清詩話續編》。頁1384。

[153]賀裳《載酒園詩話又編》。見《清詩話續編》。頁333。

[154]毛奇齡《西河詩話》。《昭代叢書》第六集。

[155]李東陽《麓堂詩話》。《續歷代詩話》本。

[156]潘德輿《養一齋詩話》。卷四。見《清詩話續編》。頁2063。

[157]陳維崧《抄唐人七言律竟輒題數斷句楮尾》。《萬首論詩絕句》。頁259。

[158]劉熙載《詩概》。見《清詩話續編》。頁2427。

[159]權德輿《秦征君校書與劉隨州唱和詩序》。

[160]余成教《石園詩話》。卷一。見《清詩話續編》。頁1752。

[161]謝啓昆《讀全唐詩仿元遺山論詩絕句一百首》。《萬首論詩絕句》。頁465。

[162]許奉恩《蘭茗館論詩》。見《萬首論詩絕句》。頁1378。

[163]馮繼聰《論唐詩絕句》。《萬首論詩絕句》。頁1127。

[164]高仲武《中興間氣集》卷下。頁八。《唐人選唐詩》本。頁290。

[165]王士禎《論詩絕句三十二首》。見《萬首論詩絕句》。頁232。

[166]邵堂《論詩六十首》。見《萬首論詩絕句》。頁822。

[167]黃維申《論詩絕句》。見《萬首論詩絕句》。頁1297。

[168]馬長海《效元遺山論詩絕句四十七首》。見《萬首論詩絕句》。頁357。

[169]王世貞《藝苑卮言》卷四。頁五至六。《續歷代詩話》本。

[170]吳喬《圍爐詩話》卷之二。見《清詩話續編》。頁541。

[171]胡應麟《詩藪·內篇》卷五。《詩藪》頁81。

[172]許學夷《詩源辯體》。卷二十。頁225。

[173]許學夷《詩源辯體》。卷二十三。頁241。

[174]晁公武《群齋讀書志》。《四庫全書》（台北：商務印書館影文淵閣本）。

[175]余成教《石園詩話》卷一。見《清詩話續編》。頁1753。

[176]同上註。

[177]翁方剛《石洲詩話》卷一。見《清詩話續編》。頁1384。

[178]喬憶《劍谿說詩又編》。見《清詩話續編》。頁1119。

[179]同上註。頁1127。

[180]賀裳《載酒園詩話》。見《清詩話續編》。頁335。

[181]潘德輿《養一齋詩話》卷一。見《清詩話續編》。頁2021。

[182]何良俊《四友齋叢說》。卷二十五(北京：中華書局，1959)，頁225。

[183]許奉恩《蘭苕館論詩》。見《萬首論詩絕句》。頁1377。

[184]朱應庚《論詩三十二首》。見《萬首論詩絕句》。頁1630。

[185]王士禎《戲仿元遺山論詩絕句》。《萬首論詩絕句》。頁232。

[186]焦袁熙《論詩絕句五十二首》。《萬首論詩絕句》。頁277。

[187]王士禎《戲仿元遺山論詩絕句》。《萬首論詩絕句》。頁232。

[188]吳嵩梁《余有山水癖念昔賢多同調者輒紀整詩》。見《萬首論詩絕句》。頁708。

[189]馮繼聰《論唐詩絕句》。見《萬首論詩絕句》。頁1130。

[190]同上註。頁1133。

[191]謝啓昆《讀全唐詩仿元遺山論詩絕句一百首》。見《萬首論詩絕句》。頁465。

[192]馮繼聰《論唐詩絕句》。見《萬首論詩絕句》。頁1131。

[193]同上註。頁1132。

[194]蘇軾《和孔周翰二絕》。見《萬首論詩絕句》。頁60。

[195]葛立方《韻語陽秋》卷一。《歷代詩話》本。頁487。

[196]劉熙載《詩概》。見《清詩話續編》。頁2434。

[197]賀裳《載酒園詩話又編》。見《清詩話續編》。頁335。

[198]劉克莊《後村詩話》。《後村先生大全集》。卷一百七十二。《四部

叢刊初編》（上海：商務印書館印賜硯堂鈔本），頁1545。

[199]馮繼聰《論唐詩絕句》。見《萬首論詩絕句》。頁1134。

[200]吳嵩梁《余有山水癖念昔賢多同調者輒紀以詩》。見《萬首論詩絕句》。頁708。

[201]嚴羽《滄浪詩話》。見郭紹虞《滄浪詩話校釋》。頁171。

[202]陸時雍《詩鏡總論》。《歷代詩話續編》（北京：中華書局，1983），頁1420。

[203]喬億《劍谿說詩》。卷上。見《清詩話續編》。頁1081。

[204]賀裳《載酒園詩話又編》。見《清詩話續編》。頁345。

[205]沈德潛《唐詩別裁》。卷四。頁127。

[206]又《說詩晬語》。卷上。《清詩話》。頁541。

[207]葉矯然《龍性堂詩話初集》。《清詩話續編》。頁947。

[208]楊士雲《詠史》。見《萬首論詩絕句》。頁187。

[209]馮繼聰《論唐詩絕句》。見《萬首論詩絕句》。頁1133。

[210]沈德潛《歸愚文鈔餘集》。卷一。

[211]賀貽孫《詩筏》。《清詩話續編》。頁167。

[212]王士禎《帶經堂詩話》。卷四。

[213]沈德潛《說詩晬語》。卷上。《清詩話》。頁535。

[214]楊士雲《詠史》。見《萬首論詩絕句》。頁187。

[215]許學夷《詩源辨體》。卷二十三。頁245。

[216]胡震亨《唐音癸籤》卷九。（上海：古典文學出版社，1957），頁71。

[217]賀裳《載酒園詩話》又編。《清詩話續編》。頁347。

[218]潘德輿《養一齋詩話》。卷八。

[219]郝經《郝文忠公陵川文集》。卷二十八。《四庫全書》（台北：商務印書館影文淵閣本）。

[220]許印芳《詩法萃編卷首自序》。《詩法萃編》。《雲南叢書初編》本。

[221]《四庫全書總目提要》卷一百八十六。頁三十四。

[222]楊萬里《誠齋詩話》。《歷代詩話續編》(北京：中華書局，1983)，
　　　頁142。

[223]嚴羽《答出繼叔臨安吳景仙書》。見郭紹虞《滄浪詩話校釋》附錄。
　　　該書頁234。

[224]劉克莊《後村詩話》。卷九十八。

[225]元好問《東坡詩雅引》。《遺山先生文集》。卷三十六。頁三。《四
　　　部叢刊初編》。

[226]許學夷《詩源辯體》。卷二十三。頁240。

[227]同上註。卷二十四。頁253。

[228]范晞文《對床夜語》。卷五。《歷代詩話續編》。頁432。

[229]方東樹《昭昧詹言》。卷十八。頁429。

[230]劉克莊《後村詩話》。《後村先生大全集》。卷一百八十五。《四部
　　　叢刊初編》。頁1658。

[231]曾習經《壬子八九月間所讀書題詞十五首》。見《萬首論詩絕句》。
　　　頁1570。

[232]趙翼《甌北詩話》卷三。見《清詩話續編》。頁1169。

[233]鍾廷瑛《讀詩絕句十二首》。見《萬首論詩絕句》。頁578。

[234]鄧鎔《論詩三十絕句》。見《萬首論詩絕句》。頁1699。

[235]馮繼聰《論唐詩絕句》。見《萬首論詩絕句》。頁1151。

[236]歐陽修《六一詩話》。見《歷代詩話》。頁272。

[237]況澄《論詩》。見《萬首論詩絕句》。頁884。

[238]陳師道《後山詩話》。見《歷代詩話》。頁309。

[239]魏泰《臨漢隱居詩話》。見《歷代詩話》。頁323。

[240]黃子雲《野鴻詩的》。《清詩話》。頁864。

[241]陳善《捫蝨新話》。《津逮秘書》第八集。汲古閣本。

[242]趙翼《甌北詩話》卷三。見《清詩話續編》。頁1167至1168。

[243]許奉恩《蘭苕館論詩》。見《萬首論詩絕句》。頁1378。

[244]王惟成《論唐宋詩絕句十四首》。見《萬首論詩絕句》。頁1067。

[245]陳啓疇《論詩十二首呈裘愼圃邑宰》。見《萬首論詩絕句》。頁1205。

[246]許愈初《論詩絕句》。見《萬首論詩絕句》。頁1648。

[247]葉紹本《仿遺山論詩得絕句廿四首》。見《萬首論詩絕句》。頁727。

[248]何一碧《論詩》。見《萬首論詩絕句》。頁1321。

[249]邵堂《論詩六十首》。見《萬首論詩絕句》。頁823。

[250]葉矯然《龍性堂詩話初集》。《清詩話續編》。頁976。

[251]翁方剛《石洲詩話》卷二。見《清詩話續編》。頁1389。

[252]李重華《貞一齋詩說》。《清詩話》。頁932。

[253]劉熙載《詩概》。見《清詩話續編》。頁2428。

[254]陳師道《後山詩話》。見《歷代詩話》。頁309。

[255]馮繼聰《論唐詩絕句》。見《萬首論詩絕句》。頁1154。

[256]何汶《竹莊詩話》。卷十二（北京：中華書局，1984），頁236。

[257]元好問《論詩三十首》。《遺山先生文集》。卷十一。頁四至五。《四部叢刊初編》（上海：商務印書館影烏程蔣氏密韻樓藏明弘治戊午刊本）。

[258]計有功《唐詩紀事》卷三十九（北京：中華書局，1965），頁600至601。

[259]許奉恩《蘭苕館論詩》。見《萬首論詩絕句》。頁1379。

[260]馮繼聰《論唐詩絕句》。見《萬首論詩絕句》。頁1135。

[261]謝啓昆《讀全唐詩仿元遺山論詩絕句一百首》。見《萬首論詩絕句》。頁466。

[262]毛先舒《詩辯坻》。卷三。《清詩話續編》。頁56。

[263]翁方剛《石洲詩話》。卷二。頁1385－1386。

[264]王士禎《師友詩傳錄》。見《清詩話》。頁134。

[265]馮繼聰《論唐詩絕句》。見《萬首論詩絕句》。頁1137。

[266]白居易《白氏集後記》。《白氏長慶集》。卷七十一。頁十八。《四部叢刊初編》。

[267]趙翼《甌北詩話》卷四。見《清詩話續編》。頁1191。

[268]袁壽齡《白樂天》。見《萬首論詩絕句》。頁682。

[269]馮繼聰《論唐詩絕句》。見《萬首論詩絕句》。頁1135。

[270]王士禎《漁洋詩話》。見《清詩話》。頁194。

[271]朱彝尊《重刊白香山詩集序》。《曝書亭集》卷三十六。頁一。《四部叢刊初編》本（上海：商務印書館影原刊本）。

[272]《御選唐宋詩醇》。卷十九（台北：中華書局，1971），頁551。

[273]葉燮《原詩》卷四。《外篇下》。參閱《清詩話》。頁606。

[274]趙翼《甌北詩話》卷四。見《清詩話續編》。頁1175。

[275]白居易《傷唐衢二首》之二。《全唐詩》第七函第一冊。（上海：上海古籍出版社，1986）頁7。

[276]朱應庚《論詩三十二首》。參閱《萬首論詩絕句》。頁1630。

[277]李翊《題毛西河詩話後》。參閱《萬首論詩絕句》。頁444。

[278]黃安濤《讀唐詩絕句十首》。見《萬首論詩絕句》。頁765。

[279]柯振嶽《論詩》。見《萬首論詩絕句》。頁780。

[280]許奉恩《蘭苕館論詩》。見《萬首論詩絕句》。頁1379。

[281]羅可桓《讀白香山諷喻詩》。見《萬首論詩絕句》。頁1068。

[282]白居易《與元九書》。《白氏長慶集》。卷二十八。頁七。《四部叢刊初編》（上海：商務印書館影江南圖書館藏日本翻宋大字本）。

[283]杜牧《贈別二首》之一。《樊川文集》。卷四。《四部叢刊初編》。

[284]胡仔《苕溪漁隱叢話・後集》。卷十五。頁522。

[285]馬長海《效元遺山論詩絕句四十七首》。見《萬首論詩絕句》，頁357。

[286]王祖昌《論詩絕句》。見《萬首論詩絕句》。頁777。

[287]沈遼《齊山偶題》。見《萬首論詩絕句》。頁59。

[288]王惟成《論唐宋詩絕句十四首》。見《萬首論詩絕句》。頁1067。

[289]杜詔《讀樊川集》。見《萬首論詩絕句》。頁303。

[290]黃榮康《夏日雜閱古今人詩集每綴一首》。見《萬首論詩絕句》。頁
　　1650。

[291]楊士雲《詠史》。見《萬首論詩絕句》。頁187。

[292]杜牧《上李中丞書》。《樊川文集》。卷十二。頁八。《四部叢刊初
　　編》（上海：商務印書館影江南圖書館藏明刊本）。

[293]杜牧《註孫子序》。《樊川文集》。卷十。頁四至五。《四部叢刊初
　　編》。

[294]崔道融《讀杜紫微集》。見《萬首論詩絕句》。頁47。

[295]蔡邦甸《詠唐人詩仿元遺山論詩絕句》。見《萬首論詩絕句》。頁
　　1449。

[296]謝啓昆《讀全唐詩仿元遺山論詩絕句一百首》。見《萬首論詩絕句》。
　　頁471。

[297]許奉恩《蘭苕館論詩》。見《萬首論詩絕句》。頁1380。

[298]李商隱《錦瑟》。見劉學鍇、余恕誠《李商隱詩歌集解》（北京：中
　　華書局，1988），頁1420。

[299]元好問《論詩三十首》。見《萬首論詩絕句》。頁158。

[300]王世貞《藝苑卮言》卷四。頁九。《續歷代詩話》本。

[301]王士禎《戲仿元遺山論詩絕句》。見《萬首論詩絕句》。頁233。

[302]許奉恩《蘭苕館論詩》。見《萬首論詩絕句》。頁1380。

[303]陳啓疇《論詩十二首呈裘愼圃邑宰》。見《萬首論詩絕句》。頁1205。

[304]劉攽《中山詩話》。見《歷代詩話》。頁287。

[305]許顗《彥周詩話》。見《歷代詩話》。頁394。

[306]同上註。

[307]周紫芝《竹坡詩話》。見《歷代詩話》。

[308]葉矯然《龍性堂詩話初集》。見《清詩話續編》。頁979。

[309]汪師韓《詩學纂聞》。見《清詩話》。頁463。

[310]薛雪《一瓢詩話》。見《清詩話》。頁684-685。

[311]朱鶴齡《李義山詩箋註》。《四庫全書》。

[312]丘緯菱《讀玉溪生詩》。見《萬首論詩絕句》。頁1567。

[313]何一碧《論詩》。見《萬首論詩絕句》。頁1321。

[314]王惟成《論唐宋詩絕句十四首》。參閱《萬首論詩絕句》。頁1067。

[315]岑振祖《書李義山詩集》。參閱《萬首論詩絕句》。頁1074。

[316]鄧鎔《論詩三十絕句》。見《萬首論詩絕句》。頁1699。

[317]馬長海《效元遺山論詩絕句四十七首》。見《萬首論詩絕句》。頁357。

[318]朱鶴齡《李義山詩箋註》。《四庫全書》。頁1082－81及82。

[319]方回《瀛奎律髓》。卷十。頁十二至十三。《四庫全書》。頁1360－100。

[320]吳德旋《雜著示及門諸子》。見《萬首論詩絕句》。頁658。

[321]余成教《石園詩話》卷二。見《清詩話續編》。頁1770。

[322]馮繼聰《論唐詩絕句》。見《萬首論詩絕句》。頁1167。

[323]同上註。頁1168。

[324]同上註。頁1169。

[325]同上註。頁1168。

[326]方回《瀛奎律髓》。卷十。頁十三。《四庫全書》。頁1366－100。

[327]許奉恩《蘭苕館論詩》。見《萬首論詩絕句》。頁1380。

[328]嚴羽《滄浪詩話》。見郭紹虞《滄浪詩話校釋》。頁148。

[329]辛文房《唐才子傳》。卷七。周本淳校正《唐才子傳校正》（台北：文津出版社，1988），頁219。

[330]賀裳《載酒園詩話又編》。見《清詩話續編》。頁379。

[331]翁方剛《石洲詩話》卷二。見《清詩話續編》。頁1395。

[332]葉矯然《龍性堂詩話續集》。見《清詩話續編》。頁1010。

[333]陸鑾《問花樓詩話》。卷一。《清詩話續編》。頁2296。

[334]馮繼聰《論唐詩絕句》。見《萬首論詩絕句》。頁1172。

[335]楊慎《升庵詩話》卷九。頁九。《續歷代詩話》本。

[336]韋莊《題許渾卷》。《萬首論詩絕句》。頁45。

[337]田雯《古歡堂雜著》。卷三。《清詩話續編》。頁713。

[338]許奉恩《蘭苕館論詩》。見《萬首論詩絕句》。頁1380。

[339]馮繼聰《論唐詩絕句》。見《萬首論詩絕句》。頁1171。

[340]姚福均《書各家詩集後》。見《萬首論詩絕句》。頁1433。

[341]馮繼聰《論唐詩絕句》。見《萬首論詩絕句》。頁1155。

[342]焦袁熙《論詩絕句五十二首》。見《萬首論詩絕句》。頁278。

[343]馮廷槐《論詩十首示謝文偉陳初山》。見《萬首論詩絕句》。頁271。

[344]李必恆《論詩絕句十三首》。見《萬首論詩絕句》。頁329。

[345]葉茵《寄社友》。見《萬首論詩絕句》。頁141。

[346]廖鼎聲《拙學齋論詩絕句一百九十八首》。見《萬首論詩絕句》。頁1355。

[347]許學夷《詩源辯體》。卷二十五。頁257。

[348]余成教《石園詩話》。卷二。《清詩話續編》。頁1763。

.

第六章　姚瑩《論詩絕句六十首》論宋金元詩人

　　姚瑩《論詩絕句六十首》涉及宋代詩人的，計有：錢惟演、劉筠、歐陽修、梅堯臣、蘇軾、黃庭堅、曾鞏、王安石、張耒、晁補之、陳師道、范成大、陸游等十三人，金代有元好問一人，元代有虞集、吳萊、趙孟頫等三人。

　　以下論析姚氏對各家的評論：

錢惟演、劉筠

　　姚瑩《論詩絕句六十首》之第二十五首云：

　　　西昆體制尚錢劉，穠麗妝成一曲休；

　　　不分他年變枯率，翻教杜曲誤名流。

　　宋初詩風沿襲五代之習，時人多尊宗白居易詩。至楊億、劉筠、錢惟演主晚唐，重李商隱體，詩風乃變。故姚瑩云：

　　　西昆體制尚錢、劉。

　　楊億（974－1020），字大年。建州浦城人。七歲能屬文。太宗雍熙元年，十一歲，詔送闕下試詩賦，授秘書省正字，淳化三年，賜進士及第，遷光祿寺丞，四年，直集賢院；至道二年，遷著作佐郎。真宗時，預修《太宗實錄》。書成，乞外補就樣，知處州。咸平三年，召還，拜左司諫。四年，知制誥。景德三年，為翰林學士。大中祥符六年，以太常少卿分司西京。天禧二年，拜工部侍郎。三年，降授秘書監。四年，復為翰林學士。同年十二月卒。年四十七。著有《括蒼》、《武夷》、《潁陰》等集一

百九十四卷。諡曰文。

劉筠(971－1031)，字子儀。大名人。宋眞宗咸平元年進士，爲館陶縣尉，詔試選人校太靖樓書，擢筠第一，以大理評事爲秘閣校理，景德元年，爲大名府觀察判官。與修圖經及《冊府元龜》。書成。進左正言，直史館，大中祥符七年，遷右司諫、知制誥，加史館修撰。出知鄧州，徙陳州。還，遷尙書兵部員外郎。天禧中爲翰林學士，五年以右諫議大夫知盧州，乾興元年，遷給事中，復召爲翰林學士，後拜御史中丞。仁宗天聖二年，進樞密直學士、禮部侍郎、知潁州。四年，爲翰林學士承旨、權判都省。六年，以龍圖閣直學士再知盧州。九年卒。年六十一。諡文恭。劉筠與楊億齊名。稱楊、劉。唯姚瑩於此不舉楊、劉，而舉錢、劉。

錢惟演(961－1034)，字希聖。錢塘人。眞宗朝歷右神武將軍，召試學士院，改太常少卿，命直秘閣，預修《冊府元龜》，後除尙書司封郎中，知制誥，歷遷翰林學士，尋復罷，復遷工部尙書。仁宗朝，拜樞密使，後坐事出爲崇信軍節度使。諡文僖。著有《典懿集》三十卷。惠洪《冷齋夜話》云：

> 詩到義山，謂爲文章一厄，以其用事僻澀，時稱西昆體。[1]

嚴羽《滄浪詩話》：

> 李商隱體，即西昆體也。[2]

胡鑒《滄浪詩話註》：

> 按田況〈儒林公議〉云：楊億兩禁，變文章之體。劉筠、錢惟演從而效之，以新詩更相屬和，題曰：〈西昆酬唱集〉。凡億及劉筠、錢惟演、李宗諤、陳越、李維、劉騭、刁衍、任隨、張詠、錢惟濟、丁謂、舒雅、晁迥、崔遵度、薛映、劉秉十七人之詩。……詩二百四十七首，皆五七言

　　近體，組織華麗，一變晚唐詩體，專效玉溪，亦足以革風
　　花雪月小巧之病，非才高學博，未易臻此。[3]

蔡居厚《蔡寬夫詩話》云：

　　國初沿襲五代之餘，士大夫皆宗白樂天詩，故王黃州主盟
　　一時。祥符太禧之間，楊文公、劉中山、錢思公專喜李義
　　山，故昆體之作，翕然一變。[4]

黃白山評《載酒園詩話》語云：

　　宋初楊、劉詩學溫、李，一時競相仿效，以二公並居翰苑，
　　故目為西昆體。[5]

劉熙載《詩概》云：

　　宋王元之詩，自謂樂天後進。楊大年、劉子儀學義山為西
　　昆體，格雖不高，五代以來，未能有其安雅。[6]

嚴羽《滄浪詩話》：

　　楊文公、劉中山學李商隱。[7]

在追隨李商隱詩風上，錢、劉等人有一定的成績。謝章鋌《論詩
絕句三十首》曾以錢、劉作品清華，必須學富五車方能達致其境
界：

　　莫笑郭熙沒骨花，錢、劉組織共清華。

　　西昆好句原難和，獺祭先須博五車。[8]

謝啓昆《讀全宋詩仿元遺山論詩絕句二百首》讚錢惟演詩云：

　　西清酬唱玉河斜，學士流傳忠孝家。

　　屏上牡丹九十種，殷勤愧進洛陽花。[9]

又讚劉筠詩云：

　　記曾三度竊蟠桃，內熱交功亦太勞。

　　館閣錢詩經御選，凌風雕鶚入秋高。[10]

賀裳《載酒園詩話》更高讚云：

嘗笑宋人薄館職諸公，不知當日經營位置，備極苦心，實苦其難駕，爲高論譏之，是猶晉人作達，徒利縱恣，原不解嗣宗本趣也。即如大年《梨》詩：九秋青女霜添味，五夜方諸月溜津；後人詠物，能有此形容乎？思公《苦熱》：雪嶺卻思回博望，風窗猶欲傲義皇；每一誦之，殆令人忽忽忘暑；況諸公亦不專使事，子儀則有：舊山鶴怨無錢買，新竹僧同借宅栽；大年則有：梅花繞檻驚春早，布水當簷覺夏寒；思公則有：雪意未成雲著地，秋聲不斷雁連天；皆甚雋永。[11]

不過，也有論者全面否定西昆詩。《宋史·歐陽修傳》云：

國朝接唐五代末流，文章專以聲病對偶爲工，剽剝故事，雕刻破碎，甚者若俳優之辭。如楊億、劉筠輩，其學博矣！然其文亦不能自拔於流俗，反吹波揚瀾，助其氣勢，一時慕效，謂其文爲昆體。

艾愈烺《論詩絕句》就認爲西昆詩派學不到李商隱的佳處：

蠟炬春蠶寄興殊，詩成百寶漾流蘇。

西昆枉博優伶戲，似玉溪生獺祭無？[12]

歐陽修不滿意西昆詩風，而以其特殊的詩作風格開啓宋代的道路。朱應庚《論詩三十首》云：

錢、晏依依楊柳徑，蘇、梅瑟瑟薜蘿陰。

憑誰復古開元化，風雨廬陵萬載心。[13]

葉紹本《仿元遺山論詩絕句廿四首》也表示「艷詞莫但說錢、劉」：

名畫難將院體求，艷詞莫但說錢、劉。

君看格變歐、梅後，自有江河萬古流。[14]

王昶《舟中無事偶作論詩絕句四十六首》爲楊、劉摹仿李商隱而

導致人們忘記李詩之淵源感到不滿：

> 路有冤言悼去莘，銅駝唉鶴更咨嗟。
>
> 楊、劉演作西崑格，誰識孤忠接浣花。[15]

論者甚至不滿歐陽修之革易宋初西崑之風。賀裳《載酒園詩話》云：

> 吾嘗謂廬陵詆楊、錢，無異公安毀王、李。明詩壞自萬曆，宋詩壞始景祐、寶元，古今有同恨耳。[16]

吳喬《圍爐詩話》亦云：

> 詩文自有正道，著不得褊心。李獻吉怒賓之，故矯其詩，終不成造就。歐公怒惟演，既已誣貶其先世，詩亦從而詆之。今觀歐公詩，能勝楊、錢、劉三公否？只自錮一時思路耳。[17]

但是歐陽修也並非一味否定宋初西崑之作。《六一詩話》中曾如是表示：

> 楊大年與錢、劉數公唱和，自《西崑集》出，時人爭效之，詩體一變，而先生老輩，患其多用故事，至於語僻難曉，殊不知自是學者之弊，如子儀《新蟬》云：風來玉宇烏先轉，露下金莖鶴未知。雖用故事，何害為佳句也！又如：峭帆橫渡官橋柳，疊鼓驚飛海岸鷗。其不用故事，又豈不佳乎？蓋其雄文博學，筆力有餘，故無施而不可，非如前世號詩人者，區區於風雲草木之類，為許洞所困者也。[18]

翁方剛《石洲詩話》曾說：

> 西崑酬唱諸公，皆以楊、錢、劉三公為之倡，其刻畫玉溪，可謂極工。[19]

陳僅《竹林答問》：

> 西崑雖以辭勝，然佩玉冠紳，溫文爾雅，自有開國文明氣

象，非曲子相公比也。唐有四子而後有陳、張，宋有西昆

而後有歐、梅，世人不敢議四子而獨議西昆，過矣。[20]

而楊億、王鼎、王綽等人，更爲時人稱爲江東三虎。葛立方《韻語陽秋》云：

咸平景德中，錢惟演、劉筠，首變詩格，而楊文公與王鼎、
王綽號江東三虎，詩格與錢、劉亦絕相類，謂之西昆體。
大率效李義山之爲豐富藻麗，不作枯瘠語，故楊文公在至
道中得義山詩百餘篇，至於愛慕而不能釋手。公嘗論義山
詩，以謂包蘊密致，演繹平暢，味無窮而炙益出，鑽彌堅
而酌不竭，使學者少窺其一斑，若滌腸而洗骨，是知文公
之詩，有得於義山者爲多矣。……文公贊仰義山於前，涵
詠錢、劉於後，則其體制相同，無足怪者。[21]

謝啓昆《讀全宋詩仿元遺山論詩絕句二百首》亦云：

文章三虎峙江東，懷玉山人顧盼雄。
優孟譏嘲何太甚，《西昆》猶襲晚唐風。[22]

楊浚《論次閩詩》也以江東三虎之稱號來說明楊億等主張之西昆
體改變了五代詩格：

酬唱西昆變體工，同時三虎表江東。
天衣組織眞無縫，一洗頹唐五季風。[23]

王世貞《藝苑巵言》云：

義山浪子，薄有才藻，遂工儷對。宋人慕之，號爲西昆。
楊、劉輩竭力馳騁，僅爾窺藩。許渾、鄭谷，厭厭有就泉
下意，渾差有思句，故勝之。[24]

也是此意。姚瑩云：「西昆體制尙錢、劉，穠麗妝成一曲休。」
對錢、劉仍有尊敬之意。但又說：「不分他年變枯率，翻教杜曲
誤名流。」所不滿的是其後流也。賀裳《載酒園詩話》評蔡襄詩

云：

> 蔡君謨初學西昆，後溺於歐、梅，始變其體，而五言古外，
> 洗滌不淨。西昆人本不同，昌谷意奇，玉溪思奧，無不首
> 尾貫徹；其外腴中枯，以瑰奇掩其錯雜者，惟溫公長篇
> 耳。宋人學之，惟襲其貌。如君謨之：庭院廉帷一齊下，
> 紅蠟陰沈霜滿瓦；又云：雞頭軟熟七月終，舉手分傳玉杯
> 把；無怪歐、梅之詆斥也。[25]

胡鑒《滄浪詩話註》亦表示：

> 億及劉筠、錢惟演，……專效玉溪，亦足以革風花雪月小
> 巧之病，非才高學博，未易臻此。效之者雕篆太甚，漸失
> 本真，於是有優伶撏撦之誚。石介至作〈怪說〉三篇以刺
> 之。其後歐、梅繼作，坡、谷迭起，而楊、劉之派遂不絕
> 如線。[26]

《古今詩話》亦云：

> 楊大年、錢文僖、晏元獻、劉子儀爲詩，皆宗李義山，號
> 西昆體。後進效之，多竊取義山詩句，嘗內宴，優人有爲
> 義山者，衣服敗裂，告人曰：吾爲諸館職撏撦至此，聞者
> 大噱。然大年詠漢武詩云：力通青海求龍種，死諱文成食
> 馬肝。待詔先生齒編貝，忍令乞米向長安。義山不能過
> 也。[27]

這也當是歐陽修大力反對西昆詩風原因之一。劉克莊《後村詩
話》評西昆體詩云：

> 楊、劉諸人師李義山可也，又師事唐彥謙。唐詩雖雕琢對
> 偶，然求如一杯三尺之聯，惜不多見。……若《西昆酬唱
> 集》，對偶字面雖工，而佳句可錄者殊少，宜爲歐公之所
> 厭也。[28]

朱庭珍《論詩》則用反諷的說法爲李商隱詩在宋代引起反作用的
影響，大表嘆惜。其言云：

> 溫、李雖同究不同，玉溪饒有少陵風。
>
> 可憐耳食爭依傍，前誤楊、劉　二馮。[29]

後人抨擊西昆體的尤多。鄧鎔《論詩三十絕句》云：

> 誰從艷體別高低？強把金荃配玉溪。
>
> 沈鬱莽蒼眞杜律，西昆何事學《無題》？[30]

因此歐陽修能夠變更西昆之風，就獲得後人的讚揚了。陳經禮
《偶論宋詩十絕句》云：

> 楊、劉唱和格猶卑，刻畫西昆漫一時。
>
> 不得歐公疏鑿手，波瀾意態更誰知？[31]

梅堯臣

姚瑩《論詩絕句六十首》之第二十六首云：

> 淡語幽香得未曾，宛陵知己有廬陵；
>
> 君看韻格工脹甚，莫作寒岩槁木僧。

梅堯臣（1002－1060），字聖俞。宣州宣城人。世稱宛陵先
生。宋仁宗天聖六年二十六歲時，考進士不中，以叔梅詢門蔭，
補太廟齋郎。旋遷桐城、河南、河陰諸縣主簿。歷鎮安軍節度判
官知襄城縣。仁宗皇祐三年召試，賜同進士出身，改任太常博
士，監永濟倉。歐陽修薦爲國子監講，嘉祐五年爲尚書都官員外
郎。預修《新唐書》。旋卒。有《宛陵先生文集六十卷》。梅堯
臣主詩作風格平淡。所作《讀邵不疑學士詩卷杜挺之忽來因出示
之且伏高致輒書一時之語以奉呈》即表示寫詩主在造平淡之境：

> 作詩無古今，唯造平淡難。[32]

在另一篇《林和靖先生詩集序》中，他更表示平淡優美的詩作，
可令人讀後忘記繁雜的百事：

詩則平淡邃美，讀之令人忘百事也。[33]

而梅堯臣的詩作，也力求平淡。邵堂《論詩六十首》云：

> 詩格歐、梅變體新，都官沖澹見天眞。[34]

歐陽修《六一詩話》在說明蘇舜欽與梅氏作品的不同特色時，就指出梅氏之作，其特色在「覃思精微，以深遠閑淡爲意」，其言云：

> 聖俞、子美齊名於一時，而二家詩體特異：子美筆力豪俊，以超邁橫絕爲奇，聖俞覃思精微，以深遠閑淡爲意；各極其長，雖善論者不能優劣也。[35]

歐陽氏爲梅堯臣所寫的墓銘亦云：

> 其初喜爲清麗閑肆平淡，久則涵演深遠。

劉熙載《詩概》亦云：

> 梅、蘇並稱。梅詩幽淡極矣，然幽中有雋，淡中有旨。子美雄快，令人見便擊節。然雄快不足以盡蘇，猶幽淡不足以盡梅也。[36]

胡仔《苕溪漁隱叢話》：

> 聖俞詩工於平淡，自成一家，如《東溪》云：野鳧眠岸有閑意，老樹著花無醜枝。《山行》云：人家在何處？雲外一聲雞。《春陰》云：鳩鳴桑葉吐，村暗杏花殘。《杜鵑》云：月樹啼方急，山房人未眠。似此等句，須細味之，方見其用意也。[37]

論者甚而以梅詩之重清奇，比之唐孟郊之作。謝啓昆《讀全宋詩仿元遺山論詩絕句二百首》云：

> 都官秀句似寒郊。[38]

葛立方《韻語陽秋》支持梅堯臣「作詩無古今，欲造平淡難」之說，並進一步加以詮釋，指出造平淡之境的方法與難處：

大抵欲造平淡，當自組麗中來，落其華芬，然後可造平淡
之境，如此則陶謝不足進矣。今之人多作拙易語，而自以
爲平淡，識者未嘗不絕倒也。梅聖俞《和晏相》詩：因今
適性情，稍欲造平淡。苦詞未圓熟，刺口劇菱芡。言到平
淡處甚難也。所以《贈杜挺之》詩有「作詩無古今，欲造
平淡難」之句。[39]

故嚴羽《滄浪詩話》云：

國初之詩，尚沿襲唐人，……梅聖俞學唐人平淡處。[40]

所以姚瑩論梅堯臣時有「淡語幽香得未曾」之問句。

姚氏言「宛陵知己有廬陵」，當不僅指歐陽修之推薦梅氏爲
國子監講事，亦指其欣賞梅氏之詩作，對梅詩之批評，可說是梅
氏「知己」之語。歐陽修《六一詩話》云：

梅聖俞嘗於范希文席上賦《河豚魚》詩云：春洲生荻芽，
春岸飛楊花。河豚當是時，貴不數魚蝦。河豚常出於春暮，
群游水上，食絮而肥。南人多與荻芽爲羹，云最美。故知
詩者謂只破題兩句，已道盡河豚好處。聖俞平生苦於吟
詠，以閑遠古淡爲意，故其構思極艱。此詩作於樽俎之
間，筆力雄贍，頃刻而成，遂爲絕唱。[41]

後代詩論者亦多言及歐陽修之讚梅氏，或引及歐陽修讚賞梅氏之
語。劉攽《中山詩話》云：

永叔云：知聖俞詩者莫如某，然聖俞平生所自負者，皆某
所不好，聖俞所卑下者，皆某所稱賞。[42]

朱弁《風月堂詩話》云：

歐公評聖俞，初喜爲清麗，閑肆平淡，久則涵演深遠，間
以琢刻以怪巧，然氣完力餘，益老以勁。其應於人者多，
故詞非一體，其他文章皆可喜，非如唐諸子號詩人者，僻

固而狹陋也。[43]

葛立方《韻語陽秋》所言尤詳：

> 歐公一世文宗，其集中美聖俞詩者，十幾四五。稱之甚
> 者，如：詩成希深擁鼻謳，師魯卷舌藏戈矛。又云：作詩
> 三十年，視我如後輩。又云：少低筆力容我和，無使難追
> 韻高艷。又云：嗟哉吾豈能知子，論詩賴子能指迷。聖俞
> 詩佳處固多，然非歐公標榜之重，詩名亦安能至如此之重
> 哉？歐公有詩云：梅窮獨我知，古貨今難賣。而聖俞贈滁
> 州謝判官詩亦云：我詩固少愛，獨爾太守知。皆言識之者
> 鮮矣。[44]

姚瑩不但讚揚歐陽修之善於評價梅堯臣，並認爲梅氏的詩作
表面平淡，其實韻格工整豐腴。故云：「君看韻格工腴甚，莫作
寒岩槁木僧。」

歐陽修

姚瑩《論詩絕句六十首》之第二十七首云：

> 歐公文法本欽韓，長句何曾別調彈；
> 標出格中疏宕處，當年原不學邯鄲。

歐陽修(1007－1072)，字永叔，自號醉翁，又號六一居士。
吉州廬陵人。宋仁宗天聖八年進士及第。歷任西京留守推官、館
閣校勘，轉右正言。以支持政治革新，兩度貶放外任。至和元年
再次奉召入京，與宋祁共修唐書。嘉祐五年拜樞密副使兼翰林院
侍讀，次年轉戶部侍郎、參知正事。後又擔任刑部尚書、兵部尚
書。神宗熙寧四年以觀文殿學士、太子少師致仕，居穎州。次年
逝世。贈太子太師，諡文忠。詩文論者多言及歐陽修詩學韓愈。
嚴羽《滄浪詩話》：

> 國初之詩，尚沿襲唐人，王黃州學白樂天，楊文公、劉中

山學李商隱，盛文肅學韋蘇州，歐陽公學韓退之古詩。[45]

王士禎《戲效元遺山論詩絕句》論歐陽修詩云：

苦學昌黎未賞音。[46]

《七言詩凡例》亦云：

宋承唐季衰陋之後，至歐陽文忠公始拔流俗，七言長句高
處直追昌黎，自王介甫輩皆不及也。[47]

朱庭珍《論詩》亦以歐陽修詩宗韓：

半山師杜力堅凝，六一宗韓合並稱。[48]

闕名之《靜居緒言》云：

盧陵瓣香昌黎，力矯時習，式唐人之作則，爲宋代之正
宗，天德不凡，工夫邃密。學者從此公門戶而入，則宋詩
之道，無斷港絕潢之誤。集中如《水谷夜行寄子美聖俞》
詩，意仿《薦士》之什；《送慧勤歸餘杭》，似擬《送文
暢北游》之詩；《憶山示聖俞》，殆以《南山》詩爲法。
至《秋懷》詩：披霜掇孤英，泣古弔寒冢句，清峻峭拔，
雅類韓氏。[49]

謝啓昆《讀全宋詩仿元遺山論詩絕句二百首》以歐陽修學李白：

雕鎪駢體五朝風，韓子遺編廢簏中。

文似史遷詩太白，知心一代兩文忠。[50]

張戒《歲寒堂詩話》則以歐陽修詩學韓愈與李白：

歐陽公詩學退之，又學李太白。[51]

田雯以歐陽修學韓愈與杜甫，《古歡堂集雜著》云：

七言古詩，至唐末式微甚矣！歐陽文忠公崛起宋代，直接
杜、韓之派而光大之，詩之幸也。[52]

劉熙載《詩概》針對歐陽修「詩學退之，又學李太白」之說評云：

東坡謂：歐陽公論大道似韓愈，詩賦似李白。然試以歐詩

觀之，雖曰似李，其刻意形容處，實於韓爲逼近耳。[53]

又云：

> 歐陽永叔出於昌黎，梅聖俞出於東野。歐之推梅不遺餘
> 力，與昌黎推東野略同。[54]

詩文論者對歐陽修學韓愈，多無異議。唯一些論者，則不滿歐陽氏之變改西昆體之風，與步步學韓。焦袁熙《閱宋人詩集十七首》云：

> 欲將大雅變楊劉，事事學韓亦可羞。
>
> 何如一管春秋筆，百尺樓高踞上頭。[55]

故姚瑩云：「歐公文法本欽韓。」姚氏稱述歐陽修詩作宗法韓愈者，以歐陽氏雖如韓愈一樣，以散文的作法寫詩，但並非一味的模仿韓氏，從歐陽修的詩作風格清疏灑脫處，可以見及歐陽氏獨特的作風。故姚氏云：「標出格中疏宕處，當年原不學邯鄲。」案：關於歐陽氏學韓而又不爲所拘一點，朱琦《論詩五絕句》也表示：

> 韓生畫馬眞如馬，永叔學韓不襲韓。
>
> 面目各存神理得，驚人猶易愜心難。[56]

葉夢得《石林詩話》也讚賞歐陽修詩中氣格之特色云：

> 歐陽文忠公詩，始矯昆體，專以氣格爲主，故其言多平易
> 疏暢，律詩意所到處，雖語有不倫，亦不復問。[57]

曾鞏

姚瑩《論詩絕句六十首》之第二十八首云：

> 文掩詩名曾子固，論才合於亞歐、王；
>
> 南豐類稿從頭讀，遺恨何人比海棠。

曾鞏（1019－1083），字子固。建昌南豐人。後居臨川。嘉祐二年與蘇軾同登進士，歷太平州司法參軍，後奉召編校史館書

籍，相繼任館閣校勘、集賢校理、英宗實錄檢討官等職。宋神宗熙寧二年後曾知齊、襄、洪、福、明諸州，元豐五年，召入判三班院，遷史館修撰、管句編修院兼太常寺，拜中書舍人。以母喪去官，卒於金陵，追諡文定。學者稱南豐先生。有《元豐類稿》五十卷、《隆平集》二十卷。姚氏句云：「南豐《類稿》從頭讀。」即指曾南豐所著：《元豐類稿》。論者有以曾鞏文勝於詩者，如秦觀云：

> 曾子固以文名天下，而有韻輒不工，此未易以理推也。

胡煥以曾子固以文名而其詩不工之語，非出自秦觀，而是蘇軾告秦觀之言。《論西江詩派絕句十五首》第一首註云：

> 東坡語少游曰：子固詩少韻致，惜爲文所掩耳。趙甌北亦
> 曰：盧山合似西江人，大抵少肉多骨筋。

胡煥不同意曾鞏詩作不工之評，在上述詩作中，他說：

> 南豐才筆九州橫，坡語流傳欠定評。

> 莫謂贛人情韻減，略嫌文字掩詩名。[58]

楊慎《升庵詩話》亦云：

> 曾子固《享祀軍山廟歌》，……此詩王荆公稱賞，以爲有
> 雅、頌之意，當表出。昧者言子固不能詩，豈其然乎？[59]

潘德輿《養一齋詩話》云：

> 昔人恨曾子固不能詩，然其五七言古，甚排宕有氣。近體
> 佳句，如：流水寒更澹，虛窗深自明；宿幌白雲影，入窗
> 流水聲；一徑入松下，兩峰橫馬前；壺觴對京口，笑語落
> 揚州；時見崖下雨，多從衣上雲；頗得陶、謝家法。七言
> 如：灤水飛綃來野岸，鵲山浮黛入晴天；一尊風月身無事，
> 千里耕桑歲有秋；微破宿雲猶度雁，欲深煙柳已藏鴉；一
> 川風露荷花曉，六月蓬瀛燕坐涼；娟娟野菊經秋澹，漠漠

江潮帶雨渾；入陂野水冬來淺，對樹諸峰雪後寒；又七言
絕句，如：亂條猶未變初黃，倚得東風勢更狂。解把飛花
蒙日月，不知天地有清霜；紅紗籠燭照斜橋，復觀飛入斗
杓。如在畫船猶未睡，滿隄涼月一溪潮；雲帆十幅順風
行，臥聽隨船白浪聲。好在西湖波上月，酒醒還對紙窗
明。皆清深婉約，得詩人之風旨，謂其不能詩者妄矣。[60]

賀裳《載酒園詩話》亦云：

俗稱曾子固不能詩，眞妄語耳。憑闌到處臨清泚，開閣終
朝對翠微；詩書落落成孤論，耕稼依依憶舊游；如此風
調，不能詩耶！《齊州閱武堂》：柳間自詫投壺樂，桑下
方安佩犢行。不獨循良如見，兼有儒將風流之致。[61]

謝啓昆《讀全宋詩仿元遺山論詩絕句二百首》亦云：

《元豐類稿》舍人詞，二載東風對景時。
山色按藍泉噴玉，先生誰信不能詩。[62]

姚瑩也不同意此說，他認爲曾鞏的詩名固然爲文名所掩，其實他
的詩作才華僅次於歐陽修與王安石。故云：「文掩詩名曾子固，
論才合於亞歐、王。

歐陽修，生平見前則。**王安石**(1021－1086)，字介甫，號半
山。原籍撫州臨川。仁宗慶曆二年，考中進士第四名，以秘書郎
簽書淮南節度判官，慶曆七年任鄞縣令，三十二歲任舒州通判，
後任群牧判官，知常州。嘉祐三年移提點江東刑獄。四年至汴州
爲三司度支判官，後任江寧知府。宋神宗熙寧二年，奉召入京，
授翰林學士，次年拜參知正事，委以國政，主持熙寧變法。七年
被迫辭職，再出知江寧府。次年再度爲相。九年以毀謗交攻，第
二度辭去相位，出判江寧府。元豐元年進尙書左僕射，封舒國
公，從此隱居鍾山。有《臨川先生文集》。賀裳《載酒園詩話》

高推王安石詩作，許爲宋人第一。其言云：

> 宋人先學樂天，學無可，繼乃學義山，故初失之輕淺，繼
> 失之綺靡。都官倡爲平淡，六一附之，然僅在膚膜色澤，
> 未嘗究心於神理。其病遂流於粗直，間雜長句，硬下險字
> 湊韻，不甚求安。狀如山覡野巫，令人不復可耐。後雖風
> 氣屢變，然新聲代作，雅奏日湮，大率敷陳多於比興，蘊
> 藉少於發舒，求其意長筆短，十不一二也。讀臨川詩，常
> 令人尋繹於語言之外，當其絕詣，實自可興可觀。不惟於
> 古人無愧而已。吾嘗謂此不當以文恕其人，亦不當以人棄
> 其文，特推爲宋詩中第一。其最妙者在樂府五言古，七言
> 律次之，七言古又次之，五言律稍厭安排，七言絕尤嫌氣
> 盛，然佳篇亦時在也。[63]

葉夢得《石林詩話》讚王安石晚年詩云：

> 荊公晚年，詩律尤精嚴，造語用字，間不容髮。然意與言
> 會，言隨意遣，渾然天成，殆不見有牽率排比處。[64]

李大異認爲曾鞏詩文集中有極爲傑出的作品。《讀南豐先生遺稿》
云：

> 家傳文獻六經香，櫝有驪珠日月光。
>
> 喬木陰陰人已遠，只應故笭是甘棠。

姚氏亦云：「南豐類稿從頭讀，遺恨何人比海棠。」慨嘆論者把
曾鞏的作品當作海棠般的玩賞。

蘇軾

姚瑩《論詩絕句六十首》之第二十九首云：

> 妙語天成偶得之，眉山絕趣苦難追；
>
> 紛紛力薄爭唐宋，斷港橫流也未知。

蘇軾（1037－1101），字子瞻，一字和仲，自號東坡居士，

又號老泉。爲蘇洵之長子，蘇轍之長兄。眉州眉山人。二十一歲
時，與弟入京應試，次年，試禮部獲取第二。嘉祐六年應制舉科
試，入第三等，除大理評事，鳳翔簽判。治平二年，還朝，判登
聞鼓院，直史館。熙寧二年任殿中丞直史館官高院，旋改開封府
推官。以上書論朝政故，通判杭州。後改知密州；十年，知徐州。
元豐元年，知湖州。元豐二年以詩文涉訕謗，下御史台獄，史稱
烏台詩案。出獄後貶爲黃州團練副使，本州安置。七年，遷汝州
團練副使，翌年，居常州，奉召還朝，任禮部郎中，遷起居舍人。
宋哲宗元祐元年，升爲翰林學士，知制誥。四年，出知杭州；六
年召爲翰林學士承旨，兼侍讀，出知穎州，徙揚州。七年，以兵
部尚書召還，遷端明殿學士兼翰林侍讀學士，守禮部尚書。哲宗
時，出知定州，後又貶英州，未至，改惠州安置。紹聖四年，再
貶昌化軍安置。徽宗即位，赦還。著有《蘇軾文集》、《蘇軾詩
集》、《東坡樂府》，等等。陸鎣《問花樓詩話》以蘇軾才大如
海，所作詩「旁見側出」，天成偶得，都能絕妙：

> 坡公才大如海，其詩旁見側出，都成妙諦。[65]

趙翼《甌北詩話》也以蘇軾詩妙在不加鍛煉，在心境空明的情況
下，自然流露其感情，渾然天成，全不著力，所以「獨絕」：

> 坡詩有云：清詩要鍛煉，方得鉛中銀。然坡詩實不以鍛煉
> 爲工，其妙處在乎心地空明，自然流出，一似全不著力，
> 而自然沁入心脾，此其獨絕也。[66]

汪應銓《絕句》以蘇軾文章之傑出，在無意爲文而文自工，反對
人們從蘇作之險語來肯定其作品。其言云：

> 東坡居士出群雄，無意爲文文自工。
> 萬斛明珠傾腕底，卻從險語認蘇公。[67]

王祖昌《論詩絕句》也讚云：

淋漓大筆是東坡，廊廟江湖足詠歌。

愛國眞心隨處見，二程訾議竟何如？[68]

朱庭珍《論詩》更以蘇軾妙筆，人巧配合天然，締造華嚴境界，可遠比莊子，近比李白，今人無法與之比並：

妙筆奇才孰比肩？東坡人巧合天然。

詩文兩造華嚴界，遠配蒙莊近謫仙。[69]

劉熙載《詩概》云：

東坡詩，善於空諸所有，又善於無中生有。機括實自禪悟中來。以辯才三昧而爲韻言，固宜其舌底瀾翻如是。[70]

黃維申《病中讀宋四家詩各題一絕》也盛讚蘇軾詩具有杜甫的工力與李白的才華：

兩宋騷壇一老魁，少陵工力謫仙才。

更從和韻論心巧，元、白眞成末座陪。[71]

柯振嶽《論詩》也以謫仙才來形容蘇軾的才華。其言云：

東坡居士謫仙才，曾向開元掉臂來。

元氣不憂宣洩盡，禪機特地爲君開。[72]

毛瀚豐《論蜀詩絕句》也以蘇軾的成就絕不遜於李白：

萬古騷壇止二仙，老坡何必讓青蓮。[73]

汪鐸《題東坡集後》也以蘇軾是自李白之後富有才華的第一詩人：

萬斛泉源隨地湧，滿空花雨自天來。

一從李白騎鯨去，應數先生第一才。[74]

葉紹本《仿元遺山論詩得絕句廿四首》許之爲一代雄：

磊落坡公一代雄，長空浩浩御天風。

無人會得華嚴趣，目眴雲煙變滅中。[75]

田雯《讀東坡集偶題》也讚云：

一代文章蘇長公，泉源萬斛自稱雄。

　　前身直是昌黎子，磨蠍由來守命宮。[76]

屈復《論詩絕句三十四首》則讚蘇軾才氣雄渾，如「滾滾黃河」：

　　大海無波天地浮，從來風雅尚溫柔。

　　東坡才氣雄無敵，滾滾黃河日夜流。[77]

蔡壽臻《論詩絕句十首》也以黃河爲喻，稱讚蘇軾詩作的「氣行得天趣」：

　　泥沙俱下似黃河，蘇氏文章霸氣多。

　　純以氣行得天趣，任他磨碣命宮磨。[78]

劉熙載《詩概》也強調蘇詩之特長在「趣」：

　　太白長於風，少陵長於骨，昌黎長於質，東坡長於趣。[79]

謝啓昆《讀全宋詩仿元遺山論詩絕句二百首》云：

　　長句吾尤愛老坡，風流絕世古無多。[80]

蘇軾論詩，又重奇趣。吳喬《圍爐詩話》云：

　　子瞻曰：詩以奇趣爲宗，反常合道爲趣。此語最善。無奇
　　趣何以爲詩？反常而不合道，是謂亂談；不反常而合道，
　　則文章也。[81]

對蘇軾的詩作，姚氏予以高度的讚揚，讚賞他的作品「妙語天成」，其中的妙絕，難以追尋。金元好問曾經評蘇軾與黃庭堅詩道：

　　只知詩到蘇、黃盡，滄海橫流卻是誰？[82]

沈德潛《說詩晬語》評云：

　　元遺山云：只知詩到蘇、黃盡，滄海橫流卻是誰？嫌其有
　　破壞唐體之意，然正不必以唐人律之。[83]

姚瑩云：「紛紛力薄爭唐、宋，斷港橫流也未知。」當是針對沈氏之論而發。

　　唐、宋詩孰爲優劣的議論，明前後七子力主盛唐，不讀宋及

以後書，已成爲詩論界經常涉及的問題。在「論詩絕句」體制的作品中，這也是一個熱門的話題。詩論者多反對主唐或主宋的言論。趙翼《論詩》認爲這一問題與詩道無甚關聯，不須在這問題上作紛紛雌黃的爭論：

> 宋調唐音百戰場，紛紛唇舌互雌黃。
>
> 此於世道何關繫？竟似儒家鬭老莊。[84]

朱文治《論詩》認爲宗唐宗宋的結果，只能埋沒作者性情之眞，結果不知是「人磨墨」還是「墨磨人」。其言云：

> 宗唐宗宋覓前津，沒卻胸中一點眞。
>
> 古調欲彈無把握，是人磨墨墨磨人。[85]

張問陶《論詩十二絕句》認爲規唐或是摹宋是沒有成果的，因爲只有通才才有眞性情：

> 文章體制本天生，只讓通才有性情。
>
> 摹宋規唐徒自苦，古人已死不必爭。[86]

《題屠琴塢論詩圖》也譏刺規模唐宋者道：

> 規唐摹宋苦支持，也似殘花放幾枝。
>
> 鄭婢蕭奴門戶好，出人頭地恐無時。[87]

諸如此類的議論還很多。無論如何，從姚瑩「紛紛力薄爭唐宋。」一語，我們可以知道他也是不滿宗唐或主宋之爭的。

黃庭堅

姚瑩《論詩絕句六十首》之第三十首云：

> 嵬兀天成古所無，涪翁奇氣得來孤；
>
> 而今脆骨羸如此，枉覓江西宗派圖。

黃庭堅（1045－1105），字魯直，小字繩權，自稱清風客，號山谷，晚號涪皤。又號涪翁。洪州分寧人。宋英宗治平四年登進士第，任葉縣尉。熙寧五年，考中學官，任北京國子監教授。

元豐元年，改官吉州太和縣。七年，調德平鎮監稅。哲宗時，召
爲秘書省校書郎，充神宗實錄檢討官，遷著作郎。實錄成後，擢
起居舍人。紹聖中，因黨爭被貶涪州別駕，涪州安置，後移戎州。
徽宗時因被宰相誣告，除名編管宜州。死於貶所。著有《豫章先
生文集》。姚範《援鶉堂筆記》在言及黃庭堅詩作特色時，連用
兩個「奇」字予以形容：「以驚創爲奇」，「其氣崛奇」：

> 涪翁以驚創爲奇，其神兀傲，其氣崛奇，玄思瑰句，排斥
> 冥筌，自得意表。玩誦之久，有一切廚饌腥螻而不可食之
> 意。[88]

林希逸《讀黃詩》也認爲黃詩「冥搜所到眞奇絕」，並表示他平
生所尊敬的詩人就是黃氏：

> 我生所敬涪江翁，知翁不獨哦詩工。逍遙頗學漆園吏，下
> 筆縱橫法略同。自言錦機織錦手，興寄每有離騷風。內篇
> 外篇手分別，冥搜所到眞奇絕。頡頑韓、柳追莊、騷，筆
> 意尤工是晚節。兩蘇而下秦、晁、張，閉門覓句陳履常。
> 當時姓名比日月，文莫如蘇詩則黃。[89]

方東樹《昭昧詹言》也用「造句奇崛」，「筆勢健」形容黃詩：

> 入思深，造句奇崛；筆勢健，足以藥熟滑，山谷之長也。
> 又須知其從杜公來，卻變成一副面目，波瀾莫二，所以能
> 成一作手，乃知空同優孟衣冠也。[90]

陳衍《宋十五家詩選》也以黃詩造意新奇來肯定他的成就，並認
爲可比美蘇軾詩：

> 黃山谷詩，語必生造，意必新奇，想力所通，直窮天際，
> 宜與眉山頡頏。[91]

羅大經《鶴林玉露》引陸九淵之言云：

> 豫章之詩，包含欲無外，搜抉欲無秘，體制通古今，思致

極幽眇，貫穿馳騁，工夫精到。雖未極古之源委，而其植立不凡，斯亦宇宙之奇詭也，如優缽曇花，時一現耳。[92]

孫作《還陳檢校山谷詩》在比較蘇軾與黃庭堅詩作時，更表示他尤愛黃詩，所言及黃庭堅詩作的特色：「煙霏淡泊翳林莽，赤白照耀開城郭。沅江鱉肋不登盤，青州蟹胥潛注殼。洞庭東南入無野，二儀清氣會有壑。」就是奇崛的詩風。其詩云：

> 蘇子落筆奔海江，豫章吐句敵山嶽。湯湯濤瀾絕崖岸，嶔崿木石森劍槊。二子低昂久不下，藪澤遂包貙與鱷。至今雜沓呼從賓，誰敢崛強二子角。吾尤愛豫章，撫卷氣先愕。磨牙咋舌熊豹面，以手捫脣就束縛。纖毫剔抉難具論，宛轉周臟爲鄭樸。煙霏淡泊翳林莽，赤白照耀開城郭。沅江鱉肋不登盤，青州蟹胥潛注殼。洞庭東南入無野，二儀清氣會有壑。士如此老固可佳，不信後來無繼作。我嘗一誦一回顧，如食橄欖行劍閣。忽聞凍雨洗磨崖，抵掌大笑工索摸。作詩寄謝君不然，請從師道舊所學。[93]

所以唐順之《書黃山谷詩後》說：

> 黃豫章詩眞有憑虛欲仙之意。此人似一生未嘗食煙火食者，唐人蓋未見有到此者也。雖章蘇州之高潔，亦須讓出一頭地耳。[94]

劉克莊《江西詩派小序》論黃庭堅時，高度推崇黃詩云：

> （國初詩人），如潘閬、魏野，規規晚唐格調，寸步不敢走作。楊、劉則又專爲昆體，故優人有撦扯義山之謔。蘇、梅二子，稍變以平淡豪俊，而和之者尚寡。至六一、坡公，巍然爲大家數，學者宗焉。然二公亦各極其天才筆力之所至而已，非必鍛煉勤苦而成也。豫章稍後出，薈萃百家句律之長，究極歷代體製之變，搜獵奇書，穿穴異聞，作爲

古律，自成一家，雖隻字半句不輕出，遂為本朝詩家宗祖，在禪學中比得達摩，不易之論也。[95]

陳經禮《偶論宋詩十絕句》云：

詩到涪翁意匠更，盡袪糟粕發精英。

蜻蜓瑤柱韻高絕，不是爭名是確評。[96]

但對黃詩，論者也有詆毀的論調。蔡壽臻《論詩絕句十首》云：

瘦硬堪為庸懦師，西江派啓後人知。

艱深淺陋成膚鼎，八代文章讓退之。[97]

魏泰《臨漢隱居詩話》云：

黃庭堅喜作詩得名，好用南朝人語，專求古人未使之事，又一二奇字綴茸而成詩，自以為工，其實所見之僻也。故句雖新奇，而氣乏渾厚。[98]

蘇、黃雖並稱，李退齡《跋東坡先生詩後四首》直以黃不如蘇：

眉山斂衽已多時，下拜涪翁亦豈辭。

黃不如蘇公論在，天眞爛漫是吾師。[99]

張宗泰《跋張戒歲寒堂詩話》則一方面指出黃詩之缺點，另一方面又肯定地說：

至宋之山谷，誠不免粗疏澀僻之病。至其意境天開，則實能闢古今未之奧妙。[100]

賀裳《載酒園詩話》也表示：

魯直好奇，兼喜使事，實陰效楊、錢，而外變其音節，故多矯揉偪佶，而少自然之趣。然氣清味冽，胸中亦自有權衡，故佳篇尚多。[101]

施補華《峴傭說詩》以黃詩之能奇奧，乃得之於杜甫：

少陵七律，無才不有，無法不備。山谷學之，得其奧峭。[102]

宮爾鐸《讀元遺山王漁洋論詩絕句愛其文詞之工惜其所言尙非第

一義漫成此作以質知音》亦云：

> 品似青蓮與仲連，涪翁氣骨孰爭先？
>
> 少陵不愧傳衣鉢，孝友曾經許大賢。[103]

所以屈復《論詩絕句三十四首》以杜甫所稱讚之「掣鯨魚碧海」，來形容黃詩之筆力：

> 新聲溫、李莫輕談，面壁無功不易勘。
>
> 安得涪翁扛鼎力，鯨魚碧海更須參。[104]

上述各家，多以黃氏之作：「夐兀天成古所無，涪翁奇氣得來孤。」

　　論者甚至表示黃庭堅之作，開創有宋一代之詩風，成爲宋代江西詩派之導源者。江西詩派，時或稱西江詩派。張晉《仿元遺山論詩絕句六十首》云：

> 我愛涪翁宗杜老，人言詩派衍西江。[105]

謝啓昆《讀全宋詩仿元遺山論詩絕句二百首》云：

> 詩派西江認詩祖，柯亭之笛爨中琴。[106]

田雯《芝亭集序》云：

> 余嘗謂宋人之詩，黃山谷爲冠，其體制之變，天才筆力之奇，西江詩派，世皆師承之。夫論詩至宋，政不必屑屑規模唐人。當宋風氣初闢，都官、滄浪，自成大雅，山谷出，耳目一新，摩壘堂堂，誰復與敵？雖其時居蘇門六君子之列，而長公虛懷推激，每謂效魯直體，猶退之於孟郊、樊宗師焉，矧其他邪！匡盧彭蠡之勝，不乏詩才，前乎山谷者，有臨川焉，有盧陵焉。山谷之詩力，可以移王、歐之席，而其盤空硬語，很高踞於梅、蘇之上，所謂西江詩派也。[107]

全祖望《宋詩紀事序》：

宋詩之始也，楊、劉諸公最善，所謂西昆體者也。説者多
有貶辭，然一洗西昆之習者歐公，而歐公未嘗不推服楊、
劉，猶之草堂之推服王、駱，始知前輩之虛心也。慶曆以
後，歐、梅、蘇、王數公出，而宋詩一變。坡公之雄放，
荊公之工練，並起有聲。而涪翁以崛奇之調，力追草堂，
所謂江西詩派者，和之最盛，而宋詩又一變。建炎以後，
東夫之瘦硬，誠齋之生澀，放翁之輕圓，石湖之精致，四
壁並開，乃永嘉徐、趙諸公以清虛便利之調行之，見實於
冰心，則四靈派也。而宋詩又一變。[108]

吳之振《論詩偶成》：

奪胎換骨義難羈，詩到蘇、黃語益奇。

一鳥不鳴翻舊案，前人定笑後人痴。[109]

又吳之振等《宋詩鈔》：

宋初詩承唐餘，至蘇、梅、歐陽，變以大雅，然各極其天
才筆力，非必鍛煉勤苦而成也。庭堅出而會萃百家句律之
長，究極歷代體制之變，自成一家，雖只字半句不輕出，
爲宋詩家宗祖，江西詩派皆師承之。史稱自黔州以後，句
法尤高，實天下之奇作。自宋興以來，一人而已，非規模
唐調者所能夢見也。[110]

姚瑩又認爲黃庭堅之作，風格闢奧，致影響後世詩作骨脆氣
弱，競相向江西宗派詩法下工夫。《江西詩社宗派圖》。呂本中
撰。呂本中（1084－1145），字居仁，號紫微，祖籍東萊，人稱
東萊先生。曾任州、縣主簿，也擔任過樞密院編修。紹興中特授
進士出身。後擢升起居舍人，兼權中書舍人。紹興八年任中書舍
人，兼侍講、權直學士院。有《童蒙詩訓》、《紫微詩話》等。
范季隨《陵陽先生室中語》云：

家父嘗具飯，招公(韓駒)與呂十一郎昆仲。呂郎中先至，過僕書室，取案間書讀，乃《江西宗派圖》也。呂云：安得此書？切勿示人，乃少時戲作耳。他日公前道此語，公曰：居仁卻如此說！《宗派圖》本作一卷，連書諸人姓字。後豐城邑官開石，遂如禪門宗派，高下分為數等，初不爾也。[111]

周紫芝《竹坡詩話》云：

呂舍人作《江西宗派圖》，自是雲門、臨濟始分矣。[112]

劉克莊《江西宗派總序》云：

呂紫微作《江西宗派》，自山谷而下凡二十六人，內何人表顥、潘仲達大觀，有姓名而無詩，詩存者凡二十四家。王直方詩絕少無可采，餘二十三家部帙稍多。今取其全篇佳者，或一聯一句可諷詠者，或對偶工者，各著於編，以便觀覽。派中如陳後山，彭城人；韓子蒼，陵陽人；潘邠老，黃州人；夏均父、二林，蘄人；晁叔用、江子之，開封人；李商老，南康人；祖可，京口人；高勉，京西人；非皆江西人也。同時如曾文清乃贛人，又與紫微公以詩往還，而不入派，不知紫微去取之意云何？[113]

楊萬里《江西宗派序》云：

江西宗派詩者，詩江西也，人非皆江西也。人非皆江西而詩曰江西者，何繫之也？繫之者何？以味不以形也。東坡云江瑤柱似荔枝，又云杜詩似太史公書，不惟當時聞者噯然陽應曰諾而已，今猶噯然也。非噯然者之罪也，舍風味而論形似，故應噯然也，形焉而已矣。高子勉不似二謝，二謝不似三洪，三洪不似徐師川，師川不似陳後山，而況似山谷乎？味焉而已矣。……江西之詩，世俗之作，知味

者當能別之矣。[114]

嚴羽《滄浪詩話》更言及黃庭堅對江西詩派之影響云：

> 歐陽公學韓退之古詩，梅聖俞學唐人平澹處，至東坡、山
> 谷，始出己意以爲詩，唐人之風變矣。山谷用工尤爲深
> 刻，其後法席盛行，海內稱爲江西宗派。[115]

胡仔《苕溪漁隱叢話》云：

> 呂居仁近時以詩得名，自言傳衣江西，嘗作《宗派圖》，
> 自豫章以降，列陳師道、潘大臨、謝逸、洪芻、饒節、僧
> 祖可、徐俯、洪朋、林敏修、洪炎、汪革、李錞、韓駒、
> 李彭、晁沖之、汪端本、楊符、謝薖、夏倪、林敏功、潘
> 大觀、何顗、王直方、僧善權、高荷，合二十五人，以爲
> 法嗣，謂其源流皆出豫章也。其《宗派圖序》數百言，大
> 略云：唐自李、杜之出，焜燿一世，後之言詩者，皆莫能
> 及。至韓、柳、孟郊、張籍諸人，激昂奮屬，終不能與前
> 作者並。元和以後至國朝，歌詩之作或傳者，多依效舊
> 文，未盡所趣。惟豫章始大出而力振之，抑揚反復，盡兼
> 眾體，而後學者，同作並和，雖體制或異，要皆所傳者一，
> 予故錄其名字，以遺來者。[116]

趙彥衛《雲麓漫鈔》亦云：

> 呂居仁作《江西詩社宗派圖》，其略云：古文衰於漢末，
> 先秦古書存者爲學大夫剽竊之資，五言之妙，與《三百
> 篇》、《離騷》爭烈可也。自李、杜之出，後莫能及。韓、
> 柳、孟郊、張籍諸人，自出機杼，別成一家。元和之末，
> 無足論者，衰至唐末極矣。然樂府長短句，有一唱三嘆之
> 音。至國朝文物大備，穆伯長、尹師魯始爲古文，成於歐
> 陽氏，歌詩至於豫章始大出而力振之，後學者同作並和，

盡發千古之秘，亡餘蘊矣。錄其名字，曰江西宗派，其源
流皆出豫章也。[117]

文字與《苕溪漁隱叢話》略異。胡鑒《滄浪詩話註》云：

江西詩派以黃山谷爲宗，一時靡然從之。呂本中繪爲江西
詩派圖，而雲門、臨濟始分爲二派矣。日久流傳，説遂互
異。王伯厚《小學紺珠》所撰錄者，共二十五人，人各爲
傳。胡氏仔《苕溪漁隱叢話》與《山堂肆考》，有何顗，
無高荷，又列洪朋於徐俯之後，《豫章志》有高荷、何
（禺），無何顗。呂本中復不在二十五人之中。又按劉後
村《江西詩派序》云：呂紫薇作江西宗派圖，自山谷而下，
凡二十六人，內三人：袁（禺）、潘仲達、大觀，有姓名
而無詩。詩存者凡二十四家。王立之直方詩少絕無可采。
其次第則首黃山谷庭堅、次陳後山師道、韓子蒼駒、徐師
川俯、潘邠老大臨、三洪：龜父朋、駒父芻、玉父炎，夏
均父倪、二謝：無逸逸、幼槃薖，二林：子仁敏休、子來
敏功，晁叔用沖之、汪信民革、李商老彭、三僧：如璧即
饒德操節、祖可正平、善權巽中，高子勉荷、江子之端本、
李希聲錞、楊信祖符、呂居仁，合山谷爲二十四人。王立
之無傳，袁（禺）則與今何顗迥異。後村、伯厚，皆宋末
人，不知各何依據，而異同若此。至方虛谷一祖三宗之説，
以杜甫爲一祖，黃庭堅、陳師道、陳與義爲三宗，則推崇
江西之過而黨援依附之習也。[118]

對江西詩風，南宋以後，多有貶辭。趙汝回《雲泉詩序》以江西
之作少涵詠之旨：

近世論詩，有選體，有唐體，唐之晚爲崑體，本朝有江西
體。江西起於變崑，崑不足道也，而江西以力勝，少涵詠

之旨，獨選體近古，然無律詩，故唐詩最著。[119]

王若虛《文辨》譏其為斯文之蠹：

> 揚雄之經，宋祁之史，江西諸子之詩，皆斯文之蠹也。散
> 文至宋人始是真文字，詩則反是矣。[120]

元好問《論詩三十首》更表示不願成為江西社裡人：

> 古雅難將子美親，精純全失義山真。
> 論詩寧下涪翁拜，未作江西社裡人。[121]

又於《自題中州集後》表示：

> 陶、謝風流到百家，半山老眼淨無花。
> 北人不拾江西唾，未要曾郎借齒牙。[122]

李東陽《麓堂詩話》尤力評宋人於詩無所得，其卑者更「坐於粘皮帶骨」，而以江西詩派為最：

> 唐人不言詩法，詩法多出宋，而宋人於詩無所得。所謂法
> 者，不過一字一句對偶雕琢之工，而天真興致，則未可與
> 道。其高者，失之捕風捉影，而卑者，坐於粘皮帶骨，至
> 於江西詩派極矣。[123]

許愈初《論詩絕句》讚揚元好問不拾蘇軾、黃庭堅餘唾，不進入江西詩社為大家的見解：

> 滄海橫流事可嗟，江西社裡太紛挐。
> 論詩不拾蘇黃唾，始信遺山是大家。[124]

錢振鍠《辛苦》詩更嘲諷江西詩派云：

> 塵世希逢蓋代珍，江西詩派枉求新。[125]

姚瑩云：「而今脆骨羼如此，枉覓江西宗派圖。」言下亦有深深貶斥之義。有些論者因對江西詩派的強烈不滿，而規勸學者去江西詩派而直學黃庭堅。馮廷槐《論詩十首示謝文偉陳初山》云：

> 江西詩派幾人知，國史猶傳句法奇。
>
> 試上心香第三瓣，來看山谷道人詩。[126]

有些論者強烈不滿江西社人爲提高黃庭堅之地位，強將他「配享杜陵」。王士禎《戲仿元遺山論詩絕句》云：

> 涪翁掉臂自清新，未許傳衣躡後塵。
>
> 卻笑兒孫媚初祖，強將配享杜陵人。

詩後王氏自註云：

> 山谷詩得未曾有。宋人強以擬杜，反來後世彈射，要皆非文節知己。[127]

但亦有爲江西詩派辯者。柳棄疾《妄人謬論詩派書此折之》云：

> 詩派江西寧足道？妄持燕石詆瓊琚。
>
> 平生自有千秋在，不向群兒問毀譽。[128]

張耒、晁補之、陳師道

姚瑩《論詩絕句六十首》之第三十一首云：

> 更有張、晁詩盡好，還如郊、籍盛韓門；
>
> 當時頗笑陳無己，辛苦吟成蝨被溫。

姚氏云：「更有晁、張詩盡好，還如郊、籍盛韓門。」按吳曾《能改齋漫錄》云：

> 子瞻、子由門下客最知名者，黃魯直、張文潛、晁無咎、秦少游，世謂之四學士。

趙翼《甌北詩話》：

> 游韓門者，張籍、李翱、皇甫湜、賈島、侯喜、劉師命、張徹、張署等，昌黎皆以後輩待之。[129]

姚氏把蘇軾門下之張耒與晁補之，比喻如韓愈門下之孟郊與張籍。

張耒（1054－1114），字文潛，楚州淮陰人。爲蘇門四學士之一。神宗熙寧中，考取進士。受詔校《資治通鑑》，官至太常

廣卿，後因黨爭關係，屢遭貶官。有《張右史文集》。晁補之
（1053－1110），字無咎，號歸來子。濟州巨野人。神宗元豐時
進士，贈任國子監教授、校書郎等職，官職吏部員外郎，禮部郎
中兼國子編修。崇寧四年，蔡京當權，晁屢遭貶官，後被迫歸隱
濟州。著有《雞肋集》、《晁氏琴趣外篇》等。

　　姚瑩認爲張耒、晁補之的作品有一定的成就。不過，對陳師
道卻有微詞，以他的作品雖辛苦吟成，但有如粗糙的毛被。陳師
道（1052－1102），字履常，一字無己，自號後山居士。徐州彭
城人。不喜新學，拒不應試，哲宗元祐二年，以蘇軾與傅堯俞、
孫覺等力薦，擔任徐州州學教授二年，因送蘇軾知杭州，擅離職
守，去職。旋改穎州教授。紹聖元符中，遭罷黜。元符三年，除
棣州教授。後改除秘書省正字。有《後山先生詩集》等。時人已
常談及陳氏辛苦作詩之情形。黃庭堅《病起荊江亭即事十首》：

　　　閉門覓句陳無己，對客揮毫秦少游。

　　　正字不知溫飽未，西風吹淚古藤州。[130]

黃任《彭城道中》：

　　　辛苦閉門陳正字，名香一瓣禮南豐。[131]

謝啓昆《讀全宋詩仿元遺山論詩絕句二百首》也如是地形容陳師
道創作的情況：

　　　遙天鶴唳九泉聽，擁褟孤吟臥半醒。[132]

羅大經《鶴林玉露》：

　　　山谷云：閉門覓句陳無己，對客揮毫秦少游。此傳無己每
　　　有詩興，擁被臥床，呻吟累日，乃能成章。少游則杯觴流
　　　行，篇詠錯出，略不經意。[133]

李治《敬齋古今》云：

　　　陳無己每登臨得句，即急歸，臥一榻，以被蒙首，謂之吟

榻。[134]

毛晉《汲古閣書跋·後山詩話》：

> 無己，一字屢更，每登臨得句，即急歸臥一榻，以被蒙首，惡聞文聲，謂之吟榻。家人知之，即嬰兒稚子，皆抱寄鄰家以避之。其用意精專如此。[135]

徐度《卻掃編》云：

> 陳正字無己，世家彭城，後生從其游者常十數人。所居近城有陂池林木，閒則與諸生徜徉林下。或愀然而歸，徑登榻，引被自復，呻吟久之，矍然而興，取筆疾書，則一詩成矣。因揭之壁間，坐臥吟哦，有竄易至月十日乃定，有終不如意者，則棄去之，故平生所爲至多，而見於集中者才百篇。[136]

元好問《論詩三十首》：

> 池塘春草謝家春，萬古千秋五字新。
>
> 傳語閉門陳正字，可憐無補費精神。[137]

宮爾鐸《讀元遺山王漁洋論詩絕句愛其文詞之工惜其所言尙非第一義漫成此作以質知音》：

> 白草黃茅入望時，汗牛充棟印烏絲。
>
> 閉門誰學陳無己？擁被呻吟耐苦思。[138]

屈復譏刺這種寫作態度。《論詩絕句三十四首》云：

> 遲速不關騷雅源，驪珠高會亦同論。
>
> 何堪盡學陳無巳，世上於今盡閉門。[139]

後人對陳氏之作，亦有非議甚至嘲笑者。翁方剛《七言律詩鈔》云：

> 自山谷以下，後來語學杜者，率以後山、簡齋並稱。然而後山似黃，簡齋則似杜；後山近於黃而太膚淺，簡齋近於

杜而全滯色相矣。雖雲較後來之空同蒼老有骨，而其爲假
冒則一也。[140]

王夫之《夕堂永日緒論內編》云：

門庭之外，更有數種惡詩，有似婦人者，有似衲子者，有
似鄉塾師者，有似游食客者，……似衲子者，其源自東晉
來，鍾嶸謂陶令爲隱逸詩人之宗，亦以其量不宏而氣不
勝，下此者，可知已。自是而賈島，固其本色，陳無己刻
意冥搜，止墮齏鹽巢臼。[141]

李調元《雨村詩話》：

西江詩派，余素不喜，以其空硬生湊，如貧人捉襟見肘，
寒酸氣太重也。……後山詩，則味如嚼臘，讀之令人氣
短，如且然聊爾耳，得也自知之二句，係集中五律起筆，
竟成何語，眞謂之不解詩可也。擁被呻吟，直是枯腸無處
搜耳。[142]

陳衍《石遺室詩話》：

後山七律，結聯多用澀語對收，則學杜而得其皮者。

范成大

姚瑩《論詩絕句六十首》之第三十二首云：

開府題詩范石湖，也如嚴武在東都；

務觀禮法因君放，曾與登床一醉無。

范石湖，即范成大。范成大（1126－1193），字致能，又號
石湖居士。吳郡人。紹興二十四年進士，以起居郎使金，附奏受
書事，抗虜於殿陛間。歸時，益被眷，官至參知正事。五十七歲
時，歸隱故鄉石湖。著有《石湖先生詩集》、《石湖詞》等。論
述范石湖時，姚氏只是說明范氏與陸游的交往，並沒有述及他的
詩作。黃升《中興以來絕妙詞選》云：

劉漫塘云范至能、陸務觀以東南文墨之彥，至能為蜀帥，
務觀在幕府，主賓唱酬，短章大篇，人爭傳誦之。[143]

洪亮吉《北江詩話》云：

杜工部之在嚴鄭公幕府也，所作詩與鄭公不同。杜牧之之
在牛奇章幕府也，所作詩與奇章公不同。歐陽公之在錢思
公幕府也，思公學西崑，而文忠則學杜。陸渭南之在范石
湖幕府也，石湖主清新，而渭南則主沈鬱。故能各自名
家，並拔戟自成一隊。[144]

此即姚瑩所謂：「開府題詩范石湖，也如嚴武在東都」者。
陸游與范氏常聚集飲酒。陸氏《送范舍人還朝》云：

平生嗜酒不為味，聊欲醉中遺萬事，
酒醒客散獨淒然，枕上屢揮憂國淚。

于北山《陸游年譜》：

成大游宴，務觀屢被招邀，唱酬新詩，為邦人所傳頌。

明代以來之詩論者，言及南宋詩人，多讚賞尤袤、楊誠齋、
范成大、陸游。吳之振等編之《宋詩鈔》云：

石湖與楊誠齋、陸放翁、尤遂初皆南渡之大家也。

姚塤《宋詩略自序》：

南渡之尤、楊、范、陸，絕類元和。

亦有以楊指楊廷秀者，如宋濂《答章秀才論詩書》云：

馴至隆興、乾道之時，尤延之之清婉，楊廷秀之深刻，范
至能之宏麗，陸務觀之敷腴，亦皆有可觀者。

但有些論者以楊萬里、尤袤與范成大並提，對范氏甚不公平。清
汪琬《讀宋人詩》：

唱得吳歈迥不同，石湖別自擅宗風。
楊、尤果與齊名否？如此論量恐未公。[145]

李慈銘更以范詩較楊萬里高甚。《越縵堂日記》：

> 閱石湖、誠齋兩家詩。石湖律詩雖亦苦槎枒拗澀，墮南宋
> 習氣，然尚有雅音，五七言古亦多率爾，而大體老到，不
> 失正軌。誠齋則粗梗油滑，滿紙村氣，師《擊壤》而乏理
> 語，似江湖而乏秀語。[146]

錢世錫《論宋人絕句十二首和陳檢齋司馬》引楊萬里序范成大詩
之言：「我於詩豈敢以千里畏人者，而於公獨斂衽也」云：

> 嫵媚清新鮑謝俱，誠齋斂衽不爲腴。
> 令人絕意江南好，雜興田園范石湖。[147]

論者甚至以陸游與范成大並提。費經虞《雅倫》云：

> 石翁與放翁齊名。

王昶《偶成》：

> 歸田業何敢擬淵明，欲仿香山亦未成。范、陸新詩差可繼，
> 興來覓句繞廊行。

陸心源《楊氏日記序》云：

> 余惟游記之源，蓋出於史家之支流。宋以後作者踵接，然
> 往往瑣屑穢雜，無關法戒，故自石湖、放翁而外，傳者甚
> 寡。

葉燮《原詩》云：

> 南宋、金、元作者不一，大家如陸游、范成大、元好問爲
> 最，各能自見其才。[148]

但有些論者以陸高於范，如費經虞《雅倫》云：

> 石翁與放翁齊名，清新藻麗，然才亞於放翁。

又李重華《貞一齋詩說》云：

> 南宋陸放翁與香山踵武，益開淺直路徑，其才氣固自沛乎
> 有餘，人以范石湖配之，不知石湖較放翁，則更滑薄少

味。……故知范、陸並稱，猶之溫、李，元、白，優劣自
較然也。[149]

李調元在《雨村詩話》中亦云：

范石湖詩稍次於放翁。[150]

但亦有以范詩自有其特色，實有別於其他詩人者。胡敬《仿漁洋
山人題唐宋金元詩絕句》云：

別自陸豪黃峭外，無窮層出見清新。

武夷君亦風流甚，留住詩篇卻放人。[151]

也有以范高於陸者。翁方剛《石洲詩話》引王漁洋之言云：

范石湖之視放翁，何異霄壤。[152]

范石湖詩，早在元代的方回，已表示無限的推崇。方氏《至節前
一日六首》云：

心情詩卷無佳句，時節梅花有好枝。

較似後山更平澹，一生愛誦石湖詩。[153]

黃維申《病中讀宋四家詩各題一絕》也以范氏軍功甚忙而能努力
作詩，詩名又不爲勛名所掩而讚之云：

忙里成吟俱慘淡，衰年得句亦精神。

文章不爲勛名掩，南宋如公復幾人？[154]

《與從侄杭生濴之孝廉論唐宋八家宋四家詩得失》更表示對范氏
作品的無限傾心：

詩到蘇、黃都說盡，古人定論我何殊。

若論逸響餘枝外，我獨傾心范石湖。[155]

王昶《舟中無事偶作論詩絕句四十六首》云：

楊監詩多終淺俗，平園老去亦疏庸。

石湖居士眞清遠，不獨驂鸞寫狀濃。[156]

錢世錫《論宋人絕句十二首和陳檢齋司馬》亦云：

嫵媚清新鮑、謝俱，誠齋斂衽不爲腴。

令人絕意江南好，離興田園范石湖。[157]

邵堂《論詩六十首》也讚揚道：

西河留守但經年，東閣參知兩月旋。

高唱湖田新樂府，石湖應共鑒湖傳。[158]

陸游

姚瑩《論詩絕句六十首》之第三十三首云：

鐵馬樓船風雪裏，中原北望氣如虹；

平生壯志無人識，卻向梅花覓放翁。

本詩論評陸游。**陸游**（1125－1210），字務觀，號放翁，越州山陰人。二十九歲時參加進士考試，以名列第一，位於秦檜孫名前，觸怒秦檜，致復試時被除名。秦檜死後，才出任福州寧德縣主簿。南宋孝宗皇帝即位，賜進士出身，先後擔任鎮江、隆興等州通判和寶章閣待制。晚年退居家鄉。著有《陸放翁全集》。姚瑩對陸游推崇極高，他引陸氏《書憤》「早歲那知世事艱？中原北望氣如山；樓船夜雪瓜州渡，鐵馬秋風大散關」中的詩句，讚揚陸游之「平生壯志」。林景熙《讀陸放翁詩卷後》云：

天寶詩人詩有史，杜鵑再拜淚如水。龜堂一老旗鼓雄，勁氣往往摩其壘。輕裘駿馬成都花，冰甌雪碗建溪茶。承平麾節半海宇，歸來鏡曲盟鷗沙。詩墨淋灕不負酒，但恨未飲月氏首。床頭孤劍空有聲，坐看中原落人手。青山一髮愁濛濛，干戈況滿天南東。來孫卻見九州同，家祭如何告乃翁。[159]

郎瑛《七修類稿》：

陸游，字務觀，……少好結俠客，有恢復中原之志。故《曉嘆》一篇，《書憤》一律，足見其情。至於臨終一絕

云：死後無知前事空，但悲不見九州同。王師克服中原
日，家祭無忘告乃翁。此亦有三躍渡河之意。[160]

胡應麟《詩藪》：

陸放翁一絕：老去元知世事空，但悲不見九州同。王師北
定中原日，家祭無忘告乃翁。忠憤之氣，落落二十八字間。
林景熙收宋二帝遺骨，樹以冬青，爲詩紀之，復有歌題放
翁卷後云：青山一髮愁濛濛，干戈況滿天南東。來孫卻見
九州同，家祭如何告乃翁？每讀此未嘗不爲滴淚也。[161]

蔣擇澧《讀陸詩》：

九十年來歲月過，淋漓感慨發悲歌。
中原北定期家祭，何異聲聲喚渡河？[162]

朱雋瀛《讀放翁集》：

九十翁垂四海聲，渭南錫號極詩榮。
關心一事天偏靳，老末中原睹太平。[163]

又云：

崢嶸胸次入詞章，愛國情如子美長。[164]

黃維申《病中讀宋四家詩各題一絕》：

八十詩成一萬篇，登山臨水意陶然。
卷中一縷忠魂在，垂死猶思北定年。[165]

盧世淮《酬茅止生》：

君憶山陰陸放翁，眼穿夢斷九州同。
可憐數斛英雄血，潑向雕蟲漢簡中。[166]

袁嘉穀《春日下睌小飲薄醉尙論古詩人漫成十二首》：

劍南萬軸擅名家，七律身情促足誇。
易簀示兒知壯志，書生淚眼望京華。[167]

李綺青《讀劍南集書後》云：

飯顆山頭笑苦吟，冷然清籟自成音。

獨懷憂國同工部，說著中原淚滿襟。[168]

王霖《題渭南集即用集中生日追懷先親韻》：

一生憂國鬢如絲，壯志寧隨老耄移。萬里中原無復日，百
年垂死尚餘悲。皋夔事業心空許，屈賈文章晚自知。團扇
家家爭貌取，幾人解讀渭南詩。[169]

蔡壽臻《論詩絕句十首》：

八十餘齡萬首工，不忘恢復亦英雄。

大家畢竟推南宋，意妙都歸筆妙中。[170]

梁啓超《讀陸放翁集》：

辜負胸中十萬兵，百無聊賴以詩鳴。

誰憐愛國千行淚？說到胡塵意不平。[171]

又云：

詩界千年靡靡風，兵魂消盡國魂空。

集中什九從軍樂，亙古男兒一放翁。[172]

錢世錫《論宋人絕句十二首和陳檢齋司馬》云：

函關、渭水夢馳驅，耿耿中原壯欲圖。

果是輪囷肝膽在，始知詩外有功夫。[173]

此即姚瑩對陸游詩所讚賞之「鐵馬樓船風雪里，中原北望氣如
虹」之詮釋。唯姚氏又云：「平生壯志無人識，卻向梅花覓放
翁。」譏諷時人只知探求他的梅花詩，而不能賞識其壯志。陸游
喜愛梅，詩中詠梅者不少，如詩題署梅者就有：《梅花絕句》、
《探梅》、《浣花賞梅》、《置酒梅花下作短歌》、《芳華樓賞
梅》、《梅花》、《大醉梅花下走筆賦此》、《別梅》、《憶梅》、
《庚子正月十八送梅》、《江上梅花》、《小飲落梅下戲作送梅》、
《宿龍華山中寂然無一人方丈前梅花盛開月下獨觀至中夜》，等

等。後人談論或盛讚陸氏之詠梅詩者，如陳尙古《簪雲樓雜說》：

> 故蜀別苑，在成都西南十五六里，梅至多，有兩大樹，夭
> 矯若龍，相傳謂之梅龍。陸放翁在蜀時，歲嘗訪之，曾為
> 賦詩云：兩龍臥穩不飛去，鱗爪脫落生莓苔。蓋狀其倔彊
> 如此。[174]

王士禎《古夫于亭雜錄》：

> 陸放翁詩：扁舟繫著古樹林。初以爲泛語耳，案宋緝雲馮
> 時行，從諸朋舊十有五人，攜酒具出西梅林，分韻賦詩，
> 林本王建梅苑，樹老，其大可庇一畝，屈盤如龍，孫枝叢
> 生直上，尤怪古者凡三四，酒行，以舊時愛酒陶彭澤，今
> 作梅花樹下僧爲韻。然後知梅林之義，蓋梅林即所謂梅龍
> 者也。[175]

賀裳《載酒園詩話》：

> 陸務觀《梅花》詩屑玉定煩修月戶，亦用修月事，語卻佳。
> 以玉與梅花同白，此擬便有情也。然堆金難買破天荒，卻
> 俗。[176]

潘德輿《養一齋詩話》：

> 放翁作梅詩，多用全力，如：山礬水仙晚角出，大是春秋
> 吳楚僭。餘花豈無好顏色，病在一俗無由砭。朱欄玉砌渠
> 有命，斷橋流水君何欠。又如：冰崖雪谷木未芽，造物破
> 荒開此花。神全形枯近有道，意莊色正如無袤。高堅正要
> 飽憂患，放棄何遽愁荒遐？又如精神最遇雪月見，氣力苦
> 戰冰霜開。羈臣放士耿獨立，淑姬靜女知誰媒？摧傷雖多
> 意愈屬，直與天地爭春回。筆力橫絕，實能爲此花寫出性
> 情氣魄者，但不無著力太過。至如：平生不喜凡桃李，看
> 了梅花睡過春。梅花自避新桃李，不爲高樓一笛風。語涉

譏刺，亦非本色。若坐收國士無雙價，獨立東皇太一前。
相逢只怪影亦好，歸去始知身染香。又嫌好使事也。嘗
謂：放翁詠梅七律至數十首，惟孤城小驛初飛雪，端角殘
鐘半掩門一聯，稍得神耳。[177]

又云：

梅詩最難工。……必求名句，惟老杜：山意衝寒欲放梅。
坡公：竹外一枝斜更好。釋齊己：前村深雪里，昨夜一枝
開。逋仙：雪後園林才半樹，水邊籬落忽橫枝，及放翁孤
成小驛一聯耳。[178]

韋居安《梅磵詩話》云：

南渡後，朱文公追和坡韻，世多誦之。近世陸放翁雪後尋
梅云：幽香淡淡影疏疏，雪慮風饕亦自如。自是花中巢許
輩，人間富貴關渠。意高語爽，真不苟作。魏鶴山《雪後
觀梅》詩云：遠鐘入枕遞新晴，衾鐵稜稜睡不成。起旁梅
花讀周易，一窗明月四檐聲。詩兩句寄興高遠，人所傳
誦。後村又有百花絕句，和者二十餘家，信乎風月之無盡
藏也。[179]

在姚瑩之後的王惟成《論唐宋詩絕句十四首》亦云：

劍南風致出凡塵，高臥元龍養性真。
自號放翁甘放逸，梅花影里稱吟身。[180]

廖景昱《讀放翁詩》云：

歷代詩人多學杜，惟公心細得其神。
能從墨海開魔障，雪裏梅花獨佔春。[181]

此等言論，當是姚氏批評之對象。論者也曾非議陸游為韓侂冑作
《南園記》，如秦煥《陸放翁》云：

一腔忠義發文章，絕代清才富錦囊。

獨惜南園輕落筆，千秋人議蔡中郎。[182]

張洵《書陸放翁南園記後二首》云：

晚節寒香不可尋，太師未旨老山林。

營成鄔塢身安在？孤負中郎諷諫心。

歸去山陰謝俗喧，懶將文字頌平原。

詩人遺憾俱難補，惆悵南園又沈園。[183]

金學蓮《書陸放翁詩後》也慨嘆《南園》之作影響到陸游的聲望，以致「高風讓石湖」：

山水嚴陵天下無，放翁真放極清娛。

一時誤作南園記，已覺高風讓石湖。[184]

姚椿《題劍南集後五首柬書田》則表示南園之作使陸游聲望低於楊萬里：

楊、陸詩名二妙齊，清新廣大各端倪。

無端涉筆南園記，國手翻成一著低。

雖然姚氏在本詩後註云：

放翁詩云：我不如誠齋，此論天下公。其實楊詩偏師出奇，不如陸之堂堂正正也。[185]

同樣的見解也表露在《題劍南集後五首柬書田》另一首詩句中。其言云：

陸、楊名字共推排，雅俗如何好共儕。

惆悵南園荒草沒，只應此事服誠齋。[186]

詩後亦有註云：

放翁詩云：我不如誠齋，斯言天下公。斯乃翁之謙詞，實則誠齋學李有痕跡，而流弊亦甚，不如放翁學杜深穩，又能成家。至翁晚年再出，誠齋寄詩諷之云：不應甫、白翔鯨海，更羨夔、龍集鳳池。此則忠告之義，君子出處大閒，

又不可專以詩論，雖云迫於家累，固不能不爲法受惡矣。

李退齡《跋渭南集》也表示：

晦翁道義久相濟，晚謬曾嗤綺用乖。

若使南園休作記，未須頭地讓誠齋。[187]

但也有讚賞南園之作的，王昶《舟中無事偶作論詩絕句四十六首》：

躍馬彎弧志漸衰，歸朝且喜近三台。

已成太傅生辰頌，更擅南園作紀才。[188]

或爲之辨者，如李綺青《杜劍南集書後》云：

捫蝨當年氣自雄，論交心折武夷翁。

南園記亦尋常語，何至時人比馬融。[189]

陳世慶《陸放翁集》云：

名重尤須定力持，平生出處見新詩。

後人空議南園記，中有微辭世不知。[190]

論詩絕句作者亦多讚揚陸詩之成就。焦袁熙《閱宋人詩集十七首》云：

一飯思君老病身，劍南眞與浣花鄰。

詩家莫論興王數，五百年間一聖人。[191]

元好問

姚瑩《論詩絕句六十首》之第三十四首云：

衣冠南渡依江左，文獻中州滅沒間；

誰與詩場斗金炬，劍南身後有遺山。

於金代，姚氏只提及元好問一人。元好問（1190－1257），字裕之，號遺山，太原秀容人。金宣宗興定五年進士，歷任金朝南陽等縣縣令、左司都事，官至尚書省左司員外郎。金亡不仕。有《壬辰雜編》、《中州集》、《元遺山詩集》、《遺山樂府》等。翁方剛《石洲詩話》云：

> 遺山金亡不仕，著《壬辰》之編，撰《中州》之詩，掩淚
> 空山，殫心野史，此豈可以元人目之？[192]

又云：

> 以有元一代之文，自先生倡導，未爲不可，第以入元人，
> 則不可耳。[193]

謝啓昆《讀中州集仿元遺山論詩絕句六十首》云：

> 去國孤臣拚九死，外家別業帶春星。
>
> 中州文獻憑誰訪？太息空山野史亭。[194]

並盛讚他在詩論上之貢獻：

> 慷慨論詩句有神，蘇黃以後導迷津。
>
> 不逢滄海橫流日，爭識扶鑾立極人。[195]

彭啓豐《書吳梅村詩集後》：

> 金源故老有遺山，文獻中州孰與班？
>
> 一種江南哀不盡，西園桂樹雨中攀。[196]

宮爾鐸《讀元遺山王漁洋論詩絕句愛其文詞之工惜其所言尙非第
一義漫成此作以質知音》：

> 健筆能空障眼塵，遺山未忍作元臣。
>
> 能教風雅增顏色，不獨篇章配古人。[197]

祁雋藻《讀元遺山詩》云：

> 白頭賸有南冠錄，青簡孤懸野史亭。
>
> 破硯禿毫忙底事？中州留得氣英靈。[198]

姚氏表示在宋人南渡之後，中原文獻處於「滅沒」之境，而元好
問卻能繼承陸游，在詩壇上發出光芒，塡補其間的眞空。顧嗣立
《題元百家詩集後二十首》就給予元好問詩高度的評價：

> 雄深出入少陵間，金、宋粗豪一筆删。
>
> 恢復中原板蕩後，黃金端合鑄遺山。[199]

謝啓昆《讀中州集仿元遺山論詩絕句六十首》亦云：

> 宮禁曾呼才子來，遺山壁壘倚天開。
>
> 前人妙句供驅遣，錦段何曾費剪裁。[200]

柯振嶽《論詩》云：

> 《中州集》斷蘇黃派，身繫金源一代詩。
>
> 辛苦留都遭末劫，鼎湖空泣暮年時。[201]

翁方剛《石洲詩話》云：

> 放翁五言古詩，平揖石湖，下啓遺山。[202]

他也經常將陸游與元好問比論，如云：

> 遺山以五言爲雅正，蓋其體氣較放翁淳靜。然其鬱勃之氣，終不可掩，所以急發不及入細，仍是平放處多耳。但較放翁，則已多渟蓄矣。[203]

又云：

> 遺山七言歌行，眞有牢籠百代之意。而卻亦自有閒筆、對筆，又攙和以平調之筆，又突兀以疊韻之筆，此固有陸務觀所不能到者矣。[204]

又云：

> 五言詩自蘇、黃而後，放翁已不能腳踏實地。居此後者，欲復以平正自然上追古人，其誰信之？雖以遺山秀筆，而執柯睨視，未之審也。[205]

論者也有以元好問詩上繼蘇軾者。汪士鐸《讀金元人詩仿元遺山論詩絕句》：

> 天馬行空氣象孤，峰巒青翠插平蕪。
>
> 都門一作哀涼甚，何止風流繼大蘇。[206]

張晉《仿元遺山論詩絕句六十首》云：

> 鍾靈合在秀容間，集錄中州見一斑。

莫笑金源文物少，遺山詩直接眉山。[207]

袁翼《論金詩》更表示：

興亡閱歷百年間，斗北詩壇峻莫攀。

李杜白韓蘇陸後，大家一席待遺山。[208]

並註云：

欽定《唐宋詩醇》六家，爲千古不刊之審鑒。繼放翁而起
者，非遺山莫屬。

一些論者則以元好問得之於杜甫。顧嗣立《題元百家詩集後二十
首》之一云：

雄深出入少陵間，金、宋粗豪一筆刪。[209]

梁章鉅《退庵隨筆》更具體地說明：

金詩只一元遺山爲大家。《遺山集》四十卷，詩凡十四卷，
所作興象深邃，風格遒上，無南渡江湖諸人之習，亦無江
西流派生拗粗獷之失。古體構思宵渺，十步九折，竟欲駕
蘇、陸而上之。七言律沈摯悲涼，自成格調，直接少陵，
非王湻南、趙閑閑諸家所能企及。[210]

而敖興南《論詩》則讚賞元遺山能獨拔一隊，不受蘇、黃的影響：

昂首西江百態新，餘波能盪兩朝人。

中州只有遺山老，不向蘇、黃逐後塵。[211]

袁嘉穀《春日下睆小飲薄醉尚論古詩人漫成十二首》高讚元氏步
趨杜甫之成就云：

風雲變態湖遺山，囊括金、元造詣難。

律體步趨少陵派，青邱未足配騷壇。[212]

趙翼《甌北詩話》評云：

元遺山才不甚大，書卷亦不甚多，較之蘇、陸，自有大小
之別，然正唯才不大，書不多，而專以精思銳筆，清鍊而

出，故其廉悍沉摯處，較勝於蘇、陸。蓋生長雲、朔，其
天稟本多豪健英傑之氣；又值金源亡國，以宗社丘墟之
感，發爲慷慨悲歌，有不求而自工者：此固地爲之也，時
爲之也。[213]

劉熙載《詞概》甚而以元詩可集杜甫、韓愈、蘇軾與黃庭堅之大
成：

金元遺山詩兼杜、韓、蘇、黃之勝，儼有集大成之意。[214]

虞集

姚瑩《論詩絕句六十首》之第三十五首云：

閣道周廬句格深，漢廷老吏字千金；

何當更說無聲妙，尚惜前賢枉用心。

於元代，姚瑩提及虞集、吳萊，和趙孟頫三人。**虞集**（1272
－1348），字伯生，號道園，又號邵庵，宋丞相虞允文五世孫。
祖籍隆州任壽，徙居崇仁。元成宗大德初年任國子助教，仁宗時
爲集賢修撰，泰定帝時爲翰林直學士兼國子祭酒。文宗時，與趙
世延等修《經世大典》。晚年告病回江南，卒諡文靖。著有《道
園學古錄》、《道園遺稿》等。顧嗣立《寒廳詩話》：

延祐、天歷之間，風氣大開，赫然鳴其治平者，有虞、楊、
范、揭，一以唐爲宗，而趨於雅，推一代之極盛。[215]

梁章鉅《退庵隨筆》：

元詩大家，世稱虞、楊、范、揭，其實只當以虞道園爲大
家，或以篇幅稍狹爲嫌，則皮相之見也。[216]

又引翁方剛之言二則云：

遺山言：詩到蘇、黃盡。此五字不知出自何時，眞詩家大
結局也。過此更無可展之才，更無可施之巧矣。放翁、遺
山二家，又恰當斯際，此後更當如何？惟一虞道園，上而

經術之腴、儒先之緒，下而樂府之韻，書畫之神，以及丹
經道藏之旨，靡不該焉，則奚必排比鋪陳，舂容乎大篇之
羨矣！

周文公之《雅》、《頌》，惟杜少陵能執筆為之。然杜公
具此能事，而未嘗有此篇章。厥後千百年，亦無能具此手
腕者，或者虞道園足以當之。[217]

翁方剛《石洲詩話》：

道園兼有六朝人醞藉，而全於含味不露中出之，所以其境
高不可及。[218]

潘德興《養一齋詩話》：

道園詩，乍觀無可喜，細讀之，氣蒼格迥，真不可及。其
妙總由一質字生出，質字之妙，胚胎於漢人，涵泳於老
杜，師法最的。故其長篇鋪放處，雖時仿東坡而不似東坡
之疏快無餘地；老勁斬絕，又似山谷，而黃安排用人力，
虞質直近天機，等級亦易明耳。[219]

又云：

今人詩無一字不求偉麗峭俊，而怒張之氣，側媚之態，令
人不可嚮邇，此中不足而飾其外之過也。道園詩，未嘗廢
氣勢詞采，而了無致飾悅人之意，最為今人上藥，惜肯學
其詩者，希耳。夫道園之在元，猶遺山之在金，皆大宗也。
而後人學遺山者多，學道園者少，豈以其精神渾質，藏而
不露故耶？然用此知道園高於遺山矣。[220]

彭蘊章《題元人詩十一首》：

道園骨格劇清蒼，夕露春陽覓句忙。

一代文人誰巨擘？歐、曾已往數奎章。[221]

陶宗儀《輟耕錄》：

> 嘗有問於虞先生曰：仲弘詩如何？先生曰：仲弘詩如百戰
> 健兒。德機詩如何？曰：德機詩如唐臨晉帖。曼碩詩如何？
> 曰：曼碩詩如美女簪花。先生詩如何？笑曰：虞集乃漢庭
> 老吏。[222]

陸鎣《問花樓詩話》：

> 元詩以虞、楊、范、揭爲稱首，陶九成《輟耕錄》：楊仲
> 弘每言虞伯生集不能詩，既得詩法遂極超悟。有以三人詩
> 問者，集曰：仲弘詩，如百戰健兒，德機詩，如唐臨晉帖，
> 曼碩詩，如美女簪花。或問君詩如何？曰：集乃漢庭老吏。
> 雖自負，聞者以爲公論。[223]

姚瑩稱呼虞集爲「漢廷老吏」，肯定他在繼承中原文學傳統
的成績，並引其詩句「天連閣道晨留輦，星散周廬夜屬橐」爲例，
稱讚他的詩作「句格深」，字值千金。以「漢廷老吏」稱虞集。
潘德輿《養一齋詩話》亦載此事云：

> 危太樸初以文學徵起，士君子皆想望豐采，或問於虞道園
> 曰：太樸事業當何如？答曰：太樸入京之後，其辭多誇，
> 事業非所知也。必求其人，其余闕乎？吾於其文字見之。
> 道園之知人如此。然道園作《范德機詩序》云：中州人士
> 謂：清江范德機、浦城楊仲弘、豫章揭曼碩及予詩爲四
> 家，且以唐臨晉帖喻范，百戰健兒喻楊，三日新婦喻揭，
> 而予爲漢庭老吏。揭聞此序，大不悅，遂往臨川訪道園，
> 言及此事。道園曰：非吾之言，乃中州人士之言，且亦天
> 下之通論也。揭咈然即席辭別。後寄以詩云：奎章分署隔
> 窗紗，學士詩成每自誇。爲道園發也。[224]

有些論者遂以虞集自稱漢庭老吏，實過於矜狂，田雯《讀元人詩
各賦絕句十六首》評之云：

> 一般不信先生處，方外還存稿數章。
>
> 楊、范齊名皆敵手，漢庭老吏太矜狂。[225]

王昶《舟中無事偶作論詩絕句四十六首》：

> 漢庭老吏自評論，王後楊前恐未眞。[226]

但也有同意稱虞集爲「漢庭老吏」者，如闕名之《靜居緒言》云：

> 虞、楊、范、揭，足媲群雅而截眾流。道園載酒詣仲弘，
> 究論體格，尋源溯委，得六朝、三唐風趣。曼碩語意拔俗，
> 德機天然古秀，方之二家，實亦無軒輊。漢庭老吏，或非
> 矜誇；三日新婦，評之過當。元詩至此，才能一洗宋習，
> 別成機軸。[227]

吳萊、虞集、趙孟頫

姚瑩《論詩絕句六十首》之第三十六首云：

> 立夫長句勢盤拏，矯健如龍出渥洼；
>
> 虞、趙何曾識奇骨，遺編獨有宋金華。

吳萊（1297－1340），字立夫。浦江人。卒後門人私謚淵穎
先生。註有《淵穎吳先生文集》十二卷。虞、趙，虞指虞集，生
平見前。趙指趙孟頫。**孟頫**（1254－1322），字子昂，號松雪道
人。湖州吳興人。著有《松雪齋集》十卷。胡應麟《詩藪》云：

> 婺中黃、柳同輩吳立夫、胡長孺、戴九靈、王子充、宋潛
> 溪諸子，皆以文章顯，而詩亦工。當時不在諸方下。元末
> 國初之才，吾郡盛矣。[228]

沈德潛《說詩晬語》：

> 虞、楊、范、揭四家，詩品相敵，中又以漢庭老吏爲最。
> 他如吳淵穎之兀奡，迺易之之流利，薩天錫之鮮穠耀艷，
> 故應並張一軍。[229]

翁方剛《石洲詩話》：

　　吳淵穎《泰山高》，仿歐公《廬山高》也。奇氣似欲駕出
　　其上。韓文公云：橫空盤硬語，妥帖力排奡。此評孟東野，
　　卻不甚肖；若以評吳淵穎，卻肖也。淵穎詩奇情異采，都
　　從生硬斫出，又以自己胸中鎔經鑄史之氣，而驅使一時才
　　俊之字句，卓然豪宕，凌厲無前。[230]

王士禎《戲仿元遺山論詩絕句》：

　　淵穎歌行格盡奇。[231]

陸鎣《問花樓詩話》云：

　　宋詩好議論，元詩近詞曲，昔賢固有定論，然有元一代之
　　作，不可廢也。自李空同倡不讀唐以後書之說，前後七子
　　唾棄元詩爲不足道。漁洋《論詩絕句》云：鐵厓樂府氣淋
　　漓，淵穎歌詩格盡奇。耳食紛紛說開寶，幾人眼見宋元詩？
　　爲空同輩發也。……淵穎工古文，七言歌行尤奇肆。[232]

田雯《讀元人詩各賦絕句十六首》十三：

　　驚人硬語盤空大，老手詞源萬斛多。
　　未必韓、蘇能勝此，先生何處著詩魔。[233]

蔡琳《讀元人詩》：

　　淵穎才名感慨多，長鋏擬賢碩人薖。
　　中流擊楫誰相問？風雨連江吼白黿。[234]

李必恆《論詩七絕句》：

　　范、揭、虞、楊彼一時，裕之、淵穎各稱奇。[235]

姚氏也盛讚吳萊的古詩長篇氣勢雄豪矯健，連虞集與趙孟頫也不
能認識它的妙處，只有明代的宋濂，獨具慧眼，將其作品編輯成
集。胡應麟《詩藪》論及元人詩云：

　　元人先達者，無如元好問、趙子昂。元金遺老，趙宋宗枝
　　也。[236]

又云：

> 趙承旨首倡元音，《松雪集》諸詩何寥寥，卑近淡弱也。
> 然體裁端雅，音節和平，自是勝國濫觴，非宋人末弩。[237]

但錢鍾書《談藝錄》評云：

> 松雪詩瀏亮雅適，惜肌理太露，時作杚響。七古略學東
> 坡，乃堅致可誦，若世所傳稱，則其七律，刻意爲雄渾健
> 拔之體，上不足繼陳簡齋、元遺山，下已開明之前後七
> 子。而筆性本柔婉，每流露於不自覺，強繞指柔作百煉
> 剛，每令人見其矜情作態，有如駱駝無角，奮迅兩耳，亦
> 如龍女參禪，欲證男果。規模痕跡，宛在未除，多襲成語，
> 似兒童摹貼。

【註釋】

[1]惠洪《冷齋夜話》。魏慶之《詩人玉屑》引。該書卷十七（北京：中華
　　書局，1959），頁362。

[2]嚴羽《滄浪詩話》。見郭紹虞《滄浪詩話校釋》。頁59。

[3]胡鑒《滄浪詩話註　》卷二。頁六。（台北：廣文書局，1972）。

[4]蔡居厚《蔡寬夫詩話》。郭紹虞《宋詩話輯佚》卷下（北京：中華書
　　局，1980），頁398。

[5]引見賀裳《載酒園詩話》。《清詩話續編》。頁409。

[6]劉熙載《詩概》。見《清詩話續編》。頁2431。

[7]嚴羽《滄浪詩話》。見郭紹虞《滄浪詩話校釋》。頁26。

[8]謝章鋌《論詩絕句三十首》。見《萬首論詩絕句》。頁1465。

[9]謝啓昆《讀全宋詩仿元遺山論詩絕句二百首》。見《萬首論詩絕句》。
　　頁479。

[10]同上註。

[11] 賀裳《載酒園詩話》。見《清詩話續編》。頁406。

[12] 艾愈烺《論詩絕句》。見《萬首論詩絕句》。頁597。

[13] 朱應庚《論詩三十首》。見《萬首論詩絕句》。頁1631。

[14] 葉紹本《仿元遺山論詩絕句廿四首》。見《萬首論詩絕句》。頁728。

[15] 王昶《舟中無事偶作論詩絕句四十六首》。見《萬首論詩絕句》，頁
　　429。

[16] 賀裳《載酒園詩話》。見《清詩話續編》。頁406。

[17] 吳喬《圍爐詩話》卷五。見《清詩話續編》。頁621。

[18] 歐陽修《六一詩話》。見《歷代詩話》。頁270。

[19] 翁方剛《石洲詩話》卷三。見《清詩話續編》。頁1401。

[20] 陳僅《竹林答問》。見《清詩話續編》。頁2255。

[21] 葛立方《韻語陽秋》卷二。《歷代詩話》本(北京：中華書局)，頁499。

[22] 謝啓昆《讀全宋詩仿元遺山論詩絕句二百首》。見《萬首論詩絕句》。
　　頁478。

[23] 楊浚《論次閩詩》。見《萬首論詩絕句》，頁1238。

[24] 王世貞《藝苑巵言》卷四。頁九。《續歷代詩話》本。

[25] 賀裳《載酒園詩話》。見《清詩話續編》。頁623。

[26] 胡鑒《滄浪詩話註》卷二。頁六。

[27] 魏慶之《詩人玉屑》卷十七引。頁361。

[28] 劉克莊《後村詩話》。《後村大全集》卷一百七十四。《四部叢刊初
　　編》本。

[29] 朱庭珍《論詩》。見《萬首論詩絕句》，頁1044。

[30] 鄧鎔《論詩三十絕句》。見《萬首論詩絕句》，頁1699。

[31] 陳經禮《偶論宋詩十絕句》。見《萬首論詩絕句》，頁442。

[32] 梅堯臣《讀邵不疑詩卷》。《宛陵先生集》。卷四十六。頁九。《四部
　　叢刊初編》（上海：商務印書館影明萬歷間梅氏祠堂本）。

[33]梅堯臣《林和靖先生詩集序》。《宛陵先生集》。卷六十。頁二。

[34]邵堂《論詩六十首》。見《萬首論詩絕句》,頁824。

[35]歐陽修《六一詩話》。見《歷代詩話》。頁267。

[36]劉熙載《詩概》。見《清詩話續編》。頁2431。

[37]魏慶之《詩人玉屑》卷十七引。頁368。

[38]謝啓昆《讀全宋詩仿元遺山論詩絕句二百首》。見《萬首論詩絕句》。頁485。

[39]葛立方《韻語陽秋》卷一。同本章註21。頁483。

[40]嚴羽《滄浪詩話》。郭紹虞《滄浪詩話校釋》。頁26。

[41]歐陽修《六一詩話》。《歷代詩話》。頁265。

[42]劉攽《中山詩話》。見《歷代詩話》。頁286。

[43]朱弁《風月堂詩話》。《四庫全書》本(台北: 商務印書館影文淵閣本)。

[44]葛立方《韻語陽秋》卷一。同本章註21。頁491。

[45]嚴羽《滄浪詩話》。見郭紹虞《滄浪詩話校釋》。頁26。

[46]王士禎《戲效元遺山論詩絕句》。見《萬首論詩絕句》,頁234。

[47]王士禎《七言詩凡例》。《帶經堂詩話》。卷四。頁95。

[48]朱庭珍《論詩》。見《萬首論詩絕句》。頁1045。

[49]闕名《靜居緒言》。見《清詩話續編》。頁1645至1646。

[50]謝啓昆《讀全宋詩仿元遺山論詩絕句二百首》。見《萬首論詩絕句》。頁482。

[51]張戒《歲寒堂詩話》卷上。頁二。《續歷代詩話》本。

[52]田雯《古歡堂集雜著》卷二。見《清詩話續編》。頁701。

[53]劉熙載《詩概》。見《清詩話續編》。頁2431。

[54]同上註。

[55]焦袁熙《閱宋人詩集十七首》。見《萬首論詩絕句》。頁283。

[56]朱琦《論詩五絕句》。見《萬首論詩絕句》，頁951。

[57]葉夢得《石林詩話》卷上。見《歷代詩話》，頁407。

[58]胡煥《論西江詩派絕句十五首》。見《萬首論詩絕句》，頁1679。

[59]楊愼《升庵詩話》卷十，頁八。《續歷代詩話》本。

[60]潘德輿《養一齋詩話》卷四。參閱《清詩話續編》，頁2068。

[61]賀裳《載酒園詩話》。見《清詩話續編》，頁424。

[62]謝啓昆《讀全宋詩仿元遺山論詩絕句二百首》。見《萬首論詩絕句》，
　　頁481。

[63]賀裳《載酒園詩話》。《清詩話續編》（北京：中華書局），頁418。

[64]魏慶之《詩人玉屑》卷十七引。該書頁374。

[65]陸鎣《問花樓詩話》卷二。見《清詩話續編》，頁2307。

[66]趙翼《甌北詩話》卷五。見《清詩話續編》，頁1196。

[67]汪應銓《絕句》。見《萬首論詩絕句》，頁304。

[68]王祖昌《論詩絕句》。見《萬首論詩絕句》，頁777。

[69]朱庭珍《論詩》。見《萬首論詩絕句》，頁1045。

[70]劉熙載《詩概》。見《清詩話續編》，頁2432。

[71]黃維申《病中讀宋四家詩各題一絕》。見《萬首論詩絕句》，頁1300。

[72]柯振嶽《論詩》。見《萬首論詩絕句》，頁780。

[73]毛瀚豐《論蜀詩絕句》。見《萬首論詩絕句》，頁1606。

[74]汪鐸《題東坡集後》。見《萬首論詩絕句》，頁288。

[75]葉紹本《仿元遺山論詩得絕句廿四首》。見《萬首論詩絕句》，頁728。

[76]田雯《讀東坡集偶題》。見《萬首論詩絕句》，頁249。

[77]屈復《論詩絕句三十四首》。見《萬首論詩絕句》，頁371。

[78]蔡壽臻《論詩絕句十首》。參閱《萬首論詩絕句》，頁1636。

[79]劉熙載《詩概》。見《清詩話續編》，頁2432。

[80]謝啓昆《讀全宋詩仿元遺山論詩絕句二百首》。見《萬首論詩絕句》，

頁501。

[81]吳喬《圍爐詩話》。卷一。見《清詩話續編》。頁475－476。

[82]元好問《論詩三十首》。見《萬首論詩絕句》。頁160。

[83]沈德潛《說詩晬語》卷下。見《清詩話》。頁544。

[84]趙翼《論詩》。見《萬首論詩絕句》。頁453。

[85]朱文治《論詩》。見《萬首論詩絕句》。頁629。

[86]張問陶《論詩十二絕句》。參閱《萬首論詩絕句》。頁639。

[87]張問陶《題屠琴塢論詩圖》。見《萬首論詩絕句》。頁640。

[88]姚範《援鶉堂筆記》。《援鶉堂筆記》卷四十。清道光十五年刊本。

[89]林希逸《讀黃詩》。《竹溪十一稿》。清鈔本。

[90]方東樹《昭昧詹言》卷十二(北京：人民文學出版社，1961)，頁314。

[91]陳吁《宋十五家詩選》。清刊本。

[92]羅大經《鶴林玉露》卷十五。《四庫全書》（台北：商務印書館影文淵閣本）。

[93]孫作《還陳檢校山谷詩》。《滄螺集》卷一。《常州先哲遺書》本。

[94]唐順之《書黃山谷詩後》。《荊州先生文集》卷十七。《四部叢刊初編》（上海：商務印書館影萬歷刊本）。

[95]劉克莊《江西詩派小序》。頁一。《續歷代詩話》本。

[96]陳經禮《偶論宋詩十絕句》。見《萬首論詩絕句》。頁443。

[97]蔡壽臻《論詩絕句十首》。參閱《萬首論詩絕句》。頁1637。

[98]魏泰《臨漢隱居詩話》。見《歷代詩話》。頁327。

[99]李廌齡《跋東坡先生詩後四首》。見《萬首論詩絕句》。頁1070。

[100]張宗泰《跋張戒歲寒堂詩話》。《魯岩所學集》卷七。清刊本。

[101]賀裳《載酒園詩話》。見《清詩話續編》。頁443。

[102]施補華《峴傭說詩》。見《清詩話》。頁991。

[103]宮爾鐸《讀元遺山王漁洋論詩絕句愛其文詞之工惜其所言尚非第一義

漫成此作以質知音》。《萬首論詩絕句》。頁1459。

[104]屈復《論詩絕句三十四首》。見《萬首論詩絕句》。頁371。

[105]張晉《仿元遺山論詩絕句六十首》。參閱《萬首論詩絕句》。頁668。

[106]謝啓昆《讀全宋詩仿元遺山論詩絕句二百首》。見《萬首論詩絕句》。
　　　頁491。

[107]田雯《芝亭集序》。《古歡堂集》。清刊本。

[108]全祖望《宋詩紀事序》。《鮚埼亭集》外編卷二十六。《四部叢刊初
　　　編》（上海：商務印書館影原刊本）。

[109]吳之振《論詩偶成》。見《萬首論詩絕句》。頁255。

[110]吳之振等《宋詩鈔》。清光緒己卯刊本。

[111]范季隨《陵陽先生室中語》。見《說郛》。

[112]周紫芝《竹坡詩話》。見《歷代詩話》。頁355。

[113]劉克莊《江西宗派總序》。見《後村詩話》後集卷二。《適園叢書》
　　　本。

[114]楊萬里《江西宗派序》。見《誠齋集》卷七十九。《四部叢刊初編》
　　　（上海：商務印書館影宋鈔本）。

[115]嚴羽《滄浪詩話》。見郭紹虞《滄浪詩話校釋》。頁26–27。

[116]胡仔《苕溪漁隱叢話》前集卷四十八。《海山仙館叢書》本。

[117]趙彥衛《雲麓漫鈔》卷十四（上海：古典文學出版社，1957）。

[118]胡鑒《滄浪詩話註》卷一。頁七。

[119]趙汝回《雲泉詩序》。《南宋群賢小集》本《雲泉詩》卷首。讀書齋
　　　刻本。

[120]王若虛《文辨》。見《滹南遺老集》卷三十七。《四部叢刊初編》
　　　（上海：商務印書館影舊鈔本）。

[121]元好問《論詩三十首》。見《萬首論詩絕句》。頁161。

[122]元好問《自題中州集後》。參閱《萬首論詩絕句》。頁162。

[123]李東陽《懷麓堂詩話》。《續歷代詩話》本。

[124]許愈初《論詩絕句》。見《萬首論詩絕句》。頁1649。

[125]錢振鍠《辛苦》。見《萬首論詩絕句》。頁1691。

[126]馮廷槐《論詩十首示謝文偉陳初山》。見《萬首論詩絕句》。頁271。

[127]王士禎《戲仿元遺山論詩絕句》。見《萬首論詩絕句》。頁233。

[128]柳棄疾《妄人謬論詩派書此折之》。見《萬首論詩絕句》，頁1771。

[129]趙翼《甌北詩話》卷三。《清詩話續編》。頁1164。

[130]黃庭堅《病起荊江亭即事十首》。見《萬首論詩絕句》。頁63。

[131]黃任《彭城道中》。見《萬首論詩絕句》。頁289。

[132]謝啓昆《讀全宋詩仿元遺山論詩絕句二百首》。見《萬首論詩絕句》。
    頁492。

[133]羅大經《鶴林玉露》卷六（上海：商務印書館排印本）。

[134]李治《敬齋古今》卷八。清武英殿聚珍叢書本。

[135]毛晉《汲古閣書跋》（上海：古典文學出版社，1958）。

[136]徐度《卻掃編》卷中。《津逮秘書》本。

[137]元好問《論詩三十首》。見《萬首論詩絕句》。頁161。

[138]宮爾鐸《讀元遺山王漁洋論詩絕句愛其文詞之工惜其所言尙非第一義
    漫成此作以質知音》。《萬首論詩絕句》。頁1460。

[139]屈復《論詩絕句三十四首》。見《萬首論詩絕句》。頁372。

[140]翁方剛《七言律詩鈔》卷首。《蘇齋叢書》本。

[141]王夫之《夕堂永日緒論內編》。見《清詩話》。頁20至21。

[142]李調元《雨村詩話》卷下。見《清詩話續編》。頁1534。

[143]黃升《中興以來絕妙詞選》。卷二。《四部叢刊初編》（上海：商務
    印書館縮印無錫孫氏小淥天藏明翻宋刊本），頁25－26。

[144]洪亮吉《北江詩話》。卷五(北京：人民文學出版社，1983)，頁88。

[145]汪琬《讀宋人詩》。見《萬首論詩絕句》。頁230。

[146]李慈銘《越縵堂日記》。卷八。〈文學〉。(台北：世界書局，1975)，頁653。

[147]錢世錫《論宋人絕句十二首和陳檢齋司馬》。見《萬首論詩絕句》。頁602。

[148]葉燮《原詩》卷一。《內編》上。參見《清詩話》。頁566至567。

[149]李重華《貞一齋詩說》。見《清詩話》。頁927。

[150]李調元《雨村詩話》。見《清詩話續編》。頁1535。

[151]胡敬《仿漁洋山人題唐宋金元詩絕句》。見《萬首論詩絕句》。頁748。

[152]翁方剛《石洲詩話》。卷四。見《清詩話續編》。頁1435。

[153]方回《至節前一日六首》。見《萬首論詩絕句》。頁167。

[154]黃維申《與從侄杭生濚之孝廉論碪宋八家宋四家詩得失》。同上註。

[155]黃維申《病中讀宋四家詩各題一絕》。見《萬首論詩絕句》。頁1300。

[156]王昶《《舟中無事偶作論詩絕句四十六首》。見《萬首論詩絕句》。頁430。

[157]錢世錫《論宋人絕句十二首和陳檢齋司馬》。見《萬首論詩絕句》。頁602。

[158]邵堂《論詩六十首》。見《萬首論詩絕句》。頁825。

[159]林景熙《讀陸放翁詩卷後》。《霽山集》卷三。《知不足齋叢書》本。

[160]郎瑛《七修類稿》卷二十一（北京：中華書局，1959）。

[161]胡應麟《詩藪・雜編》卷五。《詩藪》。頁305。

[162]蔣擇澐《讀陸詩》。見《萬首論詩絕句》。頁1308。

[163]朱雋瀛《讀放翁集》。見《萬首論詩絕句》。頁1385。

[164]同上註。

[165]黃維申《病中讀宋四家詩各題一絕》。見《萬首論詩絕句》。頁1301。

[166]盧世㴶《酬茅止生》。見《尊水園集略補遺》。清順治刊本。

[167]袁嘉轂《春日下睨小飲薄醉尚論古詩人漫成十二首》。見《萬首論詩

絕句》。頁1687。

[168]李綺青《讀劍南集書後》。參閱《萬首論詩絕句》。頁1309。

[169]王霖《題渭南集即用集中生日追懷先親韻》。見《弇山詩鈔》。卷十八。清道光刻本。

[170]蔡壽臻《論詩絕句十首》。參閱《萬首論詩絕句》。頁1637。

[171]梁啓超《讀陸放翁集》。見《萬首論詩絕句》。頁1564。

[172]同上註。

[173]錢世錫《論宋人絕句十二首和陳檢齋司馬》。見《萬首論詩絕句》。頁602。

[174]陳尙古《簪雲樓雜說》。《說鈴》本。

[175]王士禎《古夫于亭雜錄》。卷三（北京：中華書局，1988），頁59。

[176]賀裳《載酒園詩話》卷一。見《清詩話續編》。頁213。

[177]潘德輿《養一齋詩話》卷五。見《清詩話續編》。頁2076。

[178]同上註。頁2076至2077。

[179]韋居安《梅澗詩話》卷下。頁四。《續歷代詩話》本。

[180]王惟成《論唐宋詩絕句十四首》。見《萬首論詩絕句》。頁1068。

[181]廖景煜《讀放翁詩》。見《萬首論詩絕句》。頁1322。

[182]秦煥《陸放翁》。見《萬首論詩絕句》。頁1280。

[183]張洵《書陸放翁南園記後二首》。見《萬首論詩絕句》。頁1232。

[184]金學蓮《書陸放翁詩後》。見《萬首論詩絕句》。頁661。

[185]姚椿《題劍南集後五首柬書田》。見《萬首論詩絕句》。頁774。

[186]同上註。

[187]李遐齡《跋渭南集》。見《萬首論詩絕句》。頁1071。

[188]王昶《舟中無事偶作論詩絕句四十六首》。見《萬首論詩絕句》。頁430。

[189]李綺青《杜劍南集書後》。參閱《萬首論詩絕句》。頁1309。

[190]陳世慶《陸放翁集》。見《萬首論詩絕句》。頁838。

[191]焦袁熙《閱宋人詩集十七首》。見《萬首論詩絕句》。頁284。

[192]翁方剛《石洲詩話》卷五。見《清詩話續編》。頁1446。

[193]同上註。

[194]謝啓昆《讀中州集仿元遺山論詩絕句六十首》。見《萬首論詩絕句》。頁511。

[195]同上書。頁512。

[196]彭啓豐《書吳梅村詩集後》。見《萬首論詩絕句》。頁348。

[197]宮爾鐸《讀元遺山王漁洋論詩絕句愛其文詞之工惜其所言尚非第一義漫成此作以質知音》。見《萬首論詩絕句》。頁1460。

[198]祁寯藻《讀元遺山詩》。見《萬首論詩絕句》。頁806。

[199]顧嗣立《題元百家詩集後二十首》。見《萬首論詩絕句》。頁298。

[200]謝啓昆《讀中州集仿元遺山論詩絕句六十首》。見《萬首論詩絕句》。頁511。

[201]柯振嶽《論詩》。見《萬首論詩絕句》。頁781。

[202]翁方剛《石洲詩話》卷四。見《清詩話續編》。頁1438。

[203]同上書。卷五。頁1446。

[204]同上註。

[205]同本章註203。

[206]汪士鐸《讀金元人詩仿元遺山論詩絕句》。見《萬首論詩絕句》。頁999。

[207]張晉《仿元遺山論詩絕句六十首》。見《萬首論詩絕句》。頁668。

[208]袁翼《論金詩》。見《萬首論詩絕句》。頁893。

[209]顧嗣立《題元百家詩集後二十首》。《萬首論詩絕句》。頁298。

[210]梁章鉅《退庵隨筆》〈學詩二〉。見《清詩話續編》。頁1981。

[211]敖興南《論詩》。見《萬首論詩絕句》。頁936。

[212]袁嘉穀《春日下睍小飲薄醉尚論古詩人漫成十二首》。見《萬首論詩絕句》。頁1687。

[213]趙翼《甌北詩話》卷八。見《清詩話續編》。頁1267。

[214]劉熙載《詞曲概》。《藝概》。見《劉熙載集》。（上海：華東師範大學出版社，1993），頁138。

[215]顧嗣立《寒廳詩話》。見《清詩話》。頁83至84。

[216]梁章鉅《退庵隨筆》〈學詩〉二。見《清詩話續編》。頁1981。

[217]同上註。頁1981－1982。

[218]翁方剛《石洲詩話》卷五。見《清詩話續編》。頁1451。

[219]潘德輿《養一齋詩話》卷三。參閱《清詩話續編》。頁2040。

[220]同上註。頁2041。

[221]彭蘊章《題元人詩十一首》。見《萬首論詩絕句》。頁949。

[222]陶宗儀《輟耕錄》。《四庫全書》(台北：商務印書館影文淵閣本)。

[223]陸鎣《問花樓詩話》卷二。見《清詩話續編》。頁2309。

[224]潘德輿《養一齋詩話》卷三。見《清詩話續編》。頁2039。

[225]田雯《讀元人詩各賦絕句十六首》。見《萬首論詩絕句》。頁247。

[226]王昶《舟中無事偶作論詩絕句四十六首》。見《萬首論詩絕句》。頁430。

[227]闕名《靜居緒言》。見《清詩話續編》。頁1649。

[228]胡應麟《詩藪·外編》卷六。該書頁227。

[229]沈德潛《說詩晬語》卷下。頁546。

[230]翁方剛《石洲詩話》卷五。見《清詩話續編》。頁1457。

[231]王士禎《戲仿元遺山論詩絕句》。見《萬首論詩絕句》。頁234。

[232]陸鎣《問花樓詩話》卷二。見《清詩話續編》。頁2308至2309。

[233]田雯《讀元人詩各賦絕句十六首》。見《萬首論詩絕句》。頁249。

[234]蔡琳《讀元人詩》。見《萬首論詩絕句》。頁1262。

[235]李必恆《論詩七絕句》。見《萬首論詩絕句》。頁331。

[236]胡應麟《詩藪·外編》卷六。該書頁226。

[237]同上註。頁232。

第七章　姚瑩《論詩絕句六十首》論明代詩人

　　姚瑩《論詩絕句六十首》評及明代的詩人共三十人位，計爲劉基、宋濂、高啓、徐賁、張羽、貝瓊、徐禎卿、李夢陽、何景明、高叔嗣、邊貢、皇甫沖、皇甫涍、皇甫汸、皇甫濂四兄弟、楊愼、齊之鸞、林鴻、高棅、朱應登、鄭善夫、顧璘、王稚欽、王世貞、李攀龍、謝榛、胡應麟、鍾惺、譚元春、程孟陽、邢孟貞、張岱、陳子龍、鄺露、屈大均、陳恭尹、梁佩蘭。其中主要論析的爲：劉基、宋濂、高啓、貝瓊、徐禎卿、李夢陽、何景明、高叔嗣、皇甫涍、皇甫濂、皇甫沖、皇甫汸四兄弟、楊愼、齊之鸞、鄭善夫、王稚欽、王世貞、謝榛、胡應麟、鍾惺、譚元春、程孟陽、陳子龍、張岱、鄺露、屈大均、陳恭尹、梁佩蘭。旁及的爲：徐賁、張羽、邊貢、林鴻、高棅、朱應登、顧璘、邢孟貞、李攀龍。以下將分析姚氏對各家的意見：

劉基、宋濂

　　姚瑩《論詩絕句六十首》之第三十七首云：

　　　　一代造邦推巨擘，潛溪文集伯溫詩；

　　　　永新諍友公當服，佐命何如授命時。

　　劉基(1311－1375)，字伯溫。青田人。元至順間舉進士，先後仕高安丞及江浙儒學副提舉。後棄官還青田。朱元璋下金華，寵禮有加。劉基爲之策劃多個作戰計劃，朱元璋即帝位，授劉基爲運守正文臣。洪武初官至御史中丞，資善大夫，上護車，功封

誠意伯。後為胡惟庸毒死。正德中追諡文成。著有《覆瓿集》、《犁眉公集》。楊維新稱讚劉基勛業與文章的成就，許之千古人豪：

> 子房不見詞章，玄齡僅辦符檄，公勛業造邦，文章名世，可謂千古人豪。[1]

謝啟昆《論明詩絕句九十六首》也盛讚他的「興王佐命」之才：

> 浪說湖雲測上台，感時述事漫生哀。
>
> 因緣二鬼生非偶，並世興王佐命才。[2]

徐子元則言他的《鈞天廣樂》，具現開國宗工的氣象：

> 青田鈞天廣樂，聲容不凡，開國宗工，不在茲乎？[3]

朱炎《讀明人詩絕句三十首》以「開國手」稱他的詩格：

> 格是犁眉開國手。[4]

錢謙益《列朝詩集小傳》更從劉基的生平事跡，盛讚他在詩創作方面的傑出成就：

> 公負命世之才，丁有元之季，沉淪下僚，籌策齟齬，哀時憤世，幾欲草野自屏。然其在幕府，與石抹艱危共事，遇知己，效馳驅，作為歌詩，魁壘頓挫，使讀者僨張興起，如欲奮臂出其間者。遭逢聖祖，佐命帷幄，列爵五等，蔚為忠臣，斯可謂得志大行矣。[5]

朱彝尊《靜志居詩話》也表示：

> 劉誠意銳意摹古，所作特多，遂開明三百年風氣。[6]

潘德輿《養一齋詩話》云：

> 明詩，不可以輕心抑之也。明開基詩，吾深畏一人焉，曰劉誠意；明遺民詩，吾深畏一人焉，曰顧亭林。誠意之詩蒼深，亭林之詩堅實，皆非以詩為詩者，而其詩境直黃河、太華之高闊也。首尾兩家，誰與抗手？抑明詩者，盍

自較其所作乎！[7]

張之傑《讀明詩五十二首》也說：

首開新運主風騷，體制聲韻曲最高。

不但功勳推第一，詩文亦自冠諸曹。[8]

鄧鎔《論詩三十絕句》說：

樂府明初孰擅場？青田突過鐵崖楊。

若從開國功臣例，一樣中山異姓王。[9]

柯振嶽《論詩》將劉基在變化元人詩作氣習的貢獻，比之於初唐陳子昂之改變六朝之詩風：

青田力變元人習，高蹈端應匹子昂。[10]

可以說，一般詩論者多盛讚劉基詩作的成就，不過一些論者則以為他的作品尚有元代餘習，不若高啟。葉紹本《仿遺山論詩得絕句廿四首》云：

誠意、青邱角兩雄，開基信有漢、唐風。

若論巧力能兼至，北郭詞人句倍工。[11]

有關論者認為高啟詩高於劉基這一點，下文會再詳細說明。

　　姚瑩也肯定劉基開國的偉績，肯定他的詩作在開創明代詩風的貢獻，故云：「一代造邦推巨擘，潛溪文集伯溫詩。」潛溪，指宋濂。宋濂(1310－1381)，字景濂，號潛溪。其先本潛溪人，至濂時遷浦江。早年就學於吳萊、柳貫等人，至正中，薦授翰林編修，以親老辭，入華山，為道士。入明後，應朱元璋召聘至應天，除江南儒學提舉，授太子經，尋改起居注，洪武二年詔修《元史》，宋濂為總裁。後任翰林院學士，官至侍講學士承旨，知制誥，兼贊善大夫。洪武十三年以長孫坐胡惟庸黨，闔家安置茂州，十四年正德中，追諡文憲。著有《宋文憲公全集》。徐泰《詩談》言宋濂詩雖純雅，但以文名：

> 宋子濂，王子充，詩亦純雅，以文名。

陳田《明詩紀事》盛讚宋濂的文章不僅雄視一代，爲「制作之柄」，「開國文臣之首」，連日本使臣朝貢時也特加問安：

> 景濂自幼嗜學，……所著文章，雄峙一代，遭時遇主，司制作之柄，爲開國文臣之首。蠻夷朝貢數問宋先生安否，日本得《潛溪集》，雕版國中，當其恩遇優濃，醉學士之詩歌，甘露百歲衣之賞賜，論者傳爲盛事。[12]

早在清初的李雯已說：

> 公開國文士之冠。[13]

俞汝成也說：

> 學士詩文俱勝，而文勝於詩。[14]

謝啓昆《論明詩絕句九十六首》也以宋濂詩名爲文名所掩蓋，他的成就實高於王子充：

> 詩因文掩襲元風，史館名應軼子充。[15]

姚瑩也是基於這樣的論點，分別肯定劉基詩與宋濂文的卓著貢獻。

錢謙益《列朝詩集小傳》云：

> 近讀永新劉定之《呆齋集》，撰其鄉人王子讓詩集序云：子讓當元時，舉於鄉，從藩省辟，佐主帥全普庵勘定江湖間，志弗遂，歸隱麟原，終其身弗仕。余讀其詩文，深惜永嘆。嗟乎子讓，其奇氣砰砍胸臆，猶若佐全普庵時，以未裸將周京故也。有與子讓同出元科目，佐石抹主帥定婺越，幕府倡和，其氣亦將掣碧海、戈蒼旻，後攀龍附鳳，自儗劉文成，然有作，噫唔鬱伊，捫舌騂顏，曩昔氣漸滅無餘矣。[16]

故姚氏云：「永新諍友公當服。」姚氏又認爲劉基後期的作品，遠不如前期。案：陸鑒《問花樓詩話》亦云：

> 劉誠意功業文章，有明一代諸臣之冠，在元季有《覆瓿
> 集》，入明有《犁眉公集》。[17]

沈山子也說：

> 誠意樂府古詩勝近體，《覆瓿集》勝《犁眉公集》。[18]

陳田《明詩紀事》更明確地指出：

> 文成《覆瓿集》，元時作；《犁眉公集》，則入明後詩也。
> 《覆瓿》遠勝《犁眉》，前人已有定論。[19]

高啓

姚瑩《論詩絕句六十首》之第三十八首云：

> 盤空俊鶻誰能似，季迪才情本自天；
> 說與張、徐須緩步，絕塵還欲駕青田。

高啓（1366－1374），字季迪。長州人。洪武二年召修元史，授翰林院國史編修，官擢戶部侍郎。辭。放還。以魏觀事尋坐法死。著有《鳳臺》、《吹臺》、《江館》、《青丘》、《南樓》、《槎軒》、《勝壬》、《婁江》、《姑蘇雜詠》等集。自選之作有《缶鳴集》。錢謙益之《列朝詩集小傳》引王子充評高啓詩言云：

> 季迪之詩，雋逸而清麗，若秋空飛隼，盤旋百折，招之不
> 肯下。[20]

又引謝徽之評云：

> 季迪之詩，緣情隨事，因物賦形，橫從百出，開合變化，
> 其體制雅醇，則冠裳委蛇，佩立而長裾也。其思致清遠，
> 則秋空素鶴，迴翔欲下，而輕雲霽月之連娟也。其文采縟
> 麗，如春花翹英，蜀錦新濯，其才氣俊逸，如泰華秋隼之
> 孤鷙，昆侖八駿追風躡電而馳也。[21]

姚瑩云：「盤空俊鶻誰能似？」顯然據之以形容高氏詩作之成就。

李東陽云：

> 國初稱高、楊、張、徐，高才力聲調，過三人遠甚，百
> 餘年來，亦未見卓然有以過之者。[22]

胡應麟亦云：

> 國初稱高、楊、張、徐，季迪風華穎邁，特過諸人。[23]

吳應奎《讀明人詩戲仿遺山論詩絕句三十五首》：

> 四傑由來舊擅名，青邱才調最縱橫。[24]

李開元《雨村詩話》：

> 明詩一洗宋、元纖腐之習，逼近唐人。高、楊、張、徐四
> 傑始開其風，而季迪究爲有明冠冕。[25]

陳田《明詩紀事》：

> 季迪諸體並工，天才絕特，允爲明三百年詩人稱首，不止
> 冠絕一時也。[26]

都是以高啓的詩作高於張羽、徐賁等人。張羽，字來儀，改字附
鳳。潯陽人。從父宦江浙，卜居吳興。元季領鄉薦，爲安定書院
山長，與高啓等人結爲詩友。洪武中官太常寺丞，坐事謫於嶺
南，未至，召還，自沈於江。有《靜居集》。謝啓昆《論明詩絕
句九十六首》論張羽云：

> 戴山過訪蜀山頻，頡頏高楊格調新。
> 述事滁陽方授簡，何期南竄死江濱。[27]

徐賁，字幼文，號北郭生。長州人。洪武中征起，累官河南
布政。其詩稱十才子之一。以征洮岷軍過境，犒勞不時，下獄死。
有《北郭集》。謝啓昆《論明詩絕句九十六首》論徐賁云：

> 結屋雲林綠滿軒，紀行詩卷橐空存。
> 同時四傑皆冤死，十友誰招北郭魂？[28]

張之傑《讀明詩五十二首》讚徐賁詩云：

體裁精密似錢郎，詞采風流有艷椿。

芳杜叢蘭寓深意，每多惆悵斷人腸。[29]

由於高讚高啓詩，並以他爲明初詩人之傑，所以蔡邦甸《書高青邱集後》直云：

吳下文章開大國，青邱風雅壓群雄。[30]

都穆《南濠詩話》也許之爲「一代詩宗」：

吾鄉高太史季迪，爲一代詩宗。[31]

張之傑《讀明詩五十二首》列之爲「第一流」之作：

百出縱橫第一流，首開大雅是青邱。

若從唐代論詩品，穠麗清新燕許儔。[32]

鄧鎔《論詩三十絕句》讚之爲「一代文章啓正聲」：

一代文章啓正聲，青邱才調本天生。[33]

《四庫全書總目提要》讚云：

啓天才高逸，實據明一代詩人之上，其於詩，擬漢、魏，似漢、魏，擬六朝似六朝，擬唐似唐，擬宋似宋，凡古人之所長，無不兼之，振元末纖穠縟麗之習，而返之於古，啓實爲有力。[34]

但又評云：

然行世太早，殞折太速，未能鎔鑄變化，自爲一家，故備有古人之格，而反不能名啓爲何格。此則天實限之，非啓過也。[35]

朱庭珍《筱園詩話》高讚高啓詩作云：

前明一代詩家，以高青丘爲第一，自元遺山後，無及青丘者，不止一變元風，爲明詩冠冕已也。前後七子之徒，及青丘同時之楊孟載、袁景文、徐、張諸人，視青丘豈止上下床之分耶！青丘才力，天分、工候，皆極其至，所爲詩，

　　自漢、魏、六朝及李、杜、高、岑、王、孟、元、白、溫、
李、張、王、昌黎、東坡，無所不學，無所不似，妙筆仙
心，幾於超凡入聖矣。惜不及四十枉死，未及融會貫通，
聚眾長以別鑄眞我，造於大成，亦可哀也。然自元至今，
所有詩家，無出青丘右者，洵可直繼遺山，爲一大宗矣。
歸愚翁於青丘時有微詞，而推青田冠明詩，顛倒黑白，殊
乖公論。夫劉青田之詩，多皮傅盛唐，已兆七子先聲，遠
遜青丘，稍有識者，不難立辨，豈以其身列佐命，遂可阿
附爲一代風雅領袖乎？[36]

王昶《舟中無事偶作論詩絕句四十六首》亦云：

　　掃除草昧啓聲名，文憲文成一代英。

　　若論詩才誰冠冕，五雲閣下讓仙卿。[37]

朱炎《讀明人詩絕句三十首》：

　　元詩靡弱苦難鎪，明代分風又擘流。

　　格是犁眉開國手，掃除端合讓青丘。[38]

吳應奎《讀明人詩仿遺山論詩絕句三十五首》：

　　挾策從龍事業遲，渡江名士費相思。

　　文成若向青田老，那學盧仝月蝕詩？[39]

顯然不但以高啓之作高於張羽與徐賁，言下也有以劉基詩不如高
啓之意。姚氏全面讚賞高啓詩，也將高氏之成就列於劉基之上。

貝瓊

　　姚瑩《論詩絕句六十首》之第三十九首云：

　　一時領袖貝廷臣，此語公私付悔人；

　　獨愛玉堂傳宴日，至今法曲憶眞眞。

　　貝瓊（1314－1378），字廷琚，一名闕，字廷臣。崇德人。
明初洪武三年，徵修《元史》，賜金帛遣歸。六年，除國子監助

教，九年遷中都國子監助教。與張美和、聶鉉齊名，時稱成均三助。十一年致仕。翌年卒。著有《清江集》。朱彝尊《靜志居詩話》云：

> 其詩爽嵓類汪朝宗，整麗似劉伯溫，圓秀勝林子羽，清空近袁景文，風華亞高季迪，朗靜過張來儀，繁縟逾孫仲衍，足以領袖一時，此非鄉曲之私，天下之公言也。[40]

故姚氏亦云：

> 一代領袖貝廷臣。

姚氏對貝瓊的批評，異於一些論者。論者如朱戴震，高度評價貝氏詩作多方面的成就。姚氏不以爲然，他表示只是鍾愛貝氏的《眞眞曲》。貝瓊《眞眞曲序》云：

> 姚文燧爲承旨時，一日玉堂宴集，聲妓畢奏。有眞眞者，操南音。公疑而問之，泣對曰：妾建寧人，西山之苗裔也。父笕庫於濟寧，坐盜用縣官財，賣妾以償，遂流落倡家。公憫之，遣使白丞相三寶奴爲落籍，且謂翰林屬官王棣曰：汝無妻，以此姬配汝，吾即其父也。

《序》又云：

> 《篢谷筆談》記其事，余乃賦四十二韻，而沈鬱淒婉，亦足以盡大略矣。

陳田《明詩紀事》：

> 廷琚此詩，見《篢谷筆記》而作。高季迪《青邱集》有《眞氏女詩》，序云：余在史館日，談次，有言姚文公飮玉堂落籍眞氏女事者。同館之士，聞之，多賦詩，余亦爲作一首。[41]

謝啓昆《論明詩絕句九十六首》：

> 眞眞聽罷欲魂銷，藍謝廉夫韻自超。

不是常宗標正派，誰知老鐵是文妖。[42]

徐禎卿

姚瑩《論詩絕句六十首》之第四十首云：

迪功談藝入精深，歷下歸來別賞心；

鸚鵡華開都棄卻，虞山翻認操吳音。

徐禎卿(1479-1511)，字昌穀，一字昌國，吳縣人。弘治乙丑進士，除大理寺左寺副，降國子監博士，有《迪功集》。《四庫全書總目提要》評徐氏之詩論云：

禎卿論詩宗旨，見於《談藝錄》及《與李夢陽第一書》，如云古詩三百，可以博其源；遺篇十九，可以約其趣；樂府雄高，可以勵其氣；《離騷》深永，可以裨其思。又云：繩漢之武，其流也猶至於魏，宗晉之體，其弊不可以悉。據其所談，仍與北地摹古之門徑，特夢陽才雄而氣盛，故枵張其詞；禎卿慮澹而思深，故密運以意。[43]

《國寶新編》也說：

昌穀專門詩學，究訂體裁，上探騷雅，下括高、岑，取充棟之草，刪存百一，成一家之言，至今海內，奉如圭璧。

陳田《明詩紀事》更以《談藝錄》可比美嚴羽的《滄浪詩話》：

《談藝》一錄，清言微旨，可儷嚴滄浪。[44]

《續吳先賢贊》更談及徐禎卿的《談藝錄》及其詩作對吳地的影響云：

《談藝》之作，出鍾嶸矣，吳之文，自昌穀始變而為六代。

持論一向以嚴訶稱的錢謙益《列朝詩集小傳》，也高讚徐氏的《談藝錄》：

其所研索，具在《談藝錄》中，斯良工獨苦者與。[45]

姚瑩也稱讚徐禎卿《談藝錄》精闢的論詩見解，故云：「迪功談

藝入精深。」有關徐禎卿《談藝錄》之作,本書第三章有較爲詳細的說明,可參閱,此不贅。徐禎卿在京師期間,和李夢陽、邊貢、喬宇、儲巏等交游,與夢陽更相投契。《答李獻吉書》曾言兩人「聯蟬裾玉,周旋朝寺,良時出游,則並橛而趨,清宵燕寢,則共衾而寐」。[46]詩風乃受李夢陽的影響。皇甫汸《題徐迪功外集序》言徐、李結交後,徐「日苦吟若狂,毋吝榮訾,卒所成就,多得之李子」[47]。所以鄭繼之敘及徐禎卿詩作特色時,乃云:

> 昌穀年二十外,厭薄吳聲,一變遂與漢、魏、盛唐作者馳騁上下,今之世,絕無而僅有者也。

《續吳先賢贊》云:

> 徐昌穀初與唐寅、文璧游,其詩逸麗,迨見李、何制作,遂變而益邁,研極詩之變,溯其初由卿雲以來,至西京之盛,沿魏、晉而下,其所攻論甚嚴。

朱彝尊《靜志居詩話》也說:

> 迪功少學六朝,其所著五集,類靡靡之音,及見北地,初猶崛強,賦詩云:我雖甘爲李左車,身未交鋒心未服。顧子多見不自量,此項未肯下顓牧。既而心傾意寫,營壘旌旗,忽焉一變。[48]

徐禎卿雖變其早作,但是他的作品的成就,實可與李夢陽、何景明鼎立而三。顧璘云:

> 國朝自弘治間詩學始盛,其間名家可指而數,今亡去有集傳世者三人:李獻吉、何仲默、徐昌穀。三人各有所長:李氣雄,何才逸,徐情深。

皇甫汸《題徐迪功外集序》云:

> 弘、德之間,李、何諸子追述大雅,取裁風人,一時藝林,

作者向臻，同好景附，咸足馳騁海内，而徐君亦獨步江左矣。[49]

何良俊言弘治年間詩人對時風之影響亦云：

一時李空同、何大復、徐昌穀諸人相與倡始，南北競爽，而古人之風幾遍域中矣。

吳德旋《雜著示及門諸子》就表示：

何、李馳名蔑等儔，詩壇百尺起岑樓。

高吟只作詩人了，昌穀還推第一流。[50]

張之傑《讀明詩五十二首》也說：

李何奪幟決雄雌，徐子風流亦白眉。

標格精致真絕調，三分鼎立不參差。[51]

朱庭珍《論詩》云：

迪功高格似襄陽，身佩仙人九節菖。

能以偏師成鼎足，當時兩大枉爭強。[52]

姚氏則從徐禎卿在歷下與李夢陽交游，一改前期所寫的「鸚鵡華開」之詩風的方面，來評述他的作品：「歷下歸來別賞心，鸚鵡華開都棄卻。」錢謙益《列朝詩集小傳》言徐禎卿與李夢陽游而改其前作之風云：

昌穀少與唐寅、祝允明、文璧齊名，號吳中四才子。徵仲稱其才特高，年甚少，而所見最的。其持論於唐名家獨喜劉賓客、白太傅，沈酣六朝散華流艷文章煙月之句，至今令人口吻猶香。登第之後，與北地李獻吉游，悔其少作，改而趨漢、魏、盛唐，吳中名士頗有邯鄲學步之誚。[53]

祝允明對徐氏北學，也不表讚同。《夢唐寅徐禎卿》詩云：

徐子十□周，邅討務精純。邅邅訪魏、漢，北學中離群。

伊余守初質，溫故以知新。

姚氏不同意錢氏的看法，認爲徐氏後期的作品實有他的成就，故
評錢氏之言道：

> 虞山翻認操吳音。

李夢陽

姚瑩《論詩絕句六十首》之第四十一首云：

> 才名一代李空同，毀譽無端總未公；
>
> 屈指開元到弘正，眼中壇坫幾人雄。

李空同（1472－1529），名夢陽，字天賜，又字獻吉，亦號
空同子。慶陽人。後遷居河南扶溝。弘治七年癸丑進士，授戶部
主事，轉員外郎，應詔陳言彈壽寧侯張鶴齡，繫錦衣衛，旋釋之。
正德中，進郎中。以代尙書草奏彈劉瑾事入獄。後起江西提學副
使。卒後門人私諡文毅，天啓初追諡景文，著有《空同集》。
明清論者多稱讚李夢陽的詩作及其領導弘治詩風的貢獻。黃省曾
《五嶽山人集》云：

> 先生古賦騷選樂府，古詩漢魏覽眺諸篇，逼類康樂，近體
> 歌行，少陵、李白，往匠可凌，後哲難繼，明興以來，一
> 人而已。

讚揚李氏的各體詩作與賦作，認爲有明以來，能在這些方面取得
高度成就的，只有李夢陽一人而已。沈德潛則讚許他的七言之
作，認爲可以「雄視一代」。《明詩別裁》云：

> 空同……七言古雄渾悲壯，縱橫變化；七言近體，開合動
> 蕩，不拘故方，準之杜陵，幾於具體，故當雄視一代。[54]

馬長海《仿元遺山論詩絕句四十七首》除了讚揚他是「金丹換
骨」高手，其詩「光芒萬丈」之外，甚至以他可和杜甫相比：

> 千年不見浣花翁，誰是光芒萬丈雄？
>
> 金丹換骨須能手，中州只有李空同。[55]

白胤謙《近代詩人大家七絕句》盛讚他爲「百代雄」：

> 牢籠川嶽氣無終，北地元堪百代雄。
>
> 不是少陵生得早，後先鉅軰許誰同？[56]

張之傑《讀明詩五十二首》讚揚李氏在「掃盡浮華復古風」的貢獻，並許之爲「一朝宗匠」：

> 一朝宗匠李空同，掃盡浮華復古風。
>
> 鵬翮摩天龍戲海，縱橫變化渺難窮。[57]

胡應麟《詩藪》推許李氏在領導明代詩壇上，主秦漢盛唐，開創一代詩風，爲「達摩西來，獨闡禪教」：

> 李獻吉詩文山斗一代。其手闢秦、漢、盛唐之派，可謂達摩西來，獨闡禪教。又如曹溪卓錫，萬眾歸依。[58]

袁嘉穀《出日下睨小飲薄醉尙論古詩人漫成十二首》也表示李夢陽與何景明在領導明代詩壇的貢獻，而認爲李夢陽的詩格更高：

> 明代詩聲習叫囂，李、何崛起正風騷。
>
> 規模漢、魏、隋、唐體，北地雄渾格更高。[59]

蔣湘南稱譽他「一肩直抗漢唐秦」。《弔北地》云：

> 一肩直抗漢唐秦，折後干將氣少倫。
>
> 車笠偏多陰雨怨，文章本屬起衰人。[60]

朱彝尊《明詩綜》所言尤詳：

> 成、弘間詩道旁落，雜而多端，台閣諸公，白草黃茅，紛蕪靡曼，其可披沙而揀金者，李文正、楊文襄也。理學諸公，擊壤打油，筋斗樣子，其可識曲而聽眞者，陳白沙也。北地一呼，豪傑四應，信陽角之，迪功犄之，律以高廷禮《詩品》，凌川、華泉、東橋等爲之羽翼，夢澤、西原等爲之接武，正變則有少谷、太初，旁流則有子畏，霞蔚雲蒸，忽焉丕變，嗚呼！盛哉！[61]

然而論者於李夢陽，讚者多，毀者也不少。錢謙益《列朝詩集小傳》云：

> 獻吉生休明之代，負雄鷙之才，傾然謂漢後無文，唐後無詩，以復古為己任，信陽何仲默起而應之。自時厥後，齊、吳代興，江楚特起，北地之壇坫不改，近世耳食者至謂唐有李、杜，明有李、何，自大歷以迄成化，上下千載，無餘子焉。嗚呼，何其誖也，何其陋也！[62]

又云：

> 獻吉……牽率模擬剽賊於聲句字之間，如嬰兒之學語，如桐子之洛誦，字則字，句則句，篇則篇，毫不能吐其心之所有，古之人固如是乎？[63]

謝啓昆《論明詩絕句九十六首》評李氏「詩在盛唐，唐後無詩」之說云：

> 倡言復古數空同，唐後無詩論未公。
>
> 東里西涯衣缽在，中原二子孰雌雄？[64]

故陳田《明詩紀事》云：

> 空同志壯才雄，目短一世，好掊擊人，而受人掊擊亦甚，然究一時才傑，亦不能出其右也。成、弘之間，茶陵首執文柄，海內才俊，盡歸陶鑄。空同出而異軍特起。[65]

姚氏也說：

> 才名一代李空同，譽毀無端總未公。

認為一般的評論對李夢陽之詆毀，有失公正，他把李氏擺在整個明代文學的層面來評價，表示從唐代的開元到明代的弘正、正德朝，又有多少位文壇領袖能像李夢陽那樣受人推重。故云：

> 屈指開元到弘正，眼中壇坫幾人雄。

按：朱炎《讀明人詩絕句三十首》亦云：

　　　　一代裁詩有折衷，頹波至竟挽空同。

　　　　丸泥自可封函谷，未許吳儂仰面攻。[66]

柯振嶽《論詩》：

　　　　何、李敦盤王、李繼，太菲薄爲太尊崇。

　　　　掃除門戶平心論，牛耳終當屬四公。[67]

針對錢謙益等人之批評李夢陽模仿盛唐說爲剽竊，汪苕《讀明詩》爲之辯護云：

　　　　一代才華北地多，衣冠優孟論原苛。[68]

是以有些論者乃規勸時人「莫漫誚」李氏。張英《讀李獻吉集》云：

　　　　清時萬類轉龐鴻，宮羽皆含正始風。

　　　　格律尚存元氣在，時人莫漫誚崆峒。[69]

何景明

　　姚瑩《論詩絕句六十首》之第四十二首云：

　　　　俊逸何郎妙絕倫，最雄駿處絕風神；

　　　　多師未必皆從杜，欲爲青蓮覓替人。

　　何景明（1483－1521），字仲默，信陽人。弘治十五年壬戌進士，授中書舍人，轉吏部員外。以劉瑾專權，遭排斥，托病辭官。劉瑾被誅，得李東陽推薦恢復原職。後出爲陝西提學副使。著有《大復集》。崔子鍾曾云：

　　　　空同方雅簡默，稍飾廉稜；仲默恬淡溫孫，不露才美。李之雄厚，何子逸健，宜學者尊爲宗匠。[70]

張蓋《絕句》云：

　　　　青蓮、杜甫看前輩，大復、空同冠本朝。

　　　　借問後來誰繼起？江南江北總蕭條。[71]

薛蕙詩亦云：

俊逸終憐何大復。

鄧鎔《論詩三十絕句》：

　　名滿中州前七子，何郎雋逸有誰如？

　　法門一喝當頭棒，不讀唐賢以後書。[72]

穆敬甫云：

　　何詩清淑典麗，鑒然瑩然，眞得風人溫柔敦厚之旨。[73]

都以俊逸溫孫清淑稱贊亳景明的詩風。故胡應麟《詩藪》比較李
夢陽與何景明之作云：

　　李以骨力勝，何以神韻超。學何不至，不失雕龍；學李不
　　成，終成畫虎。[74]

趙彥復《梁園風雅》也說：

　　大復詩以清遠爲趣，俊逸爲宗，務在舍筏而自見神情，與
　　獻吉分鑣異軫，各臻其極，一以爲霆驚電煜，駭目振心；
　　一以爲落日明霞，餘暉映遠。[75]

陳田《明詩紀事》：

　　大復骨清神秀，龍鳳之姿，如虯髯公見太原公子，令人氣
　　奪，與空同固是勁敵。[76]

汪芑《讀明詩》：

　　珊珊仙骨屬何郎，和璧隋珠競吐芒。[77]

謝啓昆《論明詩絕句九十六首》：

　　翩翩百鳥集詞林，明月篇多婉麗音。[78]

張之傑《讀明詩五十二首》：

　　何郎特起冠群英，弘治騷壇有正聲。

　　瑤島嬋娟春月柳，一般秀麗自天成。[79]

朱庭珍《筱園詩話》比較李夢陽與何景明並讚揚後者云：

　　有明前七子中，以何信陽爲最。信陽秀骨天成，筆意俊

爽，其雅潔圓健處，非李空同所及。且持論力主獨造，較
空同議論，專綜模仿，謂臨帖以相似為貴，作詩亦然者，
高下相去遠矣。故信陽可云一代清才，空同則粗才也。[80]

姚瑩亦云：

俊逸何郎妙絕倫，最雄駿處絕風神。

楊慎云：

仲默枕籍杜詩，不觀餘家。[81]

李舒章《皇明詩選》：

古詩上睨子建，下拂士衡，清美合度，與李競爽，近體則
初唐諸家，無所常師，意之所寓，工麗即臻。[82]

《東皋詩話》云：

信陽古體佳句，……皆力摹六朝。

以何氏或承自杜甫，或承自曹植、陸機及初唐諸家，或承自六
朝，唯姚氏有不同的見解，他認為何氏的詩風更接近李白。可以
成為李白的傳人。故云：「多師未必皆從杜，欲為青蓮覓替人。」

高叔嗣、邊貢

姚瑩《論詩絕句六十首》之第四十三首云：

子業寥寥盡一編，沈幽合與並華泉；

空青石氣非人世，流水高山太古弦。

高叔嗣（1501－1537），字子業，祥符人。嘉靖癸未進士。
授工部主事，改吏部員外郎中，出為山西參政，終湖廣按察使，
著有《蘇門集》。王世貞《藝苑巵言》評高叔嗣詩云：

高子業如高山鼓琴，沈思忽往，木葉脫落，石氣自清。[83]

顧起綸《國雅品》：

（子業）負奇氣，博雅情，其為詩，若磊磊喬松，凌風迥
秀，響振虛谷，如：莫作空山臥，令人望白雲；貧家滿座

客，閉戶一床書；以我不得意，憐君同此心；磨滅名體柱，
淒涼賦賣金。[84]

又云：

> 大抵高詩有情哉，通篇讀去頗沈鬱。王元美謂其高山鼓
> 琴，沈思忽往者是也。[85]

此姚瑩評高氏詩「空青石氣非人世」所本也。《皇明詩選》中陳
子龍讚高氏詩云：

> 子業沈毅雋永，多獨至之音。

王士禎《戲仿元遺山論詩絕句》也讚云：

> 中州何李並登壇，弘治文風竟比肩。
>
> 詎識蘇門高吏部，嘯台鸞鳳獨迥然。[86]

陳田《明詩紀事》：

> 子業襟抱既超，故吐屬蘊藉，有魏、晉人標致，次亦不失
> 爲孟襄陽、韋蘇州。[87]

沈德潛《明詩別裁》讚同王世貞之評云：

> 蘇門五言，沖淡得韋蘇州體。王元美評：如高山鼓琴，沈
> 思忽往，木葉脫落，石氣自清；良然。[88]

陳束亦云：

> 子業謝絕品流，因心師古。涉周秦之委源，酌二京之精
> 秘，會晉餘潤，契唐本宗，每有屬綴，佇興而就。寧復罷
> 閣，不爲淺易之談。故其篇什，往往直舉胸情，刮決浮華，
> 存之隱冥，獨妙閑曠，合於風騷，有應物之沖澹，兼曲江
> 之沈雅，體王、孟之清適，具高、岑之悲壯，詞質而腴，
> 興近而遠，洋洋乎斯可謂之詩也。[89]

謝啓昆《論明詩絕句九十六首》：

> 荊紫歸臥讀書園，諫果甘回至味存。

何李升堂誰入室？長城五字屬蘇門。[90]

吳應奎《讀明人詩仿遺山論詩絕句三十五首》：

木葉蕭然石氣清，舊將詩品擬鳴琴。

憑君更舉羊孚語，自是蘇門有賞音。[91]

姚瑩以高叔嗣之作比邊貢。邊貢（1476－1352），字廷實，歷城
人。弘治丙辰年進士。授太常博士。擢戶科給事中。遷太常寺丞，
出知衛輝府，改荊州，升湖廣提學副使，召拜南京太常少卿，遷
太僕，改太常卿提督四夷館，進南京戶部尚書。有《華泉集》。
朱觀《海嶽靈秀集》評邊氏之作云：

華泉之作，雖不逮李、何，然平淡和粹，孝廟以前，海嶽
之才，無其倫比。[92]

何元朗亦云：

世人推李、何爲當代第一。予謂空同關中人，氣稍過勁，
未免失之怒張；大復俊節亮語，出於天性，亦自難到，但
工於句言，而乏意外之趣，獨邊華泉興象飄逸，而語亦清
圓，故當共推此人。[93]

俞汝成云：

華泉調逸情眞氣舒音亮，不假深求，自得風人之韻。

張之傑《讀明詩五十二首》云：

四傑三家各佔魁，華泉亦是不凡才。

蜚聲藝苑群英輔，平淡清圓世共推。[94]

謝啓昆《論明詩絕句九十六首》尤讚賞邊貢的五言之作：

清廟冷冷錦瑟絃，漫推何、李抑徐、邊。

芭蕉夜雨添愁思，三復華泉五字篇。[95]

姚氏以高叔嗣和邊貢並稱，其意蓋五言詩作，高、邊可以比美。
唯詩論界則常以高叔嗣與徐禎卿並提。王世懋《藝圃擷餘》：

詩有必不廢者，雖眾體未備，而獨擅一家之長，如孟浩然
洮洮未盡，只以五言雋永，千載並稱王、孟，有明則徐昌
國、高子業二君，詩不同而巧於用短，徐有蟬脫軒舉之
風，高有秋閨愁婦之態，更千百年，李、何尚有廢興，二
君必無絕響。[96]

王士禎《池北偶談》：

明詩本有古澹一派，如徐昌穀、高蘇門、楊夢山、華鴻山
輩，自王、李專言格調，清音中絕。[97]

並贊同王世懋之言云：

此眞高識迥論，令于鱗、大美，早聞此語，當不開後人抨
彈矣。[98]

《四庫全書總目》評皇甫詩作時，亦以徐、高並舉：

詩憲章漢、魏，取材六朝，婉麗之詞，綿邈之神，以驂昌
穀、蘇門，固無愧色。[99]

皇甫四兄弟

姚瑩《論詩絕句六十首》之第四十四首云：

舟曾兄弟稱前代，水部司勛嘆積薪；

一種清才屬皇甫，昔賢應畏後來人。

姚瑩以唐代的皇甫兄弟，皇甫曾和皇甫冉帶出明代的皇甫兄
弟，皇甫沖、皇甫涍、皇甫汸，與皇甫濂。**皇甫沖**(1490－1558)，
字子浚，長洲人。嘉靖戊子年舉人。有《華陽集》。**皇甫涍**（1497
－1546），字子安。嘉靖年間壬辰進士。處工部主事，調禮部歷
郎中，改補右春坊司直，兼翰林簡討，左遷廣平通判量，移南京
刑部主事，進員外，升浙江按察僉事。有《皇甫少玄集》。**皇甫
汸**（1498－1583），字子循。號百泉。嘉靖八年已丑進士，授國
子博士。十三年，拜工部水都司主事。十七年，升虞衡司員外郎，

後謫黃州推官，十九年，召爲南京刑部郎，後任南京水部郎，歷至吏部郎中，三十年，又謫開州通判，後升雲南按察僉事，以大計免官。有《司勛集》。**皇甫濂**（1508－1564），字子約，一字道隆，號理山。嘉靖甲辰進士，授水部主事。二十七年爲工部都水主事，尋謫河南蕃司理官，遷興化同知。著有《水部集》。王世貞《藝苑巵言》：

> 太原兄弟，俱擅菁華。……吳中一時之秀，海內寡儔。[100]

張塏《論明詩絕句十六首》：

> 生子當如四皇甫。[101]

王士禎《戲效元遺山論詩絕句》云：

> 翩翩安定四瓊枝。[102]

張之傑《讀明詩五十二首》亦云：

> 四美翩翩玉樹枝，才華清婉並驅馳。[103]

沈德潛《明詩別裁》：

> 吳中詩品自高季迪、徐昌穀後，應推皇甫兄弟，以造詣古澹，無一點纖仄之習，時二黃三張，空存名目耳。[104]

朱彝尊《靜志居詩話》：

> 四皇甫詩，源出中唐，兼取材於潘、左、江、鮑，清音亮節，淨掃氛埃，高蘇門、華鴻山、楊夢山而外，無有及之者。[105]

皇甫序皇甫沖詩云：

> 兄詩兼綜諸體之妙，而不能稱之以一長；盡臻名家之奧，而不能擬之以一子。此二陸辭藻獨秀於平原，三謝聲華莫先於康樂也。如樂府雄深，古選雅淡，歌行縱逸，五言近體之典麗，絕句之清婉。差弱者，其七言近體乎。[106]

王世貞評皇甫涍詩云：

皇甫子安如玉盤露屑，清雅絕人，惜輕縑短幅，不堪裁
剪。[107]

《甫田集》云：

> 子安雅性閑靖，玄晏先生所爲，自號少玄子。詩沈蔚偉
> 麗，早歲規仿初唐，旋入魏、晉，晚益玄造，鑄詞命意，
> 直欲窺曹、劉之奧而及之，惜乎未見其止。

朱彝尊《靜志居詩話》評云：

> 子安逸藻風飛，清文綺合。[108]

皇甫沖《編次仲弟少玄集目序》云：

> 子安體骨奇俊，詞采英發，陳諷喻則婉而不迫，敍政事則
> 直而不俚，頌功德則掩而不諛，不取妍於一字，不求工於
> 一詞，肇端莫測，歸趣難探。詠之而有餘音，咀之而無窮
> 味。[109]

吳應奎《讀明人詩戲效遺山論詩絕句三十九首》比較四皇甫，而
高推皇甫子安五言之作云：

> 才名四甫盛吳中，五字終推司直工。
> 曲學何能辨精理，狂詞先撼出群雄。[110]

詩後吳氏自註云：

> 四皇甫，皆工五言，而以次公爲最。昔人論之詳矣。或謂
> 其得風格而遺精理，未爲極詣云云，吾亦未之敢信也。[111]

馮時可《雨航雜談》評皇甫子循云：

> 皇甫子循詩名，與王元美相累，吳下能詩者，朝子循而夕
> 元美。或問其優劣。周道甫曰：子循如齊、魯，變可至道；
> 元美如秦、楚，強遂稱王。

胡應麟《詩藪》評皇甫汸五言之作云：

> 皇甫子循之五言，清鎔瀟灑，色相盡空，雖格本中唐，而

神韻過之。[112]

朱彝尊《靜志居詩話》亦以子循五古「整於小謝」，而五律「雋於中唐」云：

> 百泉清音藻思，五言整於小謝，五律雋於中唐，……要其
> 五言清眞朗潤，妙絕時人。[113]

陳田《明詩紀事》也讚賞子循五言之作：

> 子循五律，清裁雅調，自是一時之俊，五古亦是當家，至
> 模範魏、晉，熔鑄齊、梁，於子安稍遜一籌。[114]

沈德潛《明詩別裁》云：

> 子循古體，出入二謝，其五言律亦在錢、劉之間，與兄子
> 安可云敵手。[115]

黃德水《國華集》評皇甫濂云：

> 水部詩，意玄詞雅，律細調清，長於造景，務在幽絕，雖
> 物指區中，而神超象外，會其獨詣，斯可與言詩矣。[116]

姚瑩亦認爲不論是唐代的皇甫兄弟，或是明代的皇甫兄弟，他們
的詩作都是以風格清秀著名。故云：「一種清才屬皇甫。」姚氏
又據《史記》：「陛下用群臣如積薪耳，後來居上。」中之「積
薪」語，認爲明代的皇甫兄弟，相對唐代皇甫兄弟而言，更是後
來居上，並表示：「昔賢應畏後來人。」

楊慎

姚瑩《論詩絕句六十首　》之第四十五首云：

> 新都才艷似風飆，別寫江山富六朝；
> 苦覓同行都不似，西原鸎鴒或相招。

「新都」，指楊慎。楊慎(1488－1559)，字用修。四川新都
人。正德六年辛未賜進士第一，授翰林修撰。世宗時謫戍雲南永
昌衛，投荒散置三十餘年，卒於戍所。天啓除追諡文憲。有《升

庵集》。薛蕙云：

> 用修窮極詞章之綺麗，牢籠載籍之菁華。卓絕之才，弘博
> 之學，直欲追軌古人。[117]

胡應麟以楊慎詞章之綺麗，歸之於受六朝之影響。其言云：

> 楊用修以六朝語作初唐調，而雕繪滿前，故知詩有別才，
> 學貴善用。[118]

邱晉成《論蜀詩絕句》也以楊慎「咀華六代」：

> 曠世鴻才楊用修，咀華六代信無儔。[119]

林思進《論蜀詩絕句》更形容他的詩作為「六代風華第一流」：

> 六代風華第一流，撼門功罪抵千秋。
> 星橋雪嶺金雞夢，吟向深閨字字愁。[120]

鄧鎔《論詩三十絕句》亦以楊慎不但學六朝、漢、魏，其博雅實
前明之冠：

> 升庵博雅冠前明，六代詞華漢、魏聲。
> 雖有裁縫針線跡，天孫雲錦已將成。[121]

《四庫全書總目》則不僅以他的作品「含吐六朝」，更重要的是
在七子之外，「獨立門戶」：

> 慎以博洽冠一時，其詩含吐六朝，於明代獨立門戶。[122]

毛翰豐《論蜀詩絕句》也是如此，並高讚為「三百年中成一隊」：

> 相門才子出新都，盡讀人間未見書。
> 三百年中成一隊，風華猶是六朝餘。[123]

張晉《仿元遺山論詩絕句六十首》亦云：

> 幾人草際泣秋蟲，都傍當時數巨公。
> 偏是升庵羞附會，自成一隊不雷同。[124]

胡應麟以楊慎詩作不相依傍，其言云：

> 用修才情學問，在弘正後嘉靖前，挺然崛起，無復依傍，

自是一時之傑。[125]

沈德潛《明詩別裁》：

> 升庵以高明伉爽之才，宏博絕麗之學，隨題賦形，一空依
> 傍，於李、何諸子外，拔戟自成一隊。[126]

姚瑩於稱讚楊慎的才華時，也認為他的詩作獨樹一幟，別有六朝
之風，與當時其他詩人不類。故云：

> 苦覓同行都不似。

錢謙益《列朝詩集小傳》則以楊慎不但受六朝之影響，還采擷晚
唐之菁英：

> 北地哆言復古，力排茶陵，海內為之風靡。用修乃沈酣六
> 朝，攬采晚唐，創為淵博靡麗之詞，其意欲壓倒李、何，
> 為茶陵別張壁壘，不與角勝口舌間也。[127]

陳田《明詩紀事》以楊慎早年醉心六朝，晚有李、杜格調，亦受
蘇、黃之影響：

> 升庵詩，早歲醉心六朝，艷情麗曲，可謂絕世才華，晚
> 乃漸入老蒼，有少陵、謫仙格調，亦間入東坡、涪翁一
> 派。[128]

王士禎《香祖筆記》則讚賞楊慎兼有六朝之才與學：

> 明詩至楊升庵，真以六朝之才，而兼六朝之學者。[129]

姚瑩故云：「新都才艷似風飆，別寫江山富六朝。」唯王世貞
《藝苑卮言》評云：

> 徐昌穀有六朝之才，而無其學，楊用修有六朝之學，而無
> 其才。[130]

張之傑則不滿楊慎學識過於豐富，以致性情反為掩蓋。《讀明詩
五十二首》云：

> 天才摛藻逞奢華，宏博真堪過五車。

書卷太多情性掩，珍奇雖富有疵瑕。[131]

朱庭珍《筱園詩話》對楊氏則毀譽交加：

> 升庵壯年戍滇，老而未返，於三迤足跡迨遍，滇中山水景
> 物，多入題詠，足備後人采擇，足資地志考據。滇中風雅，
> 實倡於此。惜其論詩專主六朝、初唐，以齊、梁綺麗爲宗，
> 詞勝於格，肉多於骨，有春華而欠秋實，終非上乘禪耳。
> 況其學不專於詩，往往疏於法律，又多空調浮響，究難與
> 專門名家爭勝負於千古。特其讀書既多，著述最富，不
> 惟論說考證，多具卓識，即以詩言，其佳章好句，亦多可
> 取。[132]

又云：

> 楊升庵學問之博，著述之多，爲有明一代之冠。然好英雄
> 欺人，僞撰古書，以眩人目，議論考據，時有附會穿鑿。
> ……升庵詩才情華麗，惟詞多於意，骨少於肉，有士衡才
> 多之患。且宗法六朝、初唐，苦爲所圍，五言尤甚。本非
> 專門，實未深造，不足成家也。七律頗多佳作，然好襲用
> 成句，終不可訓。[133]

姚氏又云：「西原鸞鷟或相招。」西原指薛蕙。姚氏認爲只
有薛蕙詩可與楊愼稱同調。薛蕙（1489－1541），字君采。亳州
人。正德甲戌進士。授刑部主事，改吏部，歷員外郎中。有《西
原集》。王世貞《藝苑巵言》：

> 薛君采如宋人葉玉，幾奪天巧，又如倩女臨池，疏花獨
> 笑。[134]

胡應麟《詩藪》云：

> 弘、正五言律，自李、何外，如薛君采之端麗溫醇，高子
> 業之精深華妙，置之唐人，毫無愧色。[135]

《梁園風雅》：

> 西原咀英魏晉，振秀齊梁，意綿密而辭新，格醇雅而調
> 逸。[136]

錢謙益《列朝詩集小傳》：

> 王廷相謫判亳州，激賞之，曰：可繼何、李。後之論者亦
> 曰：弘嘉之際，三君鼎立，然君采爲詩，溫雅麗密，有王、
> 孟之風。嘗與楊用修論詩曰：近日作者，摹擬蹈襲，致有
> 拆洗少陵，生吞子美之謔。求近性情，無若古調。則君采
> 之意，尚未肯肩隨仲默，而況於獻吉乎？[137]

張之傑《讀明詩五十二首》：

> 西原理學得眞詮，綺麗詩情卻自妍。
> 倩女臨粧花獨笑，形容情態使人憐。[138]

《四庫全書總目》：

> 正、嘉之際，文體初新，北地、信陽，聲華方盛，蕙詩獨
> 以清削婉約，介乎其間。古體上把晉、宋，近體旁涉錢、
> 劉，核其遺編，雖亦擬議多而變化少，然當其自得，覺筆
> 墨之外，別有微情，非生吞漢、魏，活剝盛唐者比。[139]

而《皇明詩選》陳子龍之言云：

> 君采詩如貴主初降，雲軿鸞輅，懸珠編貝，自然莊麗。[140]

在詩作之講求綺麗清妍上，楊愼與薛蕙實有共同之處的。姚瑩因
而取陳子龍評薛蕙詩作語，並以之比擬楊愼，而說：「西原鸞輅
或相招。」

齊之鸞

姚瑩《論詩絕句》第四十六首云：

> 蓉川風氣肇吾鄉，骨綆峻峻屢奏章；
> 入夏南征詩盡好，至今山色爲君蒼。

蓉川，齊之鸞之作品集名。**齊之鸞**，字瑞卿。桐城人。正德六年辛未進士。改庶吉士，授刑科給事中，歷吏、兵二科左右給事。世宗時謫崇德縣丞，移知長興縣，稍遷南京刑部郎中，以陝西按察僉事巡寧夏，升副使，改河南，再改山東，終河南按察使。有《蓉川集》。朱彝尊《靜志居詩話》云：

> 蓉川在給舍，最為敢言，侃侃不阿。[141]

《盛明百家詩》：

> 蓉川齊公，早負詩名，發為詩歌，皆切民瘼國猷，筆力遒健，曲盡事情。[142]

陳田《明詩紀事》：

> 蓉川詩有蹴張之力，超距之勇，不屑屑於詩流派別，而句奇語重，可與當時名家各分一席。[143]

姚氏也高度評價他的這個同鄉作者齊之鸞。在《康輶紀行》中，他以齊氏為其鄉詩學之始，給予高讚，將其地位擺在與經學之錢澄之，理學之何唐，博學之方以智，古文之方苞與戴名世等之同等地位。《論詩絕句六十首》中，姚氏先言齊氏其人正直，有言必奏，奏章連連，次言所作《南征》詩有高超的藝術成就。關於齊氏《南征》詩，朱彝尊的《靜志居詩話》云：

> 入夏諸詩，山川險隘，誦之有如聚米，與尹僉事耕並工。惜乎志邊關者，均未之采錄也。[144]

林鴻、朱應登、高棅、鄭善夫

姚瑩《論詩絕句》第四十七首云：

> 閩粵詩人苦費才，林、高去後獨裴回；
> 齊名莫漫稱朱、鄭，少谷真從老杜來。

姚氏也將其論詩角度置於地區文學上。他認為福建與廣東，也出現傑出的詩人。前者有林鴻與高棅。林鴻，字子羽。福清人。

洪武初以薦授將樂訓導，後拜禮部員外，與高棅、陳亮、王恭、
王偁，唐泰、鄭定、王褒、周玄、黃玄等並稱閩中十子。著有
《膳部集》。錢謙益《列朝詩集小傳》：

> 凡閩人言詩者，皆本鴻。林敏、陳仲宏、鄭關、林伯璟、
> 張友謙、趙迪諸人，皆鴻之弟子。[145]

閩人論詩，主盛唐，此風由林鴻開啓。故謝章鋌《論詩絕句三十
首》云：

> 煌煌十子獨開先，流派於今五百年。
>
> 比似裁縫工熨貼，正音原不愧唐賢。[146]

朱炎《讀明人詩絕句三十首》亦云：

> 苦學開元林膳部，八閩宗派出三唐。[147]

謝啓昆《論明詩絕句九十六首》也說：

> 膳部詩應首八閩。[148]

朱彝尊《靜志居詩話》則評云：

> 閩中十子，子羽稱巨擘焉，而循行距步，無鷹揚虎視之
> 姿，此猶翡翠蘭苕，方塘曲渚，非不美觀，未足與量江海
> 之大。[149]

又於《林鴻傳》云：

> 閩中善詩者數十才子，鴻爲之冠，十才子者，閩鄭定、侯
> 官王褒、唐泰、長樂王恭、陳亮、永福王偁、及鴻弟子周
> 玄、黃玄。[150]

沈德潛《明詩別裁》亦以閩中詩派「宗法唐人，繩趣尺步」，並
取一般以「唐臨晉帖」之譬喻少之言論，雖然還肯定地說，「終
是正派」：

> 閩中詩派，以子羽爲首，宗法唐人，繩趨尺步，眾論以唐
> 臨晉帖少之，然終是正派。[151]

張之傑《讀明詩五十二首》就是用「唐賢臨晉帖」來評論林鴻之
作的一位論者：

> 詩才亦是冠群英，摹仿開元少性情。
>
> 恰似唐賢臨晉帖，微嫌形貌不分明。[152]

陳田《明詩紀事》亦評云：

> 子羽詩以盛唐爲宗，諸體並工，論者謂晉安一派，有詩必
> 律，有律必七言，引爲口實，亦蹈襲者之過也。劉子高序
> 《鳴盛集》云：子羽詩，若殷璠所論，神來氣來情來者，
> 莫不兼備，天姿卓絕，心會神融，子高詩流，其言亦可爲
> 定論矣。[153]

王夫之詆毀林鴻尤烈。《明詩評選》評林氏《塞上逢故人》一詩
云：

> 子羽，閩派之鼻祖也。於盛唐得李頎，於中唐得劉長卿，
> 於晚唐得李中，奉之爲主盟，庸劣者翕然而推之，亦與高
> 廷禮互相推戴，……千秋以來，作詩者但向李頎墳上酹一
> 滴酒，即終身洗拔不出，非獨子羽、廷禮爲然，子羽以平
> 緩而得沓弱；何大復、孫一元、吳川樓、宗子相輩，以壯
> 激而得頑笨；鍾伯敬飾至以尖側，而仍之以莽淡；錢受之
> 游之以圓活而用其疏梗，屢變旁出，要皆李頎一燈所染，
> 他如傅汝舟、陳昂一流，依林、高之末焰，又不足言已。
> 吾於唐詩深惡李頎竊附孔子惡鄉愿之義，睹其末流，益思
> 始禍。區區子羽者流，不足誅已。[154]

但也有爲之辯護者，楊浚《論次閩詩》云：

> 卻笑欺人閩派開，虞山暨子漫論才。
>
> 禮星檠雨三唐調，字字都從肺腑來。[155]

高棅（1350－1423），字彥恢，名廷禮，號漫士。長樂人。永樂

初以布衣召入翰林爲侍詔，後來升爲典籍，卒於官。著有《木天清氣集》、《嘯臺集》。俞汝成云：

> 漫士意興俱佳，而歌行尤勝。[156]

沈德潛《明詩別裁》：

> 典籍以五言古爲勝，俞汝成盛推歌行，非篤論也。至擬唐諸作，初無君形者存。[157]

姚瑩以明詩在林鴻、高棅之後，時人認爲可繼承者有鄭善夫與朱應登。**鄭善夫**（1485－1523），字繼之。閩縣人。乙丑進士，除戶部主事，改禮部，乞歸，後薦南京刑部，改吏部郎中。有《少谷山人集》。鄭善夫詩，論者有譽之者，也有貶中夾帶譽者，更有全面毀之者。如陳子龍讚云：

> 繼之雅質，故鋪敘之言獨長。

顧華玉云：

> 繼之氣秀岩谷，雖才韻勿充，而古言精思，霞映天表。[158]

王敬美則貶中有讚，其言云：

> 閩人家能呫嗶而不甚工詩。國初林鴻、高棅、唐泰輩皆稱能詩，號十才子。然出張、徐下遠甚，無論季迪。其後氣骨差堪旗鼓中原者，僅一鄭善夫耳。其詩雖多模擬，猶是邊、徐、薛、王之亞也。[159]

後世議論鄭善夫者，多偏重於他之模仿杜甫作品。毀之者以他學杜只得杜之皮，淪爲無謂之模仿，且時非天寶，地靡拾遺，而故作無病呻吟之語。林貞恒《福州府志·文苑傳》即評云：

> 鄭善夫，……與洛中何景明同年相切劘，善屬文，尤長於詩，七言近體興致清遠，議者或謂得杜之骨。又謂正德間，關中李夢陽摹擬少陵，然猶丐膏馥，自出己意爲主，至善夫並襲其意。時非天寶，地靡拾遺，殆爲無病呻吟

云。善夫官終吏部郎，其同時有林釴、傅汝舟……其詩與
善夫同類，……釴爲御史，頗爲鄉論所訾。

林壽圖《題李獻吉集後》亦云：

> 纍怪吾鄉鄭繼之，呻吟學得少陵皮。[160]

唯王世懋《藝圃擷餘》爲之辯云：

> 林尚書恆修《福志》，志善夫云：時非天寶，地靡拾遺，
> 殆無病呻吟云。至以林釴、傅汝舟相伯仲。又云：釴與善
> 夫頗爲鄉論所訾，過矣。閩人三百年來，僅得一善夫，詩
> 即瑕，當爲掩。善夫雖無奇節，不至作文人無行，殆非實
> 錄也。[161]

朱彝尊《與高念祖論詩書》云：

> 明詩之盛，無過正德，而李獻吉、鄭繼之二子，深得子美
> 之旨。論者或詆其時非天寶，事異唐代，而強效子美之憂
> 時。嗟呼，武宗之時何哉！使二子安於耽樂，而不知憂患，
> 則其詩不作可也。[162]

《四庫全書總目提要》亦爲之辯云：

> （鄭氏）其詩規模杜甫，多憂時感事之作。林貞恆《福州
> 志》病其時非天寶，地遠拾遺，爲無病而呻吟。然武宗時
> 奄豎內訌，盜賊外作，詩人蒿目，未可謂之無因。[163]

張際亮《入都浹旬故人多以詩相示各綴一絕》直讚他有杜甫忠愛
之遺風，並許之爲「一代風騷」：

> 一代風騷鄭繼之，辛勤忠愛杜陵遺。[164]

有些論者則以鄭善夫詩師杜甫，唯過於質直，吳應奎《讀明人詩
仿遺山論詩絕句三十五首》爲之辯云：

> 鄭公退後倍哀時，感慨文章足繫思。
> 若把頹唐評少谷，杜陵面目阿誰知？[165]

此詩後吳氏自註云：

> 見有評少谷師杜過於質直，又云：頹唐似杜者。鄙意謂其
> 不識少谷，並不識少陵。

張之傑《讀明詩五十二首》更以鄭氏之悲世不僅是學杜甫而已。
其言云：

> 硬語盤空風骨稜，鉛華洗盡冷於冰。
>
> 悲涼亦是關遭際，不是哀吟學少陵。[166]

此當本王士禎《戲仿元遺山論詩絕句》。王氏云：

> 正德何如天寶年，寇侵三輔血成川。
>
> 鄭公變雅非關杜，聽直應須辨古賢。[167]

楊浚《論次閩詩》亦為之辯云：

> 春風滿座子衡詩，千里神交寄相思。
>
> 一任末流空叫囂，苦心獨有少陵知。[168]

朱應登（1477－1526），字升之。寶應人。弘治己未進士。除南
京戶部主事，遷知延平府，以副使提學陝西，調雲南，升布政司
右參政。有《凌溪集》。《國雅品》論朱應登詩作云：

> 情過其才，亦時出新語，其函谷關歌，全效高常侍，稍有
> 蹇礙粗處。[169]

陳田《明詩紀事》：

> 升之儷名十子，究其才品，在子衡之下，康、王之上。[170]

姚氏認為鄭善夫高於朱應登，且其詩作，實學杜甫而得。關於鄭
善夫學杜，論者也有不同的意見，多以為鄭氏學杜未精。黃德水
直以「邯鄲學步」加以譏刺：

> 繼之才故沉鬱，去杜為近，過為模仿，幾喪其真，壽陵之
> 步，亦可稱工，奚必邯鄲也？[171]

徐子元亦云：

少谷師杜，殊乏懼悰，宛然一生愁也。[172]

唯謝啓昆《論明詩絕句九十六首》云：

> 盤空硬語自崚嶒，少谷休嗤學少陵。
>
> 聞道河東車駕出，離宮拜賀涕沾巾。[173]

邊貢、徐中行、顧璘、王廷陳

姚瑩《論詩絕句六十首》之第四十八首云：

> 秋竹春蘭是賞音，五言樂府妙難尋；
>
> 邊、徐去後東橋死，才俊居然屬稚欽。

稚欽，王廷陳字。廷陳，黃岡人。正德丁丑年進士。改庶吉士，授禮部給事中。因諫南巡事杖謫裕州知州。尋下獄免歸。有《夢澤集》。王廷陳善樂府五古。皇甫汸云：

> 稚欽樂府古詩，齊軌潘、陸，下擬陰、何，五律並肩沈、杜。[174]

蔣春甫評其五言之作云：

> 稚欽五言，漸近自然，頗多佳境。[175]

王世貞《藝苑卮言》更以「五言長城」予以讚譽：

> 王稚欽如良馬走阪，美女舞竿，五言尤自長城。[176]

張之傑《讀明詩五十二首》也是如此：

> 冷然高趣有餘情，秋竹春蘭氣味清。
>
> 更與文房堪匹處，五言字字兀長城。[177]

《國雅品》不但讚賞王氏詩句之新趣，並將他的一些作品比美唐代的高適與岑參：

> 調高趣新，頗多奇句，如深谷綿蠻，冷然幽響。……殆與高、岑方軌矣。[178]

陳子龍於《皇明詩選》中表示：

> 稚欽爽俊，故意警而調圓。

陳田《明詩紀事》云：

> 稚欽格矜復古，意取標新，亮節清音，綿情麗制，大約古體勝於近體，五言勝於七言。[179]

朱彝尊《靜志居詩話》：

> 稚欽逸藻波騰，雕雲霞蔚，音高秋竹，色艷春蘭。樂府古詩，既多精詣，五言近體，亦是長城。固已邁後凌前，足稱才子。[180]

姚氏引朱彝尊「秋竹春蘭」之形容王廷陳詩作語，稱他為王氏之知音。他特別推崇王氏的五言樂府，認為王氏是在邊貢、徐禎卿、顧璘死後出現的新才俊。「邊、徐去後東橋死」，邊指邊貢，徐指徐禎卿，邊貢生平見本章第四十首箋釋。徐禎卿見第四十三首箋釋，東橋為顧璘。顧璘，字華玉。先世吳人。弘治丙辰進士，授廣平知縣。入為南吏部主事，進郎中，出開封府，降全州知州，歷台州知府，浙江左參政，山西、江西按察使，浙江布政使，擢都察院右副都御史，巡撫山西，後乞終養，落職。尋起巡撫湖廣，遷刑部右侍郎，改吏部，再改工部，晉尚書，督顯陵工竣還朝，改南刑部尚書。有《浮湘》、《山中》、《憑几》、《歸田》、《息園》、《緩慟》等集。王世貞《藝苑巵言》云：

> 顧華玉，如春原盡花，葳蘼不少。[181]

《國雅品》論顧璘詩作云：

> 體制變創，工於發端，斐然盛明之羽翼也。如經句謝賓客，春草當門生。鹿飲紅泉細，猿啼翠壁重。綠樹邀行騎，青山擁寺門。又：御前卻輦言無忌，眾里當熊死不辭。足使文通變色，彥升失步。[182]

王世貞

姚瑩《論詩絕句六十首》之第四十九首云：

四部雄奇出鳳州，滄溟身後若爲儔；

分明卻有眉山意，莫盡同聲白雪樓。

王世貞(1526－1590)，字元美，又號弇州山人。太倉州人。嘉靖二十六丁未進士，除刑部主事，歷郎中，出爲山東副使，以父難解官，補大名兵備，歷浙江參政，山西按察使，入爲太僕寺卿，以右副都御史撫鄖陽，遷行大理寺卿，歷應天府尹，南京刑部侍郎，改兵部，進刑部尙書。著有《弇州正續四部稿》。姚瑩從另一角度來肯定王世貞的成就。他深爲嘆服王氏的《弇州四部稿》。《四部稿》正集共有一百七十四卷，續集有二百零七卷。二集體制博大。《四部稿》分賦、詩、文、說四部。單是詩部，分古體、律體、雜體。古體有三言、四言、五言、七言；雜體則有九言、回文、五雜俎、一言至十言、人名、離合、十二屬、八音、五行十支、州名、鳥名、五平、五仄、集句、將軍名、宮殿名，等等。胡應麟《詩藪》論此集云：

> 《弇州四部稿》，古詩，枚、李、曹、劉、阮、謝、鮑、庾以及青蓮、工部，靡所不有，亦鮮所不合。歌行自青蓮、工部以至高、岑、王、李、玉川、長吉。近獻吉、仲默，諸體畢備。每效一體，宛出其人，時或過之。樂府隨代遣詞，隨題命意，詞與代變，意逐體新。從心不逾，當世獨步。五言律宏麗之內，錯綜變化，不可端倪。排律百韻以上，滔滔莽莽，邈無涯際。五七言絕句，本青蓮、右丞、少伯，而多自出結構。奇逸瀟灑，種種絕塵。七言律高華整栗，沉著雄深。伸縮排蕩，如黃河溟渤，宇宙偉觀。又如龍宮海藏，萬怪惶惑。王太常云：詩家集大成，千古惟子美，今則吾兄。汪司馬云：上下千載，縱衡萬里，其斯一人而已。[183]

這部巨著令姚瑩不禁發出「四部雄奇出鳳州」的慨嘆。汪道昆《太函集》讚王世貞學識之富云：

> 元美上窺結繩，下窮掌故，於書無所不讀，於體無所不諳，其取材若良冶之操鑪韝，五金已齊，無不可型，其運用若孫武，庾信之在軍，宮嬪市人，無不可陳，無不可戰。[184]

《四庫全書總目》：

> 自古人集之富，未有過於世貞者，其模秦仿漢，與七子門徑相同，而博綜典籍，諳習掌故，則後七子不及，前七子亦不及。[185]

又云：

> 世貞才學富贍，規模終大，譬諸五都列肆，百貨具陳，眞僞駢羅，良楛淆雜，而名材瑰寶，亦未嘗不錯出其中，知末流之失可矣，以末流之失，而盡廢世貞之集，則非通論也。[186]

王昶《舟中無事偶作論詩絕句四十六首》云：

> 獨開四部領詞壇，大海回風散紫瀾。[187]

沈德潛《明詩別裁》亦云：

> 弇州天分既高，學殖亦富，自珊瑚木難，以及牛溲馬勃，無所不有。[188]

蔣仲舒亦云：

> 元美曠世逸才，當今大雅，二鳴四部，千載一時。[189]

姚氏又評王世貞云：

> 滄溟身後若爲儔。

滄溟，指李攀龍。李攀龍（1514－1570），字于鱗，歷城人。嘉靖二十三年甲辰進士。除刑部主事，歷員外郎中，出爲順德知府，

遷陝西提學副使，以病歸。隆慶二年，起浙江副使，遷浙江布政
使司左參政，翌年擢河南按察使。隆慶四年，病卒。著有《滄溟
集》。《四庫全書總目》：

> 明代文章，自前後七子而大變，前七子以李夢陽爲冠，何
> 景明附翼之。後七子以李攀龍爲冠，王世貞應和之。[190]

《橫雲山人史稿》：

> 攀龍始官刑曹，濮州李先芳、臨清謝榛、孝豐吳維嶽輩，
> 方倡詩社，攀龍往與焉。王世貞初釋褐，先芳引入社，遂
> 與攀龍定交，繼宗臣、梁有譽入，是爲五子。未幾，徐中
> 行、吳國倫亦入，改稱七子。諸人多少年，才高氣銳，互
> 相標榜，七才子之名播天下，擯先芳、維嶽不與。已而榛
> 亦被擯，攀龍遂爲之魁，其持論謂文自西京，詩自天寶而
> 下，俱無足觀。攀龍才思勁鷙，名最高，獨心重世貞，天
> 下並稱王、李。[191]

錢謙益《列朝詩集小傳》：

> （于鱗）高自夸許，詩自天寶以下，文自西京以下，誓不
> 污吾毫素也，宦郎署五六年，倡五子、七子之社。吳郡王
> 元美以名家勝流，羽翼而鼓吹之，其聲益大噪。及其秦中
> 掛冠，構白雲樓於鮑山、華不注之間，杜門高枕，聞望
> 茂著，自時厥後，操海內文章之柄垂二十年。其徒之推服
> 者，以謂上追虞姒、下薄漢、唐。[192]

《四庫全書提要》又云：

> 後攀龍先逝，而世貞名位日昌，聲氣日廣，著述日富，壇
> 坫遂躋攀龍上。[193]

錢謙益《列朝詩集小傳》：

> 元美弱冠登朝，與濟南修復西京、大歷以上之詩文，以號

令一世，于鱗既沒，元美制作日益繁富，而其地望之高，
游道之廣，聲力氣義，足以翕張賢豪，吹噓才俊，於是
天下咸望走其門，若玉帛職貢之會，莫敢後至。操文章之
柄，登壇設壝，近古未有，迄今五十年，弇州《四部》之
集，盛行海內。[194]

世常以李、王並舉，言其作之不同特色。如汪道昆云：

于鱗業專，專自精而獨至，元美才敏，敏則洽而旁通。濟
南奇絕，天際峨嵋，語孤高也；大海會瀾，則元美自道，
不亦洋洋乎大哉！

也常比較李攀龍與王世貞詩作之高下，評論者或云李高於王。
《皇明詩選》中宋徵輿云：

于鱗七絕，刻意江寧，而自出變化，無論元美，即李、何
亦爲卻步。[195]

亦有以王高於李者，朱彝尊《靜志居詩話》：

嘉靖七子，元美才氣十倍于鱗，……樂府變奇奇正正，易
陳爲新，遠非于鱗生吞活剖者比。七律高華，七絕典麗，
亦未遽出于鱗下，當日名雖七子，實則一雄。[196]

陳田《明詩紀事》讚其詩作與詩論云：

弇州天才雄放，雖宗李、何成派，自有軼足迅發，不受羈
勒之氣。古樂府尤得變風變雅遺意。觀其自述云：擬樂府
者，或舍調而取本意，或舍意而取本調，甚或舍意調而俱
離之，姑仍舊題而創出。吾見六朝浸淫，以至四傑、青蓮，
俱所不免，少陵、杜氏，乃能即事而命題，此千古卓識也。
又云：偶有所紀，被之古聲，以附於寺人、漆婦之末，可
謂好學深思，心知其意者矣。自來著述，儗古必昧於轍，
踐跡鮮通於方，惟多歷情變，抒我鬱陶，以新事附古調，

以雅詞緯精思，縱使有轍可尋，決非無爲而作。七子論詩，斷自大歷以上，故弇州於張文昌、白樂天樂府，曾不齒及，暨晚年論定，於東陽樂府，且津津不置，此中甘苦，非濟南以得知矣。[197]

錢謙益《列朝詩集小傳》云：

元美病極，劉子咸往視之，見其手子瞻集不置，其序《弇州續集》云云，而猶有高出子瞻之語。[198]

王世貞晚年轉而宗宋。謝啓昆《論明詩絕句九十六首》云：

大海風回萬丈波，一編晚歲手東坡。[199]

言王氏早年推崇盛唐，晚年改而賞識蘇詩。姚氏亦以王氏的創作晚年有趨向於蘇軾風格的特色，因此不能以他和李攀龍並述。關於此點，錢謙益的《列朝詩集小傳》亦有說：

元美之才實高於于鱗，其神明意氣，皆足以絕世。少年盛氣，爲于鱗罩撈籠推輓，門戶既立，聲價復重，譬之登峻坂，騎危牆，雖欲自下，勢不能也。迨乎晚年，閱世日深，讀書漸細，虛氣消歇，浮華解駁，於是乎洖然汗下，蘧然夢覺，而自悔其不可以復改矣。[200]

謝榛

姚瑩《論詩絕句六十首》之第五十首云：

眇目談詩謝茂秦，白頭康邸醉重茵；

憐才獨有琵琶妓，莫殺平生編紵人。

謝榛（1495－1575），字茂秦，號四溟山人。臨清人。布衣。有《四溟山人集》，並有《詩家直說》之作。《詩家直說》，另名《四溟詩話》。錢謙益《列朝詩集小傳》記云：

榛，字茂秦，臨清人。眇一目。[201]

王士禛《戲效元遺山論詩絕句》：

笑殺談詩謝茂榛。[202]

此姚瑩「眇目談詩謝茂秦」所本。

謝榛詩作，論者有給予高度評價者，如田霡《臨清吊四溟山人二首》即以他為後七子之首：

吾愛清源眇君子，七人之內首堪稱。

要將格律歸風雅，不塑青蓮畫少陵。[203]

錢謙益《列朝詩集小傳》又引潘之恆《亙史》云：

趙王雅愛茂秦詩，從王客鄭若庸得《竹枝詞》十章，命所幸琵琶妓賈，扣度而歌之。萬歷癸酉冬，茂秦從關中還，過鄴，偕若庸見王，王宴之便殿，酒行樂作，王曰：止。命縆瑟以琵琶佐之，聲繁屏後，王復止眾妓，獨奏琵琶，方一闋，茂秦傾聽，未敢發言，王曰：此先生所制《竹枝詞》也。譜其聲，不識其人可乎？命諸妓擁賈姬出拜，光華射人，藉地而竟竹枝十章。茂秦謝曰：此山人鄙俚之辭，安足污王宮玉齒？請更制竹枝詞，以備房中之樂。王曰：幸甚。茂秦老不勝酒，醉臥山亭下，王命姬以衽代薦，承之以肱。明日，上新竹枝十四闋，姬按而譜之，不失毫髮。元夕，便殿奏技，酒闌送客，即盛禮而歸賈於邸舍，茂秦載以游燕、趙間。逾二年，至大名，客請賦壽詩百章，至八十餘，投筆而逝。乙亥之冬月也。姬率二子，奉柩停大寺之旁，每夜操琵琶一曲，歌茂秦竹枝詞，必慟絕而罷。[204]

姚瑩於本詩所言，即為此事。他悲嘆謝氏的生理缺憾：「眇一目」，同時表示，至老而能夠愛憐謝氏才幹的，獨有趙康王的愛姬賈姬琵琶妓。謝啓昆《論明詩絕句九十六首》也慨嘆云：

半耳爭推一布衣，那堪中道棄如遺。

　　試聽同社新翻曲，可有王姬唱竹枝。[205]

汪莐《讀明詩》：

　　山人眇目吐滂葩，樂府爭傳帝王家。

　　若使蛾眉身後在，也應啼損馬滕花。[206]

亦爲此事而發。姚氏也爲謝氏替好友作壽詩百首，竟辛勞而死，
感到惋惜。

胡應麟

　　姚瑩《論詩絕句六十首》之第五十一首云：

　　元瑞談詩富亦精，牙籤玉軸本縱橫；

　　世人總合論前輩，誰向齋頭擁百城。

　　胡應麟（1551－1602），字元瑞，更字明瑞，蘭溪人。萬曆
丙子舉人。著有《少室山房稿》、《詩藪》等。《詩藪》分內編、
外編、雜編、續編四部分，共二十卷。內編六卷，前三卷論古體
詩，後三卷論近體詩；外編六卷，論上古至元各代詩歌；雜編六
卷，前三卷論遺逸，考證前代散佚之篇章；後三卷論五代，南宋
和金代等朝代的詩作；續編二卷，論述明代開國至嘉靖時期的作
品。胡氏《詩藪》一書在後代有種種評論，或譏其羽翼王世貞之
《藝苑巵言》者，錢謙益《列朝詩集小傳》云：

　　《詩藪》二十卷，自邃古迄昭代，下上揚扢，大抵奉元美
　　《巵言》爲律令，而敷衍其說，《巵言》所入則主之，所
　　出則奴之。其大指謂千古之詩，莫盛於有明李、何、李、
　　王四家，四家之中，撈籠千古，總萃百家，則又莫盛於弇
　　州。詩家之有弇州，證果位之如來也，集大成之尼父也。
　　又從弇州而下，推及於敬美、明卿、伯玉之倫，以爲人升
　　堂而家入室，殆聖體貳之才，未可以更僕悉數也。元美初
　　喜其貢諛也，姑爲獎借，以媒引海內之附己者，晚年乃大

悔悟，語及《詩藪》，輒掩耳不欲聞，而流傳偽繆，則已不可回矣。[207]

有關姚瑩對胡應麟《詩藪》的見解，可參閱本書第三章。

鍾惺、譚元春

姚瑩《論詩絕句六十首》之第五十二首云：

詩到鍾、譚如鬼窟，至今年少解爭謗；

請君細讀公安集，幽刻終當似孟郊。

鍾惺（1574－1624），字伯敬。景陵人。萬曆庚戌進士，除行人，升工部主事，改南京禮部主事，進郎中，遷福建提學僉事，有《隱秀軒集》。譚元春（1586－1637），字友夏。竟陵人。天啟丁卯舉鄉試第一。著有《嶽歸堂集》、《友夏合集》、《西陵草》、《秋尋草》、《客心草》等。錢謙益《列朝詩集小傳》「鍾惺傳」云：

伯敬少負才藻，有聲公車間，擢第之後思別出手眼，另立深幽孤峭之宗，以驅駕古人之上。而同里有譚生元春為之應和，海內稱詩者靡然從之，謂之鍾譚體。譬之春秋之世，天下無王，桓、文不作，宋襄徐偃德涼力薄，起而執會盟之柄，天下莫敢以為非霸也。數年之後，所撰《古今詩歸》盛行於世，承學之士，家置一編，奉之如尼丘之刪定。[208]

續又云：

其所謂深幽孤峭者，如木客之清吟，如幽獨君之冥語，如夢而入鼠穴，如幻而之鬼國，浸淫三十餘年，風移俗易，滔滔不返。余嘗論近代之詩，抉擿洗削，以淒聲寒魄為致，此鬼趣也。尖新割剝，以嘄音促節為能，此兵象也。鬼氣幽，兵氣殺，著見於文章，而國運從之，以一二輕才

寡學之士，衡操斯文之柄，而徵兆國家之盛衰，可勝歎悼哉！[209]

又「譚元春傳」引張文寺之言曰：

> 友夏別立溪徑，特爲雕刻，要其才情不奇，故失之纖；學問不厚，故失之陋；性靈不貴，故失之鬼；風雅不道，故失之鄙。[210]

朱彝尊《靜志居詩話》云：

> 《詩歸》出，而一時紙貴，閩人蔡復一等，既降心以相從，吳人張澤、華淑等，復聞聲而遙應，無不奉一言爲準的，入二豎於膏肓，取名一時，流毒天下，詩亡而國亦隨之矣。[211]

吳之振於盛讚宋犖詩時，也兼抨擊鍾、譚詩。《贈宋荔裳詩》云：

> 安雅堂中一卷詩，風流蘊藉是吾師。
>
> 驅除王、李聱牙句，摒當鍾、譚唅囈詞。[212]

沈德潛《論明詩十二斷句》也評道：

> 二袁熄後鍾、譚起，下里徒聞嘈囋音。[213]

沈鈞《論詩絕句》也譏刺鍾、譚爲流鬼派云：

> 漫道鍾、譚流鬼派，蘆花孤鶴遯雙清。[214]

焦袁熙《論詩絕句五十二首》更評鍾、譚之說爲「謬種」，表示論者無須多加譏刺，因爲這樣反會增加他們兩人的知名度。其言云：

> 鼠醬蟲穿翻嘆佳，鍾、譚繆種惑提孩。
>
> 勸君便莫相嘲誚，都大聰明兩秀才。

詩後註云：

> 鍾、譚不過時文家見識，攻之太甚，適成其名。[215]

姚氏也不滿受後代論者極力詆毀的鍾惺與譚元春。與錢謙益一

樣，他形容鍾、譚等人的作品像鬼窟，並與公安的袁氏兄弟之作
比較，認爲鍾惺、譚友夏的詩風猶如孟郊。袁宗道，字伯修。公
安人。萬曆丙戌進士，改庶吉士，授編修，歷中允洗馬庶子，贈
禮部右侍郎，有《白蘇齋集》。**袁宏道**(1568－1610)，字無學，
公安人。宗道之弟，萬曆壬辰年進士，除吳縣知縣，改京府學官，
國子博士，遷禮部郎，調吏部。著有《袁中郎全集》。袁中道，
字小修。公安人。萬曆丙辰年進士。授徽州府教授，遷國子博士，
升南京禮部主事，歷郎中。著有《珂雪齋集》。錢謙益《列朝詩
集小傳》：

> 萬曆中年，王、李之學甚行，黃茅白葦，彌望皆是。文長、
> 義仍，嶄然有異，沈錮滋曼，未克芟薙。中郎以通明之資，
> 學禪於李龍湖，讀書論詩，橫說豎說，心眼明而膽力放，
> 於是乃昌言擊排，大放厥詞。以爲唐自有詩，不必選體
> 也。初、盛、中、晚皆有詩，不必初、盛也。歐、蘇、陳、
> 黃各有詩，不必唐也。唐人之詩，無論工不工，第取讀之，
> 其色鮮妍，如旦晚脫筆研者。今人之詩雖工，拾人飣餖，
> 纔離筆研，已成陳言死句矣，唐人千歲而新，今人脫手而
> 舊，豈非流自性靈與出自剽擬者所從來異乎？

又云：

> 中郎之論出，王、李之雲霧一掃，天下之文人才士始知疏
> 淪心靈，搜剔慧性，以蕩滌摹擬塗澤之病，其功偉矣。[216]

又論袁宗道云：

> 伯修在詞垣，當王、李詞章盛行之日，獨與同館黃昭素，
> 厭薄俗學，力排假借盜竊之失。於唐好香山，於宋好眉
> 山，名其齋曰白蘇，所以自別於時流也。其才或不逮二
> 仲，而公安一派實自伯修發之。[217]

程嘉燧、邢孟貞

姚瑩《論詩絕句六十首》之第五十三首云：

> 石臼、松圓兩布衣，孟陽佳句果然希；
>
> 欲推中、晚加初、盛，卻笑虞山枉是非。

邢昉，字孟貞，一字石臼。高淳人。崇禎諸生。著有《石臼集》前集九卷，後集七卷。胡思敬《九朝新語》：

> 高淳邢孟貞，其家近石臼湖，時稱邢石臼，爲諸生多年，棄去，力於詩。身隱無用，拾湖中菱芡菰米，不自給。嘗旅食吳門，南游甌越，轉徙金陵、北固之間，吟詠益苦。故未老而髮白齒豁，卒坐詩窮以死。施愚山念故交，既告倉部范正刻其集十二三，復貽書徐健庵，存其孤。

又云：

> 高淳詩人邢孟貞築室石臼湖濱，家貧取石臼水爲醇酒，沽之以給食，湖水清，酒美，高醇酒以此得名。

有關邢孟貞詩及其人，卓爾堪《明遺民詩》云：

> （邢孟貞）平日爲詩，上溯顏謝，旁及郊島，而所尚尤在韋、劉，成家。性孤介，不慕榮利，不問生產，不屑借交游以博名譽。落落穆穆，多否少可，一語不合，輒拂衣去，恥與塵俗俯仰。[218]

施閏章《邢孟貞詩序》論其詩云：

> 其爲詩以淘汰爲工，以沖淡爲則，以婉惻悲涼爲致。其企而之峻潔也，若病暍者之思清冷，其厭穠縟而引避也，若見泥豕而負塗，而紈袖之蒙糞土也。故其詩清越無纖埃。人病之爲郊寒島瘦，不卹也。

鄭方坤《國朝名家詩鈔小傳》：

> （邢孟貞）最工詩，五言清眞古澹，從韋、柳門庭中來。

> 陳仲璣謂孟貞詩無一暢懷語，如讀孟東野集，令人不歡。
> 施愚山與相友善，其沒也，爲輯其遺詩以傳。王阮亭尤最
> 所稱賞，恨未及友其人。[219]

陳田《明詩紀事》引顧夢游《茂綠軒集》云：

> 孟貞所尚在太祝、蘇州、隨州、考功間。上溯顏、謝，旁
> 及郊、島，涵詠久之，駸駸成家矣。[220]

又引宋犖《西陂類稿》：

> 孟貞詩，淒清悲壯，山峙雲涌，多溫厚之道，無怨誹之失，
> 具體少陵，而出入韋、孟、錢、劉，以發其菁華，才兼眾
> 體，誠名家也。[221]

王士禎《漁洋詩話》以其詩爲吳非熊、程孟陽後第一：

> 新安吳兆非熊、程嘉燧孟陽二君之後，當以石湖邢昉爲第
> 一。門人孫郎中謙請余定其全詩，因循未果，而江南已有
> 刻本，然未經刊定，余至今以爲憾。[222]

李敬更以他高於吳非熊、程孟陽。楊際昌《國朝詩話》：

> 李侍郎退庵於維揚舟次，與新城論近代布衣詩，新城舉吳
> 非熊兆、程孟陽嘉燧，退庵云：終當還他邢昉第一。明季，
> 吳受知曹石倉學佺，程受知錢牧齋。新城五言許吳，七言
> 許程，甚允。邢詩藻麗不及吳，清新不及程，骨格則勝，
> 退庵殆略才重格也。

陳田《明詩紀事》云：

> 孟貞論詩，謂漢魏不可爲，唐人惟不爲漢魏，故能臻於
> 極。孟貞五言，取徑唐人，而時涉柴桑藩籬，以幽秀淡宕
> 爲宗，得儲、韋之自然，兼韓、孟之刻歷，明季布衣詩，
> 邢昉第一，洵爲確論。[223]

程嘉燧(1565－1643)，字孟陽。休寧人。布衣。僑居嘉定。

著有《松圓浪淘集》。孟陽詩，馬長海《效元遺山論詩絕句四十七首》云：

> 松圓七律舊稱能，綿麗清新最上乘。
>
> 一片雲英全化水，秋來契入玉壺冰。[224]

錢謙益《列朝詩集小傳》云：

> （孟陽）詩以唐人爲宗，熟精李杜二家，深悟剿賊比擬之
> 繆。七言今體約而之隨州，七言古詩放而之眉山，此其大
> 略也。晚年學益進，識益高，盡覽中州遺山、道園及國朝
> 青丘、海叟、西涯之詩，老眼無花，炤見古人心髓，於汗
> 青漫漶丹粉凋殘之後，爲之抉擿其所由來，發明其所以合
> 轍個人，而迥別於近代之俗學者，於是乎王、李之雲霧盡
> 掃，後生之心眼一開，其功於斯道甚大，而世或未之知
> 也。[225]

不但如此，錢氏的明詩選集《列朝詩集》中，選程孟陽作品特多，共二百十五首，高踞選詩最多的前十名詩人的第七位，錢氏之推崇程孟陽，可謂備至。所以張晉《仿元遺山論詩絕句六十首》乃有如是之詢問：

> 詩才詩筆總難全，阿好何能賺後賢？
>
> 底事虞山老宗伯，一生傾倒獨松圓。[226]

沈德潛《論明詩十二斷句》亦質問道：

> 李、何角立敬皇年，力掃纖穠障巨川。
>
> 何事受之輕詆諆，一朝風雅許松圓？[227]

朱彝尊《明詩綜》排斥錢謙益《列朝詩集》最力，連錢氏所推崇之程嘉燧也極力斥責。《靜志居詩話》云：

> 孟陽格調卑卑，才庸氣弱，近體多於古風，七律多於五
> 律，如此伎倆，令三家村夫子誦百翻兔冊，即優爲之，奚

必讀書破萬卷乎？牧齋尚書深懲何、李、王、李流派，
乃於明三百年中，特尊之爲詩老。六朝人語云：欲持荷作
柱，荷弱不勝梁；欲持荷作鏡，荷暗本無光。得毋類是
與？[228]

又批評錢氏之推崇程氏云：

虞山錢氏諡嘉定程孟陽曰松圓詩老，謂能炤見古人心髓，
若親炙古人而得其指授，嘆爲古未有。新城閔景賢輯明布
衣詩，推歸安吳允兆，爲中興布衣之冠，是皆阿其所好，
不顧千秋之公是公非，以余觀二子之作，以政則魯、衛，
以風則曹、檜，陳詩者不廢斯辛矣。[229]

又於評唐時升詩時云：

嘉定四先生詩文，要當推叔達第一，長蘅、子柔且遜席，
矧孟陽乎？牧齋謂其放筆而成，繹其辭，乃追琢而出者。
由其欲伸孟陽，故有意抑之爾。[230]

沈德潛《明詩別裁》云：

孟陽詩亦娟秀少塵。自錢牧齋訾謷李、何、王、李諸人，
推孟陽爲一代宗主，幾與高季迪、李賓之前後相埒矣，而
陽羨邵子湘有心矯枉，摘其累句，……謂其穢褻俚俗，幾
於身無完膚矣。予錄其氣清格整，去風雅未遠者四章，見
孟陽自有真詩，勿因牧齋之過許而毛舉其疵以掩之也。[231]

朱庭珍《筱園詩話》亦云：

程孟陽七律七絕，佳者饒有風調神韻，得力於中、晚唐
人，特瑕多瑜少，如沙中檢金，時可一遇。牧齋激賞溢美，
太逾分量，竟謂李茶陵後一人，揚之以抑七子，則誕妄已
甚，宜招後人之訾議也。[232]

但亦有爲錢氏辯護者，《明十三家詩選》云：

虞山選明詩，伐異黨同，紕繆百出，惟推重孟陽一事，未
可厚非。孟陽近體，秀逸瀏亮，宗範隨州，丁卯，不失爲
名家。朱竹垞謂孟陽格調卑卑，才庸氣弱。邵子湘摘其累
句，訶爲穢俚俗，沈歸愚謂其纖詞浮語，僅比於陳仲醇，
是皆因虞山毀譽失眞，遷怒孟陽，過事丑詆，懲羹吹虀，
徒取快一時，何以信千古哉？

姚瑩認爲邢孟貞和程嘉燧兩布衣的作品中，程嘉燧的詩作固然稀
有、傑出，但他不滿錢謙益爲了要提高程氏的地位，就毫無原則
地大力推奉，並用「欲推中、晚加初、盛」與「枉是非」等語加
以嘲笑。以「初、盛、中、晚」分期唐詩，始於楊仲弘。楊氏本
嚴羽分唐詩爲：唐初體、盛唐體、大歷體、元和體、晚唐體，將
之縮爲：初唐、盛唐、中唐、晚唐。高棅　《唐詩品彙》更以之
來論析唐詩的發展。《唐詩品彙總敍》云：

> 有唐三百年詩，眾體備矣，故有往體、近體、長短篇、五
> 七言律句、絕句等制。莫不興於始，成於中，流於變，而
> 陊之於終。至於聲律、興象、文詞、理致，各有品格高下
> 之不同。略而言之，則有初唐、盛唐、中唐、晚唐之不
> 同。[233]

又將貞觀、永徽之作稱爲「初唐之始制」，將神龍以還至開元初
之作稱爲「初唐之漸盛」者，將開元、天寶間之作稱爲「盛唐之
盛者」，將大歷、貞元之作稱爲「中唐之再盛」者，將這時期下
暨元和之際之作稱爲「晚唐之變」，而把開、成以後之作稱爲
「晚唐變態之極而遺風餘韻」者。高棅顯然尊崇初唐與盛唐詩，
而低貶中唐、晚唐，他的言論影響明代詩論界極大。錢謙益《唐
詩英華序》云：

> 世之論唐詩者，必曰初盛中晚。老師豎儒，遞相傳述。揆

厥所由，蓋創於宋季之嚴儀，而成於國初之高棅。[234]

朱彝尊《王先生言遠詩序》云：

> 正、嘉以後言詩者，本嚴羽、楊士弘、高棅，一主乎唐而
> 又析唐爲四，以初、盛爲正始、正音，目中、晚爲接武、
> 遺響，斤斤權格聲調之高下。[235]

王士禎《香祖筆記》云：

> 宋、元論唐詩，不甚分初盛中晚，故《三體》、《鼓吹》
> 等集，率詳中、晚而略初、盛，攬之憒憒。楊仲弘《唐
> 音》，始稍區別，有正音、有餘響，然猶未暢其說，間有
> 舛謬。迨高廷禮《品彙》出，所謂正始、正音、大家、名
> 家、羽翼、接武、正變、餘響，皆井然矣。[236]

姚瑩即以唐之分初、盛、中、晚爲喻，以錢氏高推程孟陽之作，
猶如欲將中、晚之作強加於初、盛之上，這是顛倒是非的。

陳子龍、張岱

姚瑩《論詩絕句六十首》之第五十四首云：

> 雲間才調本清華，摧廓榛蕪又一家；
> 更有陶庵風味好，還如把酒話桑麻。

雲間，指陳子龍。陳子龍（1608－1647），字人中，更字臥
子，號大樽。青浦人。崇禎丁丑進士。除惠州推官，丁憂服除，
補紹興舉廉，卓天下第一，升吏官主事，改兵部給事中。著有
《白雲》、《草廬》、《眞閣》等。另與李雯、宋徵輿編有《皇
明詩選》。朱雲子評陳子龍之詩云：

> 臥子五古，初尚漢、魏，中學三謝，近相見輒諷太白諸篇。
> 其才性故與相近。七古直兼高、岑、李頎之風軌，視長安、
> 帝京更進一格，五律清婉，七律格清氣老，秀亮澹逸，絕
> 句雄麗，由其才大，靡所不有，寬然有餘。[237]

姚瑩稱陳子龍的才調清華，良有以也。王士禛《分甘餘話》：

> 明末暨國初，歌行約有三派，虞山源於杜陵，時與蘇近；
> 大樽源於東川，參以大復，婁江源於元、白，工麗時或過
> 之。[238]

又《漁洋詩話》云：

> 明末七言律詩有兩派，一爲陳大樽，一爲程松圓。大樽遠
> 宗李東川、王右丞，近學大復；松圓學劉文房、韓君平，
> 又時時染指陸務觀，此其大略也。[239]

朱彝尊《靜志居詩話》云：

> 王、李教衰，公安之派浸廣，竟陵之焰頓興，一時好異者，
> 鑄張爲幻，關中文太青，倡堅僻離奇之言，致刪改《三百
> 篇》之章句，山陰王季重寄譎浪笑傲之體，幾不免綠衣蒼
> 鶻之儀容，如帝釋既遠，修羅藥叉，交起搏戰，日輪就暝，
> 鵬子鶗母，四野群飛，臥子張以太陰之弓，射以枉矢，腰
> 鼓百面，破盡蒼蠅蟋蟀之聲，其功不可泯也。[240]

錢瞻白云：

> 大樽當詩學榛蕪之餘，力闢正始，一時宗尚，遂使群才蔚
> 起，與弘正比隆，摧廓振興之功，斯爲極矣。[241]

葉矯然《龍性堂詩話》云：

> 臥子當啓、禎之時，詩道陵夷已極，故推明正始，特表
> 何、李、王、李諸君，爲昭代眉目。至其論古詩，則議于
> 鱗之專擬漢、魏爲規模不廣，及自運亦時仿溫、李，極藻
> 麗之致。且時際滄桑，所著感事秋懷諸什，悲歌激烈，可
> 泣鬼神，使不遂志早歿，文章能事，起衰八代，非公而
> 誰？[242]

沈德潛《明詩別裁》云：

> 詩教之衰，至於鍾、譚，剝極將復之候也。黃門力闢榛蕪，
> 上追先哲，厥功甚偉，而責備無已者，謂仍不離七子面
> 目，將蜩螗齊鳴，不必有鈞韶之響耶。[243]

陳田《明詩紀事》云：

> 忠裕雖續何、李、李、王之緒，自為一格，有齊、梁之麗
> 藻，兼盛唐之格調，早歲少過浮艷，中年骨幹老成，殿殘
> 明一代詩，當首屈一指。[244]

張晉《仿元遺山論詩絕句六十首》歌頌雲間掃蕩鍾、譚餘習之功
云：

> 黃門高步據詞壇，戛玉鏘金作大觀。
> 一掃鍾譚餘習盡，憑將隻手障狂瀾。[245]

朱庭珍《論詩》也稱讚陳子龍「砥柱橫流」的貢獻：

> 雲間才筆首黃門，砥柱橫流道更尊。[246]

邵堂《論詩六十首》讚許陳氏所編明詩選之功云：

> 一編風雅掃荊榛，板蕩乾坤意苦辛。
> 識得雲間宗派在，騷壇尸祝可無人？[247]

焦袁熙《論詩絕句五十二首》也讚揚陳子龍在領導雲間體矯正當
時詩風的貢獻：

> 嘉隆巨子聲輝赫，意氣爭看逼盛唐。
> 代興合數雲間體，輸與黃門擅一場。[248]

沈德潛《論明詩十二斷句》亦云：

> 二袁熄後鍾、譚起，下里徒聞嘈囋音。
> 獨有黃門持雅正，枇杷晚翠歲寒心。[249]

姚氏亦以「摧廓榛蕪」來嘉許陳子龍。張岱（1597－1679），字
宗子，一資維城，又字石公，號陶庵，自號蝶庵居士。山陰人。
生長於通顯之家，早年生活豪侈，博覽群籍，但老於諸生。明亡

後披髮避入山中，布衣素食，隱逸不出。有《瑯琊文集》、《瑯琊詩集》、《陶庵夢憶》、《西湖夢尋》、《石櫃書》等。晚歸隱於浙江項王里之雞頭山。作品風格清淡，故姚氏引用孟浩然《過故人莊》句：「開軒面場圃，把酒話桑麻」稱之。

鄺露、屈大均

姚瑩《論詩絕句六十首》之第五十五首云：

> 珠貝珊珊雲罨娘，浯溪洞草至今香；
>
> 抱琴卻向番禺死，千古騷人痛國殤。

此首讚揚屈大均。屈大均（1630－1696），初名紹隆，字翁山，一字騷餘，又字介子，廣東番禺人。生於南海邵氏，年十六，以邵龍名補南海縣學生員，其父攜之歸沙亭，復姓屈氏，改名紹隆。永曆元年，從師陳邦彥起義。邦彥殉難，大均赴肇慶行在，上《中興六大典書》。父歿，入雷峰為僧。法名今種，字一靈，又字騷余。出游大江南北，廣交豪傑，聯絡鄭成功，鄭敗，屈氏歸里，還俗，改名為大均。吳三桂反清，以蓄髮復衣冠號召天下，大均依之，後知三桂有僭竊之意，歸。憂鬱而卒。詩與陳恭尹、梁佩蘭齊名。有《文山詩外》、《翁山文外》、《九歌草堂集》，等等。

對明末清初的詩人，姚瑩特舉抗清志士屈大均，以屈大均比美唐代的元結。元結的惠政使得浯溪的人民過著快樂的生活，浯溪有《中興頌》的石刻，姚氏云：「浯溪洞草至今香。」以此影射屈大均《中興十大典書》之作。這是屈氏向南明朱由榔的奏書。姚氏也寫屈氏極為哀悼清兵破廣州，懷抱琴書而死的鄺露，以此來讚頌屈氏的愛國情結。屈大均之作，前人讚之者極多。張之傑《論詩絕句十二首》認為屈氏能在「尋常語」中創作出「不凡」的字句。詩云：

> 脫卻袈裟換舊衫，騷壇高踞氣嚴嚴。
>
> 即看總字尋常語，一出毫端便不凡。[250]

毛奇齡（1623－1713）《嶺南屈翁山詩集序》亦以屈氏詩作獨樹一格云：

> 翁山詩超然獨行，當世罕偶。

金天翮《答樊山老人論詩書》以「仙骨」讚譽屈詩：

> 翁山奇服，別具仙骨。

何如愈《退庵詩話》則盛讚屈詩風格「沈鬱豪邁，橫絕一世」：

> 屈翁山大均，番禺人，性任俠，有奇才。詩沈鬱豪邁，橫絕一世。

卓爾堪《明遺民詩》讚許他的詩作多悲傷慷慨之詞：

> （大均）爲屈原後，少丁喪亂，長而遠游。其所跋涉者，秦、趙、燕、代之區，其所目擊者，宮闕陵寢邊塞營壘廢興之跡，故其詞多悲傷慷慨。

朱庭珍《筱園詩話》更盛讚其五律與七律之作：

> 屈翁山五律，忽而高渾沈著，忽而清蒼雅淡，氣既流蕩，筆復老成，不拘一格，時出變化。蓋得少陵、右丞、襄陽、嘉州四家之妙，眞神技也。七律佳作，在盛唐之間，不失高調雅音。七絕學都官，庶子，亦頗可玩。惟五七古，則萎靡不振，平冗拖沓，吾無取焉。[251]

陳田《明詩紀事》則讚賞其五古，五律及七律：

> 翁山五言詠古詩，突兀奇崛，多不經人道語。七律雄宕豪邁，五律雋妙圓轉，一氣相生，有明珠走盤之妙，與區海目後先合轍。[252]

林昌彝《論本朝人詩一百五首》以屈大均比屈原，並且表示對他高度的推崇。所云：「心香欲下翁山拜，端合黃金鑄此人」，所

給予的讚美可謂無以復加：

> 萍梗飄零亂世身，悲歌散髮又靈均。
>
> 心香欲下翁山拜，端合黃金鑄此人。[253]

朱彝尊《九歌草堂詩集序》：

> 予友屈翁山為三閭大夫之裔。其所為詩多愴悢之言，矙然
> 自拔於塵壒之表。蓋自二十年來煩冤沈菀，至逃於佛老之
> 門，復自悔而歸於儒，辭鄉土，踄塞上，走馬射生，縱博
> 飲酒，其儻蕩不羈，往往為世俗所嘲笑者，予以為皆合乎
> 三閭之志者也。嗟夫！三閭悼楚之將亡，不欲自同於混
> 濁，其歷九州，去故鄉，登高望遠，游仙思美人之辭，僅
> 寄之空言；而翁山自荊、楚、吳、越、燕、齊、秦、晉之
> 鄉，遺墟廢壘，靡不攬涕過之，其憔悴枯槁，宜有甚焉者
> 也。然三閭當日方嘆恨國人之莫知，今海內之士，無不知
> 有翁山者，則所遇又各有幸不幸焉。嗚呼！難言矣。翁山
> 歸自雁門，將築室南海之濱，題曰九歌草堂，而先以名其
> 詩集。予與翁山相遇南海，嗣是往來吳、越，十年之間，
> 凡所與詩歌酒讌者，今已零落殆盡，至竄於國殤、山鬼之
> 林，散棄原野，翁山弔以幽渺淒戾之音，髣彿乎九歌之
> 旨，世徒嘆其文字之工，而不知其志之可憫也。[254]

狄學耕《題兩當軒詩集後》不僅以屈氏之作品具有李白之風調，
而且以詩之格律而言，也可說是繼元好問之後的詩人。詩云：

> 謫仙風調許追攀，偽體陳言一例刪。
>
> 若向詩壇論格律，元遺山後屈翁山。[255]

黃培芳《論粵東詩十絕》更欣賞屈氏五言之作才華「蓋代」。詩
云：

> 盛唐風格數何人？區、鄺諸賢迥絕塵。

五字長城才蓋代，南中還首屈靈均。[256]

陳融《讀嶺南人詩絕句》則從另一角度讚許他的作品具有《春秋》大義。詩云：

九世深仇雖可復，千年正統未能存。

詩亡義有春秋在，可讀先生宋武篇。[257]

又云：

品高終遜一靈師，朱十詩評已有辭。

獨是飛行能絕跡，讓他唱嘆人心脾。[258]

鄺露（1604－1650），字湛若，南海人。明諸生。少時曾入阮大鋮之門。大鋮文集，鄺露爲之序。全祖望《鮚埼亭集外編》云：

湛若先生大節不待言矣。顧其少時，曾入阮大鋮之門。大鋮文集，湛若爲之序，稱門生焉。蓋湛若少時好聲樂，大鋮在留都，羅而致之也。非後來大節，則湛若幾不免爲奄人之徒，人所以貴晚詣也。[259]

陳田《明詩紀事》云：

謝山謂湛若爲阮大鋮門人。余檢《詠懷堂集》，良然。《嶠雅》中所稱石巢先生，即謂阮也。湛若大節自光天壤，不得以此爲累。[260]

永歷初以薦入翰林。順治初，清人入粵，鄺露抱其琴而死。有關鄺露之琴，朱彝尊《靜志居詩話》云：

（鄺露)畜二琴，一曰南風，宋理宗宮中物；一曰綠綺台，唐武德年制，明康陵御前所彈也。出入必與二琴俱。廣州城破，湛若抱琴死。[261]

王士禎《戲仿元遺山論詩絕句》：

海雪畸人死抱琴，朱弦疏越有遺音。[262]

又《漁洋詩話》云：

粵東詩派，皆宗區海目大相，而開其先路者，鄺露湛若
也。露，南海人。著《嶠雅》，有騷人之遺音。……廣州
破，抱所寶古琴而死。余爲賦《抱琴歌》云：嶧陽之桐何
牂牂，緯以五弦發清商。一彈再鼓儀鳳凰，鳳凰不死我心
悲。抱琴而誰當告誰？吁嗟琴兮當知之。[263]

有關鄺露抱琴死，有二說。王士禎《池北偶談》以抱古琴不食死：

順治初，王師入粵，生抱其所寶古琴，不食死。[264]

汪琬《說鈴》以抱琴投水死：

順治初，王師入粵，秀才抱平時所寶之琴，投水而死。

鄺露著有《嶠雅》二卷。譚獻堂《復堂日記》讚其詩作「泠泠然
如玉琴」：

閱鄺湛若《嶠雅》終卷，泠泠如玉琴，清商之曲也。

汪端《明三十家詩選》稱其作「清曠高妙」：

湛若詩，清曠超妙，如月冷江空，孤鶴夜瞥。[265]

黃培芳《論粵東詩十絕》以其承盛唐風格，高出眾人：

盛唐風格數何人？區鄺諸賢迥絕塵。[266]

有些論者更認爲鄺氏之作具屈原之風。屈大均《廣東新語》：

湛若爲人，好詼諧大言。汪汪自恣，以寫其牢騷不平之
志。或時清談緩態，效東晉人風旨，所至輒傾一座。至爲
詩，則憂天憫人，主文譎諫，若《七哀》、《述征》之篇，
雖《小雅》之怨誹，《離騷》之忠愛，無以尚之。

王士禎《戲仿元遺山論詩絕句》亦云：

九疑淚竹娥皇廟，字字《離騷》屈、宋心。[267]

沈德潛《明詩別裁》也說：

湛若詩原本楚騷，五言尤勝。[268]

何日愈《退庵詩話》則以鄺氏「得《小雅》、《離騷》之旨」：

(湛若)詩法漢、魏、盛唐，主文譎諫，得《小雅》、《離騷》之旨。

陳恭尹、梁佩蘭

姚瑩《論詩絕句六十首》之第五十六首云：

南園秋草沒荒陂，接軌梁、陳亦足奇；

最是屈家吟不得，分明哀怨楚湘纍。

明太祖洪武年間，孫蕡、王佐、李德、黃哲、趙介等五人，結社於廣州，人稱南園五子。《四庫全書總目》：

孫蕡當元季綺靡之餘，其詩卓然有古格，雖神骨雋異，不及高啓，而要非林鴻諸人所及。黃哲、李德、王佐、趙介與蕡，號南園五先生。[269]

或稱嶺南五先生，徐子元云：

嶺南五先生，惟仲衍清圓流麗，如明珠走盤，不能自定；彥舉雄俊豐麗，殆敵手也。[270]

嘉靖時，歐大任、梁有譽、黎民表、吳旦、李時行等重創南園之風，爲南園後五子。姚氏雖然慨嘆當時南園之風經已荒蕪，但又認爲屈大均、梁佩蘭和陳恭尹三人，能夠承接前人的棒子，稱爲嶺南三大家。陳衍《石遺室詩話》云：

嶺南詩人，初未大盛，張曲江後，其著者南園前後五子，屈、陳、梁三家而已。

此姚瑩所謂：「南園秋草沒荒陂，接軌梁陳亦足奇。」卓爾堪《明遺民詩》述陳恭尹時，云：

（恭尹）自幼有異才，與梁佩蘭、屈大均稱嶺南三大家。

朱彝尊《程職方詩集序》云：

南海多騷雅之士，其尤傑者處士屈大均翁山、陳恭尹元孝。其進退出處不同，而君皆與交莫逆。三君子者，其詩

並傳於後世無疑。[271]

毛國翰《暇日偶閱近人詩各繫一絕》云：

　　嶺南騷人數屈、陳，三家分得海南春。[272]

張晉《仿元遺山論詩絕句六十首》：

　　瘴雨蠻煙海盡頭，嶺南三老盡風流。

　　更憐後起傳佳句，柳色依人欲上樓。[273]

吳衡照《冬夜讀詩偶有所觸輒志斷句非仿遺山論詩也得十五首》：

　　海上煙韻足自夸，嶺南三子各名家。

　　虞翻著述稊含狀，貝闕珠宮天一涯。[274]

郭曾炘《雜題國朝諸名家詩集後》：

　　王、李、鍾、譚變已窮，嶺南江左各宗風。

　　六家詩繼三家起，盛世元音便不同。[275]

陳衍《戲用上下平韻作論詩絕句三十首》：

　　嶺南依樣仿江南，獨漉騷餘鼎足三。

　　敵得天山鬢邊雪，離憂古色滿江潭。[276]

徐以坤《戲為絕句》於評及屈大均時，連帶言及陳元孝、梁佩蘭
云：

　　痛飲清醪讀楚騷，風流所始韻原高。

　　同時尚有梁、陳輩，鞭弭周旋氣儘豪。[277]

戴森《論詩絕句》讚嶺南三家云：

　　倚天長劍切雲冠，露洗芙蓉手把看。

　　欲往從之飛雨雪，羅浮清夢不勝寒。[278]

譚獻《復堂日記》言及三家作品之特色云：

　　閱嶺南三家詩，梁氏醇樸，而意盡句中，大似龔芝麓；屈
　　氏深秀，由奇道剷，噴薄處鬱鬱有至性，此君與廓輗若皆
　　神似太白，不徒形似；陳氏精渾，師法在陳思、子美，亦

以時地相發。

王蒲衣《嶺南三大家詩選序》云：

> 嶺南三先生以詩鳴當世。……予嘗私評三先生之詩曰：藥
> 亭之詩，才人之詩也；翁山之詩，學者之詩也；元孝之詩，
> 詩人之詩也。

陳融《顒園詩話》不同意此見。其言云：

> 余於清初粵三家詩，節欲有所論列，而未敢著筆。問於不
> 匱主人。主人曰：「王蒲衣選三家詩，盤麓王氏為之序曰：
> 藥亭之詩，才人之詩也；翁山之詩，學者之詩也；元孝之
> 詩，詩人之詩也。」余少時見之，即謂不然。如王序上文
> 謂：「翁山如萬壑奔濤，其中多藏蛟龍神怪」，自是才人
> 而非學者。且既推重元孝為詩人之詩，乃譬以大匠當前，
> 羅材就正，亦嫌搔不著癢處。竊謂：翁山之詩，以氣骨勝；
> 元孝之詩，以清韻勝；藥亭之詩，以格律勝。翁山如燕、
> 趙豪傑，元孝為湘、沅才人，藥亭乃館閣名士也。

朱庭珍《筱園詩話》則讚許嶺南三家中梁佩蘭之七古，陳元孝之
七律與屈大均之五律為「三絕」：

> 嶺南三君，藥亭七古，翁山五律，元孝七律，當代誇為三
> 絕。[279]

陸鑾《問花樓詩話》：

> 國朝談詩者，風格道上推嶺南，采藻新麗推江左，言嶺南
> 者，翁山豪宕，藥亭新穩，而清蒼高渾，吐棄一切，則推
> 元孝。[280]

沈壽榕《檢諸家詩集信筆各題短句》：

> 嶺南名最梁、陳著，問道援堂知漸希。[281]

唯評及屈、陳、梁三人時，仍有所軒輊。陳融《顒園詩話》就認

爲梁佩蘭不如屈大均、陳元孝。其言云：

> 藥亭於樂府，功力甚深，惟摹古有痕跡。不如翁山、元孝。
> 翁山之《猛虎行》、《橐駝行》，幾可置於少陵集中，所
> 謂眞唐勝於僞漢，學古不必摹古也。元孝則不必高調，而
> 自然深厚。

屈向邦《粵東詩話》則就「志行」這一層面批評梁佩蘭不如屈大
均與陳元孝：

> 王蒲衣昶，選梁、屈、陳詩，稱爲嶺南三大家，議者紛紜，
> 不知蒲衣之意或只選屈、陳爲嶺南兩大家耳。其加選梁，
> 且以冠首，或欲避人攻詰，以梁爲幌子耳，而此書仍被抽
> 毀，則非蒲衣所及料也。蓋以志行言，梁與屈、陳不侔也。

方于穀《仿王漁洋論詩絕句四十首》不滿以梁佩蘭、陳恭尹列
「嶺南三家」，認爲程周量要高於梁、陳二人。詩云：

> 三家自昔數梁、陳，竟把湟溱作外臣。
> 竊爲翁山論世系，許多哀怨祖靈均。

詩註云：

> 程周量詩品在梁、陳上。[282]

梁佩蘭，字芝五，一字藥亭，號鬱洲。廣東南海人。順治丁
酉鄉試舉第一，時年二十六。詩名已播海內。康熙二十七年，徐
乾學是會試，用通榜法，得名士最多。梁氏與焉。官翰林院庶吉
士。四十二年，功令詞臣在籍者，官爲治妝，赴館供職，佩蘭不
得已而出。散館以不習清書，革庶吉士。年歸。又逾年卒。年七
十七。著有《六瑩堂前集九卷，二集八卷。林昌彝《論本朝人詩
一百五首》論梁佩蘭詩作云：

> 足跡燕、齊更楚、吳，名山嘯傲又江湖。
> 詩篇伉爽商聲近，易水歌來起夜烏。[283]

黃培芳《論粵東詩十絕》則讚賞梁氏之七言長篇：

鉅作堂堂養馬行，藥亭樂府創新聲。

長篇七字雄詞苑，朝海韓、蘇踵盛名。[284]

朱庭珍《論詩》於稱讚屈大均與梁佩蘭二人時，特舉梁氏之長篇古詩：

藥亭長古氣雄豪，五律翁山品最高。

各向嶺南誇絕技，天風萬里捲銀濤。[285]

康發祥《伯山詩話》亦以梁氏樂府歌行獨妙：

嶺南三家詩，梁藥亭藻麗辭豪，歌行獨妙。

而陳融《讀嶺南人詩絕句》云：

千秋尚論有低昂，夢鯉山房句恰當。

若道齊名陳、屈去，尚如璈管配伊涼。[286]

譚獻《復堂詩話》：

閱嶺南三家詩，梁氏純樸而意盡句中，大似龔芝麓。

但林昌彝對所稱的「嶺南三家」有異議，他極為高崇黎簡，認為黎簡可替代梁佩蘭的地位。《論本朝人詩一百五首》讚黎簡詩云：

奇筆天風捲海潮，生平字畫亦孤標。

嶺南我定三家集，祧去藥亭配二樵。[287]

詩後亦自註云：

王蒲衣定嶺南三大家詩：屈翁山、陳元孝、梁藥亭。余輯
《射鷹樓詩話》，擬祧去藥亭配以二樵。

方廷楷《習靜齋論詩百絕句》以嶺南詩人在屈大均與陳元孝之外，當數黎簡：

少年書畫已名馳，又見詩歌絕代奇。

除卻翁山、元孝外，有誰難手較雄雌？[288]

黃培芳《論粵東詩十絕》也讚黎詩云：

> 田家風景推儲祝，山水登臨擅謝公。
>
> 吟到二樵嘆雙絕，嶕嶢萬古寂人蹤。[289]

顏君猷《論嶺南國朝人詩絕句》讚黎詩云：

> 崛起西蠻自得師，二樵三絕書畫詩。
>
> 開篇學杜西歸作，便是唐臨晉帖時。[290]

陸繼輅《雜題》亦云：

> 嶺南三家豪傑士，蠻鄉特立作詩人。
>
> 知否代興黎仲簡，又空規仿出清新。[291]

　　陳恭尹（1630－1700），字元孝，一字半峰，號獨漉，又號羅浮布衣，廣東順德人。父陳邦彥死節，恭尹襲錦衣指揮僉事。順治八年，鄭成功方起海上，思就之，入閩不達。後成功大舉圍金陵，張煌言進取徽、寧，恭尹與共策劃。康熙十七年以嫌疑下獄，明年事解。乃與世徜徉。著有《獨漉堂詩集》十五卷、《文集》十五卷、《續編》一卷。林昌彝《論本朝人詩一百五首》評陳恭尹云：

> 風雅能追正始還，詩壇拔戟獨當關。
>
> 長歌短句皆沈摯，律中黃鐘無射間。[292]

朱庭珍《論詩》不僅稱讚陳恭尹為嶺南巨擘，更讚以「自百年中無此人」：

> 盡斂才華歸氣骨，筆端徑寸挽千鈞。
>
> 嶺南巨擘數元孝，三百年中無此人。[293]

在朱庭珍的《筱園詩話》中，更可見及他對陳元孝高讚的意見：

> 國初江左三家，錢、吳、龔並稱於世；嶺南三家，屈、梁、陳亦齊名當代。然江左以牧齋為冠，梅村次之，芝麓非二家匹。嶺南以元孝為冠，翁山、藥亭均不及也。[294]

又云：

嶺南三君，藥亭七古，翁山五律，元孝七律，當代誇爲三
絕。梁藥亭七古，雖氣勢雄放，而簡練不足，除《養馬
行》、《日本刀歌》諸名作外，往往失於奔放，墮入空滑
一路；如《木瓜上人打鼓歌》，則叫囂粗率，近惡道矣。
五律矜煉，猶欠高渾。五古、七律，更多平衍，又其次也。
屈翁山五律，忽而高渾沈著，忽而清蒼雅淡，氣既流蕩，
筆復老成，不拘一格，時出變化，蓋得少陵、右丞、襄陽、
嘉州之妙，眞神技也。七律佳作，在盛唐、中唐之間，不
失高調雅音。七絕學都官、庶子，亦頗可玩。惟五、七古，
則萎靡不振，平冗拖沓，吾無取焉。獨陳元孝詩雄厚渾
成，警策古淡，天分人工，兩造其極，故各體兼善，不容
軒輊也。其神骨峻而堅，其格調高而壯，其才力肆而醇，
其氣魄沈而雄，其意思深而醒，其筆致爽而辣，其篇幅謹
而嚴，其法度密而精，其風韻清而遠，眞詩家全才也。…
…不惟嶺南當推第一，即江左亦應退避三舍。明末國初，
作家如林，幾莫與抗衡，可云巨擘矣。[295]

朱氏在同書中又評其七律云：

工七律者，自劍南、遺山後，明則青丘、牧齋，我朝則陳
元孝爲第一，時人則閩中張亨甫際亮亦工此體，二君皆一
代天才也。[296]

張維屛、康發祥、丘煒萲等人亦紛紛高許他的七律之作。張氏
《聽松廬詩話》云：

獨漉先生七律尤多傑作，《鄴中懷古》一篇，議論含蓄，
鎔鑄自然，七律到此地步，所謂代無數人，人無數篇者也。

康發祥《伯山詩話》云：

嶺南三家詩，陳元孝聲調高華，擅長七律。

邱煒萲《五百石洞天揮麈》：

> 順德陳元孝恭尹，自號羅浮布衣，所著《獨漉堂詩集》，
> ℃騂翁山，朝乘芝五。各體之中，尤以七律為冠，五七古
> 工力悉敵，允推傑作。[297]

其他詩論者，或嘉許他的詩作之真，表現遺民的心態，如顏君猷
《論嶺南國朝人詩絕句》云：

> 獨漉山人字字真，閒雲野鶴自由身。
>
> 篇終時露傷心語，慟哭西臺宋逸民。[298]

或讚許他的詩作沒有中原的傖父氣，如舒位《瓶水齋論詩絕句二
十八首》云：

> 落花紅掩數家門，細寫春愁欲愴神。
>
> 除卻中原傖父氣，不辭長作嶺南人。[299]

或讚其懷古之作。歐陽述《雜題國朝人詩集各一首》：

> 哀絲豪竹小涼州，合付旗亭倩女謳。
>
> 唱得十篇懷古詠，一時梁、屈也低頭。[300]

或舉其詩句認為可比唐賢。王士禎《居易錄》評陳恭尹詩云：

> 元孝詩，如：積雪回孤棹，寒湘共此心。積雨江漢綠，歸
> 心楊柳初。三徑草生殘雨後，數家門掩落花中。皆唐賢佳
> 句也。[301]

是以陳融《讀嶺南人詩絕句》稱其文章如日月之不朽：

> 論詩獨發古人藏，情性言詞有擔當。
>
> 不朽文章如日月，圓弦終弗變尋常。[302]

馬長海《效元遺山論詩絕句四十七首》云：

> 眼前誰是出群雄？嶺外稱詩獨漉翁。
>
> 曾見羅浮香雪裏，梅花開到六分中。[303]

朱祖謀《冬夜檢時賢詩集率綴短章》云：

> 碧澥蒼梧幾廢興，蒼涼懷古屈梁能。
>
> 輸他獨漉堂中叟，老向中原拔幟登。[304]

王士禎《漁洋詩話》顯然認爲他是三家之首：

> 南海者舊以屈大均翁山，梁佩蘭藥亭，陳恭尹元孝齊名，
> 號三君。元孝尤清迥絕俗。[305]

洪亮吉《道中無事偶作論詩截句二十首》評梁佩蘭、陳恭尹云：

> 藥亭、獨漉許相參，吟苦時同佛一龕。
>
> 尚有昔賢雄直氣，嶺南猶似勝江南。[306]

姚瑩云：「最是屈家吟不得，分明哀怨楚湘纍。」高讚屈大均詩，
認爲在陳、梁之上，並具楚湘之風。這論點與朱庭珍不同。而後
代論者論及屈大均之承接屈原者亦多。金天翮《與鄭蘇堪先生論
詩書》：

> 天翮於三百年詩人服膺亭林、翁山，謂其歌有思，其哭有
> 懷，其撥亂反正之心，則猶《春秋》、《騷》、《雅》意
> 也。

朱彝尊《靜志居詩話》云：

> 翁山早棄儒服，托跡淄藍。予識之最早。其詩原本三閭大
> 夫，自王逸以下，多屏置不觀。後復返儒服，入越，讀書
> 祁氏寓山園，不下樓者五月，始具曹、劉、班、左諸體。[307]

潘耒《廣東新語序》云：

> 翁山之詩，祖靈均而宗太白，感物造端，比類托諷，大都
> 妙於用虛。

龔自珍《夜讀番禺集書其尾》云：

> 靈均出高陽，萬古兩苗裔。鬱鬱文詞宗，芳馨聞上帝。

【註釋】

[1]朱彝尊《明詩綜》卷二，頁一。楊家駱編《中國學術名著第三輯：歷代詩文總集，第十三冊》（臺北：世界書局，1970）。

[2]謝啓昆《論明詩絕句九十六首》。見《萬首論詩絕句》。頁530。

[3]見朱彝尊《明詩綜》。同本章註1。

[4]朱炎《讀明人詩絕句三十首》。見《萬首論詩絕句》。頁553。

[5]錢謙益《列朝詩集小傳》（北京：中華書局，1961），頁13。

[6]見朱彝尊《明詩綜》卷二。頁二。

[7]潘德輿《養一齋詩話》卷三。參閱《清詩話續編》。頁2044。

[8]張之傑《讀明詩五十二首》。見《萬首論詩絕句》。頁937。

[9]鄧鎔《論詩三十絕句》。見《萬首論詩絕句》。頁1700。

[10]柯振嶽《論詩》。見《萬首論詩絕句》。頁781。

[11]葉紹本《仿遺山論詩得絕句廿四首》。見《萬首論詩絕句》。頁729。

[12]陳田《明詩紀事》。甲籤。卷四。楊家駱編《歷代詩史長編》第十四種（台北：鼎文書局），頁14-129至130。

[13]朱彝尊《明詩綜》卷三。頁十五引。

[14]同上註。

[15]謝啓昆《論明詩絕句九十六首》。見《萬首論詩絕句》。頁530。

[16]錢謙益《列朝詩集小傳》甲集。同本章註5。頁70。

[17]陸鋆《問花樓詩話》卷二。見《清詩話續編》。頁2310。

[18]朱彝尊《明詩綜》。卷二。頁二引。

[19]陳田《明詩紀事》。甲籤。卷三。頁14-109。

[20]錢謙益《列朝詩集小傳》甲集。同本章註5。頁75。

[21]同上註。

[22]同本章註20。

[23]胡應麟《詩藪・續編》卷一。《詩藪》。頁326。

[24]吳應奎《讀明人詩戲仿遺山論詩絕句三十五首》。參閱《萬首論詩絕句》。頁785。

[25]李調元《雨村詩話》卷下。《清詩話續編》。頁1535。

[26]《明詩紀事》甲籤。卷七。頁14－182。

[27]謝啓昆《論明詩絕句九十六首》。見《萬首論詩絕句》。頁532。

[28]同上註。見《萬首論詩絕句》。頁533。

[29]張之傑《讀明詩五十二首》。見《萬首論詩絕句》。頁938。

[30]蔡邦甸《書高青邱集後》。參閱《萬首論詩絕句》。頁1450。

[31]都穆《南濠詩話》。《歷代詩話續編》(北京：中華書局，1983)，頁1355。

[32]張之傑《讀明詩五十二首》。見《萬首論詩絕句》。頁938。

[33]鄧鎔《論詩三十絕句》。見《萬首論詩絕句》。頁1700。

[34]《四庫全書總目提要》。卷一百六十九。

[35]同上書。

[36]朱庭珍《筱園詩話》卷二。見《清詩話續編》。頁2359。

[37]王昶《舟中無事偶作論詩絕句四十六首》。見《萬首論詩絕句》。頁431。

[38]朱炎《讀明人詩絕句三十首》。見《萬首論詩絕句》。頁553。

[39]吳應奎《讀明人詩仿遺山論詩絕句三十五首》。見《萬首論詩絕句》。頁785。

[40]朱彝尊《明詩綜》。卷六。頁九。

[41]陳田《明詩紀事》。甲籤。卷六。頁14－174。

[42]謝啓昆《論明詩絕句九十六首》。見《萬首論詩絕句》。頁532。

[43]《四庫全書總目提要》卷一百七十一。頁四十一。

[44]陳田《明詩紀事》。丁籤。卷二。頁14－1178。

[45]錢謙益《列朝詩集小傳》。丙集。頁301。

[46]徐禎卿《答李獻吉書》。《徐昌穀全集》卷十四。

[47]皇甫汸《題徐迪功外集序》。《徐昌穀全集》。卷一。

[48]朱彝尊《靜志居詩話》。《明詩綜》卷三十一。頁二。

[49]見朱彝尊《靜志居詩話》引。《明詩綜》卷三十一。

[50]吳德旋《雜著示及門諸子》。見《萬首論詩絕句》。頁659。

[51]張之傑《讀明詩五十二首》。見《萬首論詩絕句》。頁941。

[52]朱庭珍《論詩》。見《萬首論詩絕句》。頁1047。

[53]錢謙益《列朝詩集小傳》。丙集。頁301。

[54]沈德潛《明詩別裁》。卷四（香港：商務印書館，1961），頁66。

[55]馬長海《仿元遺山論詩絕句四十七首》。見《萬首論詩絕句》。頁359。

[56]白胤謙《《近代詩人大家七絕句》。見《萬首論詩絕句》。頁207。

[57]張之傑《讀明詩五十二首》。見《萬首論詩絕句》。頁940。

[58]胡應麟《詩藪・續編》。卷一。《詩藪》。頁331。

[59]袁嘉穀《出日下睍小飲薄醉尙論古詩人漫成十二首》。見《萬首論詩絕
　　句》。頁1687。

[60]蔣湘南《弔北地》。見《萬首論詩絕句》。頁951。

[61]朱彝尊《明詩綜》卷二十九。頁四。

[62]錢謙益《列朝詩集小傳》丙集。頁310。

[63]同上註。

[64]謝啓昆《論明詩絕句九十六首》。見《萬首論詩絕句》。頁538。

[65]陳田《明詩紀事》。丁籤。卷一。頁14－1161。

[66]朱炎《讀明人詩絕句三十首》。見《萬首論詩絕句》。頁554。

[67]柯振嶽《論詩》。見《萬首論詩絕句》。頁781。

[68]汪芑《讀明詩》。見《萬首論詩絕句》。頁1431。

[69]張英《讀李獻吉集》。見《萬首論詩絕句》。頁253。

[70]朱彝尊《明詩綜》卷三十。頁一引。

[71]張蓋《絕句》。見《萬首論詩絕句》。頁220。

[72]鄧鎔《論詩三十絕句》。見《萬首論詩絕句》。頁1700。

[73]朱彝尊《明詩綜》卷三十。頁二引。

[74]胡應麟《詩藪·續編》卷二。《詩藪》。頁339。

[75]陳田《明詩紀事》。丁籤。卷一引。

[76]陳田《明詩紀事》。丁籤。卷一。頁14－1171。

[77]汪芑《讀明詩》。見《萬首論詩絕句》。頁1431。

[78]謝啓昆《論明詩絕句九十六首》。見《萬首論詩絕句》。頁538。

[79]張之傑《讀明詩五十二首》。見《萬首論詩絕句》。頁940。

[80]朱庭珍《筱園詩話》卷二。見《清詩話續編》。頁2359。

[81]朱彝尊《明詩綜》卷三十。頁一引。

[82]李舒章語。《皇明詩選》。卷一。頁八。台北中央圖書館藏明崇禎癸未
    李雯等會稽刊本。

[83]王世貞《藝苑卮言》卷五。頁八。《續歷代詩話》本。

[84]顧起綸《國雅品》。頁十三。《續歷代詩話》本。

[85]同上註。

[86]王士禎《戲仿元遺山論詩絕句》。見《萬首論詩絕句》。頁236。

[87]陳田《明詩紀事》。戊籤。卷二。頁1368。

[88]沈德潛《明詩別裁》卷七。頁一。

[89]朱彝尊《明詩綜》卷三十九。頁十五引。

[90]謝啓昆《論明詩絕句九十六首》。見《萬首論詩絕句》。頁539。

[91]吳應奎《讀明人詩仿遺山論詩絕句三十五首》。見《萬首論詩絕句》。
    頁786。

[92]朱彝尊《明詩綜》卷三十一。頁十二引。

[93]同上註。

[94]張之傑《讀明詩五十二首》。見《萬首論詩絕句》。頁941。

[95]謝啓昆《論明詩絕句九十六首》。見《萬首論詩絕句》。頁538。

[96]王世懋《藝圃擷餘》。見《歷代詩話》。頁782。

[97]王士禎《池北偶談》。《帶經堂詩話》。卷一。頁48。

[98]同上註。

[99]《四庫全書總目提要》卷一百七十二。頁十九。

[100]王世貞《藝苑巵言》卷七。頁九。《續歷代詩話》本。

[101]張塤《論明詩絕句十六首》。見《萬首論詩絕句》。頁568。

[102]王士禎《戲效元遺山論詩絕句》。見《萬首論詩絕句》。頁235。

[103]張之傑《讀明詩五十二首》。見《萬首論詩絕句》。頁942。

[104]沈德潛《明詩別裁》卷七。頁八。

[105]朱彝尊《明詩綜》卷四十五。頁一引。

[106]同上註。

[107]王世貞《藝苑巵言》卷五。頁九。《續歷代詩話》本。

[108]朱彝尊《靜志居詩話》卷四十五。頁四。

[109]同上註。

[110]吳應奎《讀明人詩戲效遺山論詩絕句三十九首》。見《萬首論詩絕句》。頁788。

[111]同上註。

[112]胡應麟《詩藪·續編》卷二。《詩藪》。頁337。

[113]朱彝尊《靜志居詩話》卷四十五。頁十一。

[114]陳田《明詩紀事》。戊籤。卷五。頁1417。

[115]沈德潛《明詩別裁》卷七。頁八。

[116]陳田《明詩紀事》引。戊籤。卷五。頁1417。

[117]朱彝尊《明詩綜》引。該書卷三十四。頁一。

[118]胡應麟《詩藪·續編》卷二。《詩藪》。頁341。

[119]邱晉成《論蜀詩絕句》。見《萬首論詩絕句》。頁1616。

[120]林思進《論蜀詩絕句》。見《萬首論詩絕句》。頁1672。

[121]鄧鎔《論詩三十絕句》。見《萬首論詩絕句》。頁1700。

[122]《四庫全書總目提要》卷一百七十二。頁一。

[123]毛翰豐《論蜀詩絕句》。見《萬首論詩絕句》。頁1607。

[124]張晉《仿元遺山論詩絕句六十首》。見《萬首論詩絕句》。頁669。

[125]胡應麟《詩藪·續編》卷一。《詩藪》。頁333。

[126]沈德潛《明詩別裁》卷六。頁106。

[127]錢謙益《列朝詩集小傳》丙集。頁354。

[128]陳田《明詩紀事》。戊籤。卷一。頁1353。

[129]王士禛《香祖筆記》卷五（上海：古籍出版社，1982），頁99。

[130]王世貞《藝苑卮言》卷六。頁五。《續歷代詩話》本。

[131]張之傑《讀明詩五十二首》。見《萬首論詩絕句》。頁941。

[132]朱庭珍《筱園詩話》卷四。見《清詩話續編》。頁2410。

[133]同上書。卷二。見《清詩話續編》，頁2361。

[134]王世貞《藝苑卮言》卷五。頁八。《續歷代詩話》本。

[135]胡應麟《詩藪·續編》卷二。《詩藪》。頁337。

[136]《梁園風雅》。陳田《明詩紀事》引。戊籤。卷三。頁1378。

[137]錢謙益《列朝詩集小傳》。丙集。頁324。

[138]張之傑《讀明詩五十二首》。見《萬首論詩絕句》。頁941。

[139]《四庫全書總目提要》卷一百七十二。頁五。

[140]陳田《明詩紀事》引。戊籤。卷三。頁1378。

[141]朱彝尊《靜志居詩話》卷三十四。頁十二。《四部叢刊初編》。

[142]陳田《明詩紀事》引。戊籤。卷六。頁1431。

[143]陳田《明詩紀事》。戊籤。卷六。頁1431。

[144]朱彝尊《靜志居詩話》卷三十四。頁十二。

[145]錢謙益《列朝詩集小傳》甲集。頁143。

[146]謝章鋌《論詩絕句三十首》。見《萬首論詩絕句》。頁1467。

[147]朱炎《讀明人詩絕句三十首》。見《萬首論詩絕句》。頁554。

[148]謝啓昆《論明詩絕句九十六首》。見《萬首論詩絕句》。頁533。

[149]朱彝尊《靜志居詩話》。《明詩綜》卷十。頁十九。

[150]朱彝尊《林鴻傳》。《曝書亭集》。卷六十三。頁七。《四部叢刊初
　　編》。

[151]沈德潛《明詩別裁》卷二。頁26。

[152]張之傑《讀明詩五十二首》。見《萬首論詩絕句》。頁938。

[153]陳田《明詩紀事》。甲籤。卷十。頁14－232。

[154]王夫之《明詩評選》卷五。頁十三至十四。（上海：太平洋書店排印
　　本，1933）。

[155]楊浚《論次閩詩》。見《萬首論詩絕句》。頁1245。

[156]朱彝尊《明詩綜》卷十。頁二十四引。

[157]沈德潛《明詩別裁》卷三。頁39。

[158]朱彝尊《明詩綜》卷三十二。頁二十引。

[159]同上註。

[160]林壽圖《題李獻吉集後》。參閱《萬首論詩絕句》。頁1034。

[161]王世懋《藝圃擷餘》。見《歷代詩話》。頁733至784。

[162]朱彝尊《與高念祖論詩書》。《曝書亭集》卷三十一。《四部叢刊初
　　編》（上海：商務印書館縮印原刊本），頁269。

[163]《四庫全書總目提要》卷一百七十一。頁四十二。

[164]張際亮《入都浹旬故人多以詩相示各綴一絕》。見《萬首論詩絕句》。
　　頁982。

[165]吳應奎《讀明人詩仿遺山論詩絕句三十五首》。見《萬首論詩絕句》。
　　頁786。

[166]張之傑《讀明詩五十二首》。見《萬首論詩絕句》。頁941。

[167]王士禎《戲仿元遺山論詩絕句》。見《萬首論詩絕句》。頁235。

[168]楊浚《論次閩詩》。見《萬首論詩絕句》。頁1246。

[169]顧起綸《國雅品》。頁八。《續歷代詩話》本。

[170]陳田《明詩紀事》。丁籤。卷三。頁14－1198。

[171]朱彝尊《明詩綜》卷三十二。頁二十引。《四部叢刊初編》。

[172]同上註。

[173]謝啓昆《論明詩絕句九十六首》。見《萬首論詩絕句》。頁538。

[174]朱彝尊《明詩綜》卷三十六。頁十五引。《四部叢刊初編》。

[175]朱彝尊《明詩綜》引。該書卷三十六。頁十五。同上註。

[176]王世貞《藝苑巵言》卷五。頁九。《續歷代詩話》本。

[177]張之傑《讀明詩五十二首》。見《萬首論詩絕句》。頁942。

[178]顧起綸《國雅品》。頁十一。《續歷代詩話》本。

[179]陳田《明詩紀事》。戊籤。卷三。頁1386。

[180]朱彝尊《明詩綜》卷三十六。頁十五。

[181]王世貞《藝苑巵言》卷五。頁八。《續歷代詩話》本。

[182]顧起綸《國雅品》。頁八。《續歷代詩話》本。

[183]胡應麟《詩藪》。《續編》卷二。頁338。

[184]陳田《明詩紀事》引。己籤。卷一。頁1792。

[185]《四庫全書總目提要》卷一百七十二。頁三十。

[186]同上註。頁三十二。

[187]王昶《舟中無事偶作論詩絕句四十六首》。見《萬首論詩絕句》。頁
　　431。

[188]沈德潛《明詩別裁》卷八。頁31。

[189]朱彝尊《明詩綜》引。該書卷四十六。頁六。

[190]《四庫全書總目提要》卷一百七十二。頁二十六。

[191]陳田《明詩紀事》引。己籤。卷一。頁1785。

[192]錢謙益《列朝詩集小傳》。丁集上。頁428。

[193]《四庫全書總目提要》卷一百七十二。頁二十六。

[194]錢謙益《列朝詩集小傳》丁集上。頁437。

[195]《皇明詩選》卷十三。頁十八至十九。

[196]朱彝尊《明詩綜》。卷四十六。頁六。

[197]陳田《明詩紀事》。己籤。卷一。頁1794至1795。

[198]錢謙益《列朝詩集小傳》。丁集上。頁437。

[199]謝啓昆《論明詩絕句九十六首》。見《萬首論詩絕句》。頁541。

[200]錢謙益《列朝詩集小傳》丁集上。頁436。

[201]錢謙益《列朝詩集小傳》丁集上。頁423。

[202]王士禎《戲效元遺山論詩絕句》。見《萬首論詩絕句》。頁236。

[203]田霡《臨清弔四溟山人》。見《萬首論詩絕句》。頁271。

[204]錢謙益《列朝詩集小傳》丁集上。頁424至425。

[205]謝啓昆《論明詩絕句九十六首》。見《萬首論詩絕句》。頁541。

[206]汪芑《讀明詩》。見《萬首論詩絕句》。頁1431。

[207]錢謙益《列朝詩集小傳》丁集上。頁447。

[208]錢謙益《列朝詩集小傳》丁集中。頁570。

[209]同上註。頁571。

[210]錢謙益《列朝詩集小傳》丁集中。頁574。

[211]朱彝尊《明詩綜》。卷六十。頁十二。

[212]吳之振《曾宋荔裳詩》。見《萬首論詩絕句》。頁256。

[213]沈德潛《論明詩十二斷句》。見《萬首論詩絕句》。頁385。

[214]沈鈞《論詩絕句》。見《萬首論詩絕句》。頁947。

[215]焦袁熙《論詩絕句五十二首》。見《萬首論詩絕句》。頁282。

[216]錢謙益《列朝詩集小傳》丁集中。頁567。

[217]同上書，頁566。

[218]卓爾堪《明遺民詩》。（上海：中華書局，1960）。

[219]鄭方坤《國朝名家詩鈔小傳》。台北廣文書局作《清朝詩人小傳》。
　　該書頁十五。

[220]陳田《明詩紀事》。辛籤。卷十。頁2845。

[221]同上書。

[222]王士禛《漁洋詩話》卷中。見《清詩話》。頁189。

[223]陳田《明詩紀事》。辛籤。卷十。頁2845。

[224]馬長海《效元遺山論詩絕句四十七首》。見《萬首論詩絕句》。頁
　　359。

[225]錢謙益《列朝詩集小傳》丁集下。頁577。

[226]張晉《仿元遺山論詩絕句六十首》。參閱《萬首論詩絕句》。頁670。

[227]沈德潛《論明詩十二斷句》。見《萬首論詩絕句》。頁384。

[228]朱彝尊《靜志居詩話》。見《明詩綜》卷六十五。頁七。

[229]朱彝尊評吳夢暘詩語。見《明詩綜》卷六十五。頁九。

[230]同上註。卷六十五。頁四。

[231]沈德潛《明詩別裁》卷十。頁72。

[232]朱庭珍《筱園詩話》卷二。見《清詩話續編》。頁2362。

[233]高棅《唐詩品匯》。《四庫全書》本。台北商務印書館影文淵閣本。

[234]錢謙益《唐詩英華序》。見《有學集》卷十五。頁一百二十七《四部
　　叢刊初編》（上海：商務印書館）。

[235]朱彝尊《王先生言遠詩序》。見《曝書亭集》卷三八。頁三一八。
　　（上海：商務印書館）。

[236]王士禛《香祖筆記》。《帶經堂詩話》。卷一。頁38。

[237]朱彝尊《靜志居詩話》。見《明詩綜》卷七十五。頁二。

[238]王士禛《分甘餘話》。《清代史料筆記叢刊》本（北京：中華書局，
　　1982）。

[239]王士禎《漁洋詩話》卷下。見《清詩話》。頁219。

[240]朱彝尊《明詩綜》。卷七十五。頁二。

[241]同上書引。卷七十五。頁二。

[242]葉矯然《龍性堂詩話初集》。見《清詩話續編》。頁949。

[243]沈德潛《明詩別裁》十。頁84。

[244]陳田《明詩紀事》。辛籤。卷一。頁14-2815。

[245]張晉《仿元遺山論詩絕句六十首》。參閱《萬首論詩絕句》。頁670。

[246]朱庭珍《論詩》。見《萬首論詩絕句》。頁1047。

[247]邵堂《論詩六十首》。見《萬首論詩絕句》。頁828。

[248]焦袁熙《論詩絕句五十二首》。見《萬首論詩絕句》。頁281。

[249]沈德潛《論明詩十二斷句》。見《萬首論詩絕句》。頁385。

[250]張之傑《論詩絕句十二首》。見《萬首論詩絕句》。頁944。

[251]朱庭珍《筱園詩話》卷五。見《清詩話續編》。頁2356。

[252]陳田《明詩紀事》。辛籤。卷十一。頁2881。

[253]林昌彝《論本朝人詩一百五首》。見《萬首論詩絕句》。頁1009。

[254]見《曝書亭集》卷三十六。頁十五。《四部叢刊初編》。頁310。

[255]狄學耕《題兩當軒詩集後》。見《萬首論詩絕句》。頁1432。

[256]黃培芳《論粵東詩十絕》。參閱《萬首論詩絕句》。頁739。

[257]陳融《讀嶺南人詩絕句》。參閱《萬首論詩絕句》。頁1797。

[258]同上註。見《萬首論詩絕句》。頁1798。

[259]陳田《明詩紀事》引。辛籤。卷七。頁2787。

[260]陳田《明詩紀事》。辛籤。卷七。頁2788。

[261]朱彝尊《靜志居詩話》。見《明詩綜》卷七十三。頁十四。

[262]王士禎《戲仿元遺山論詩絕句》。見《萬首論詩絕句》。頁236。

[263]王士禎《漁洋詩話》卷下。見《清詩話》。頁202。

[264]王士禎《池北偶談》。《清代史料筆記叢刊》本（北京：中華書局，

1982）。

［265］陳田《明詩紀事》引。辛籤。卷七。頁2788。

［266］黃培芳《論粵東詩十絕》。參閱《萬首論詩絕句》。頁739。

［267］王士禎《戲仿元遺山論詩絕句》。見《萬首論詩絕句》。頁236。

［268］沈德潛《明詩別裁》卷十一。頁95。

［269］《四庫全書總目提要》卷一百六十九。頁四十四。

［270］朱彝尊《明詩綜》引。該書卷十。頁四。

［271］朱彝尊《程職方詩集序》。《曝書亭集》。卷三十七。頁三。《四部叢刊初編》（上海：商務印書館影原刊本）。

［272］毛國翰《暇日偶閱近人詩各繫一絕》。見《萬首論詩絕句》。頁968。

［273］張晉《仿元遺山論詩絕句六十首》。見《萬首論詩絕句》。頁670。

［274］吳衡照《冬夜讀詩偶有所觸輒志斷句非仿遺山論詩也得十五首》。見《萬首論詩絕句》。頁797。

［275］郭曾炘《雜題國朝諸名家詩集後》。參閱《萬首論詩絕句》。頁1480。

［276］陳衍《戲用上下平韻作論詩絕句三十首》。見《萬首論詩絕句》。頁1509。

［277］徐以坤《戲為絕句》。見《萬首論詩絕句》。頁560。

［278］戴森《論詩絕句》。見《萬首論詩絕句》。頁1198。

［279］朱庭珍《筱園詩話》卷二。見《清詩話續編》。頁2356。

［280］陸鎣《問花樓詩話》卷三。見《清詩話續編》。頁2312。

［281］沈壽榕《檢諸家詩集信筆各題短句》。見《萬首論詩絕句》。頁1219。

［282］方于穀《仿王漁洋論詩絕句四十首》。見《萬首論詩絕句》。頁675。

［283］林昌彝《論本朝人詩一百五首》。見《萬首論詩絕句》。頁1012。

［284］黃培芳《論粵東詩十絕》。參閱《萬首論詩絕句》。頁739。

［285］朱庭珍《論詩》。見《萬首論詩絕句》。頁1049。

［286］陳融《讀嶺南人詩絕句》。參閱《萬首論詩絕句》。頁1803。

[287]林昌彝《論本朝人詩一百五首》。見《萬首論詩絕句》。頁1017。

[288]方廷楷《習靜齋論詩百絕句》。見《萬首論詩絕句》。頁1271。

[289]黃培芳《論粵東詩十絕》。參閱《萬首論詩絕句》。頁739。

[290]顏君猷《論嶺南國朝人詩絕句》。見《萬首論詩絕句》。頁1217。

[291]陸繼輅《雜題》。見《萬首論詩絕句》。頁717。

[292]林昌彝《論本朝人詩一百五首》。見《萬首論詩絕句》。頁1009。

[293]朱庭珍《論詩》。見《萬首論詩絕句》。頁1048。

[294]朱庭珍《筱園詩話》卷二。見《清詩話續編》。頁2355。

[295]朱庭珍《筱園詩話》卷二。同上註。頁2356。

[296]朱庭珍《筱園詩話》卷四。《清詩話續編》。頁2401。

[297]邱煒萲《五百石洞天揮麈》。

[298]顏君猷《論嶺南國朝人詩絕句》。見《萬首論詩絕句》。頁1215。

[299]舒位《瓶水齋論詩絕句二十八首》。見《萬首論詩絕句》。頁626。

[300]歐陽述《雜題國朝人詩集各一首》。見《萬首論詩絕句》。頁1675。

[301]王士禛《居易錄》。《帶經堂詩話》卷十。頁236-237。

[302]陳融《讀嶺南人詩絕句》。參閱《萬首論詩絕句》。頁1798。

[303]馬長海《元遺山論詩絕句四十七首》。見《萬首論詩絕句》。頁360。

[304]朱祖謀《冬夜檢時賢詩集牽綴短章》。見《萬首論詩絕句》。頁1526。

[305]王士禛《漁洋詩話》卷上。見《清詩話》。頁177。

[306]洪亮吉《道中無事偶作論詩截句二十首》。見《萬首論詩絕句》。頁632。

[307]陳田《明詩紀事》引。辛籤。卷十一。頁14-2881。

第八章　姚瑩《論詩絕句六十首》的詩觀與評詩方式

　　姚瑩繼承元好問《論詩三十首》的方式，撰寫了《論詩絕句六十首》，期望通過這一系列的七言絕句組詩，來面對中國詩史，回答中國詩史所發生的事件在他心目中所引起的問題，提出他對歷代詩人與詩作的評價，同時針對歷代詩壇的各種現象，表達他的看法。

第一節　姚瑩《論詩絕句六十首》的詩觀

　　姚瑩重視《詩經》、《離騷》的傳統，在《論詩絕句六十首》的第一首，就爲他曾經遠離《風》、《騷》的傳統，而摹漢、魏之作，表示「枉向凡禽乞鳳毛」的懊悔。詩云：

　　　　辛苦十年摹漢魏，不知何故遠風騷。

　　　　而今悟得興觀旨，枉向凡禽乞鳳毛。

在第二十一首中讚揚白居易《秦中吟》之作，亦在於這類作品淵源自《國風》。詩云：

　　　　三留詩集施山門，文字華嚴法界存。

　　　　若許披沙探金穴，秦中諸作國風源。

第十八首讚許柳宗元的作品，也因其作如《離騷》之幽雅。詩云：

　　　　史潔騷幽並有神，柳州高詠絕嶙峋。

第五十六首頌揚屈大均道：

最是屈家吟不得，分明哀怨楚湘纍。

也是由於取屈氏的作品能夠秉承《離騷》的傳統。所以他感嘆蘇武、李陵詩風到了建安之後凋謝零落，乃云：

建安後格多新麗，蘇、李前風盡已乖。

所謂「蘇、李前風」，也就是能夠秉承《風》、《騷》傳統的漢、魏風骨。姚瑩在此詩中爲建安後漢、魏風骨的頓失，而慨嘆蘇、李前風之不再。第五十五首惋惜明末清初詩人鄺露爲國犧牲時，也表示：

抱琴卻向番禺死，千古騷人痛國殤。

姚瑩在他的論詩絕句中並沒有說明《風》、《騷》傳統的具體內涵，不過，我們可以從姚氏論詩絕句中的有關詩句，揣摩到他所說的《風》、《騷》，與漢、魏講求形式美的創作是對立的，也是與建安之後新麗詩風是對立的。它充滿著象姚氏讚美屈大均時所說的哀怨之清，充滿著象他在讚美柳宗元時所說的幽雅精深，也充滿著像他讚美白居易《秦中吟》時所說的具有深刻的諷喻作用，以及充滿著像他在讚美鄺露時所說的具有濃烈的愛國之情。而從他的其他詩序等文章中，我們也可以認識到這一點。

這些哀怨之情，愛國之情，具有諷喻作用之情，當然是出自作者情感之眞。所以姚瑩極其強調詩作情感之眞摯。在《謠變序》中，他就曾經引《尚書》、《禮記》之言強調情感對於詩作的重要性：

《書》曰：詩言志，歌永言。古人詩與樂合，未有不可歌者。故貴乎長言永嘆。《記》曰：情動於中故形於聲。聲成文謂之音。然則聲音之道，是在言乎？樂則笑，哀則號，悲則泣，憂則嘆，怨則吁，情之所動，聲發隨之，不必有言。聞者心感。昔伯牙學琴於海上，子期入海不返，聞水

聲而悟琴理，此妙於音者也。故妙於琴者，不在徽弦，妙
於歌者，不在辭句。[1]

在《康輶紀行》中，他也表示：

古人詩不苟作，故妙。今人詩文不及古人，病正在一苟
字，無情而作，無才而作，無爲而作，皆苟也。[2]

陳方海即以姚氏論詩強調不強作。《後湘詩集序》云：

昔人論詩曰：不苟作；姚子論詩曰：不強作。

不論是不苟作，或是不強作，姚瑩重視的是詩情之眞，他盛讚
《三百篇》的原因，即在其情感之眞。《謠變序》云：

夫《三百篇》多愚夫婦之所謳吟，其人豈皆嘗習金石諧宮
商之奏哉？然而自合於樂者，天籟之音也。後人不求自性
之眞籟，而揣摩古人之音節，即之愈眞，去之愈遠矣。[3]

而在他的論詩絕句中，也多處讚揚作品情感之眞。第十八首讚許
柳宗元五言之作道：

吳興卻選淮西碑，不及生平五字眞。

姚瑩不滿姚鉉《唐文粹》只選柳宗元的《平淮西碑》四言之
作，而不取其五言詩者，即在於他認爲前者不如後者情感之眞。
陶淵明能夠在文章中表露其性情之眞，就得到他的高度讚賞。詩
云：

文章眞性柴桑酒。

其實姚氏在《論詩絕句六十首》第一首強調所悟得的「興觀旨」，
即要悟得孔子所說的興、觀、群、怨的旨意，也是在性情之眞的
基礎上提出的。《孔薌浦詩序》云：

詩爲六藝之一，動乎性情，發乎聲音，暢乎言辭，中乎節
奏。其始也必有所感，感於情者深厚，然後托於辭者婉
摯，使人讀之，不覺其何以油然興、觀、群、怨，此古詩

所以可貴也。[4]

有關這一點，姚瑩在《謠變序》中，有更清楚的說明。他在這篇序文中，多次提到「興、觀、群、怨」。他在舉出《尚書》與《禮記》關於詩與情感關係之言後，表示：

> 情之所動，聲發隨之，不必有言。聞者心感。

又云：

> 孔子曰：詩可以興、觀、群、怨。聲音之道微矣，故詩之不可以歌，不得爲善詩，歌之不能以感人，不得爲善歌。[5]

可見他的興、觀、群、怨說的重要支柱爲情感之眞。從《謠變序》另一處所言之「興、觀、群、怨」中，更可以看到此點。他說：

> 若驍歌瑟調雜曲，則采民間歌謠爲之，此皆人情天籟，無假修飾，最有興、觀、群、怨之旨。[6]

他讚賞《國風》與漢樂府，也在於此。《謠變序》云：

> 余幼讀詩，則喜言興、觀、群、怨大意，每至《谷風》、《式微》諸章，未嘗不流涕反復；及閱漢以來樂府歌謠，輒低徊永嘆，以爲古詩之存，獨有此耳。[7]

他讚賞漢之蘇武、李陵，魏之曹植，晉之陶淵明，唐之李白、杜甫、韓愈、白居易，宋之歐陽修、蘇軾、黃庭堅、陸游，亦在於此。《復吳子方書》中說：

> 三百篇而下，無悖於興、觀、群、怨之旨，而足以千古者，漢之蘇、李，魏之子建，晉之淵明，唐之李、杜、韓、白，宋之歐、蘇、黃、陸，止矣。[8]

他不滿意唐、宋詩之去「古意益遠」，而還贊賞其樂府的原因，也在於此。《謠變序》云：

> 夫《三百篇》多愚夫婦之所謳吟，其人豈皆嘗習金石諧宮

商之奏哉？然而自合於樂者，天籟之音也。後人不求自性
之真籟，而揣摩古人之音節，即之愈真，去之愈遠矣。漢
魏以後，詩與樂分，其道遂亡。流變至今於唐宋，古意益
遠，無復永言之旨矣。故興、觀、群、怨，鮮有合焉。獨
樂府一體，尤可見古人遺意，爲其據事寫情，感深語摯，
辭直而思曲，節短而音長，意有怨抑，語無褒譏，使人聞
聲自不能已，是其至也。[9]

　　前面提到，姚瑩所指的性情之真，包括愛國之情，在《論詩
絕句六十首》中，他批評後人歪曲陸游詩作時說道：

　　平生壯志無人識，卻向梅華覓放翁。

所指的陸游的「平生壯志」，就是陸氏期望能夠恢復中原，驅逐
外敵的愛國情操。他在另一首論詩絕句讚揚齊之鸞的忠直，屢屢
上奏章勸諫君王時所說的：

　　蓉川風氣肇吾鄉，骨鯁峻峻屢奏章。

「骨鯁」，也是一種耿介的愛國之情的表現。也就因爲他重視作
品的愛國情懷，所以他在理解李商隱的作品時，就特別重視他的
憂國之作，並要後人不要只是在他的《無題》之作中尋找崇拜的
對象。《論詩絕句六十首》第二十三首云：

　　牙旗玉帳真憂國，莫向無題覓辦香。

在言及庾信的《哀江南賦》時說：

　　何須更作江南賦，淚落長安烏夜啼。

所讚揚的《哀江南賦》的性情之真，也是充滿鄉國之思。了解
這一點就可以理解他會在《復楊君論詩文書》中高度強調詩文之
「道」的原因。他說：

　　文章莫大於六經，風雅典謨，既昭昭矣，說者謂善學者得
　　其道，不善學者獵其文，吾以爲不得其道即文亦烏可得

> 哉？夫文者，將以明天地之心，闡萬物之理，君臣待之以
> 定天下，父子賴之以親夫婦，朋友賴之以敘其情而正其
> 義，此文之昭如日月者，六經所以不廢爲文，苟求其不
> 廢，舍斯道無由也。[10]

《康輶紀行》中有一段文字，言及人之「一腔熱血」與「天下國
家之事」的關係，其意尤詳：

> 或謂余一腔熱血，何必掬以示人？余謂君血自未眞熱耳。
> 所謂熱血者，視天下國家之事，皆如己事；觀人之休戚痛
> 癢，輾轉於懷，不能自己，夫是之謂熱血。[11]

由於姚瑩重視愛國之情，哀怨之情，具有諷喻作用之情，當
然也重視表達這種情感的詩人的人格。在《復楊君論詩文書》中
於強調詩文之「道」後，他進而論及詩文作者之品格與創作的關
係云：

> 若夫忠義之節，仁孝之懷，任天下於一身，視萬物如一
> 體，耿耿自矢，百折不回，千載而下，仰其風者，猶將
> 奮起，況其發之爲炳炳烺烺之辭，誦之有鏗鏗鏘鏘之節者
> 哉？[12]

他讚賞陸游的其中一點，就是他的壯志。《論詩絕句六十首》中
說：

> 平生壯志無人識，卻向梅花覓放翁。

而說齊之鸞「骨」，非但言其奏章而已，也在反映他的忠直的人
格。言鄺露「抱琴卻向番禺死，千古騷人痛國殤」，不僅讚揚鄺
氏爲國而死的高超情操而已，更以國殤來稱許他的死節。

詩人必須有高尚的人格，加上蓄積於內心的磅礡性情，作品
自然可以動天地，感鬼神。他稱讚李白、杜甫、白居易、陸游，
就在於他們具有高尚的人格，他們以豪傑自命，而不以文學作者

自期，姚氏表示，就由於這些作者能夠如此，他們：

> 以其胸中之所磅礴鬱積者，一托於詩，以鳴其意，其蓄之
> 也厚，故發之也無窮；其念之也深，故言之也愈切，誦
> 之淵然，而聲出金石滿天地，即之奕然，而光燭千丈辟萬
> 夫。思之愀然，聆之駭然，而泣鬼神，動風雨。夫非其聲
> 音文字之工也，是其忠義之氣，仁孝之懷，堅貞之操，幽
> 苦怨憤鬱結而不可申之志所存者然也。惟然，故觀其詩，
> 可得其人，其人雖亡，其名可立。[13]

在讚美詩人高超人格的另一面，姚瑩連帶讚許氣勢豪雄的作
品。他在讚賞陸游的「平生壯志」時，也稱許他的氣勢如虹之作。
故云：

> 鐵馬樓船風雪里，中原北望氣如虹。

讚揚何景明詩作，也在於其雄駿的詩風：

> 俊逸何郎妙絕倫，最雄駿處絕風神。

讚揚左思《三都賦》時，也用「雄奇」二字形容：

> 傖父當年笑左思，三都賦出竟雄奇。

稱讚王世貞的《弇州山人四部稿》時，曾用「雄奇」一詞。第四
十九首云：

> 四部雄奇出鳳洲。

他也欣賞風格蒼茫的作品。謝朓名句「大江悲日夜」，是詩人面
對江水景色，不禁悲從中來的觸景生情性情之眞之作，而姚瑩所
欣賞的不僅在一般人所盛稱的「發語佳妙」，更在於這些情之眞
的詩句所流露的蒼茫詩風，故云：

> 大江日夜客心悲，發語蒼茫逸思飛。

而讚許杜甫，就在於他的作品所具現的「乾坤奧氣」：

> 力破滄溟萬象開，乾坤奧氣少陵才。

　　姚瑩重視詩與文之「氣」的意見，可在他的《復楊君論詩書》中得到更清楚的了解：

> 夫詩與文，其旨趣不同矣。顧欲善其事者，要必有囊括古今之識，胞與民物之量，博通乎經史子集，以深其理；遍覽乎名山大川，以盡其狀。而一以浩然之氣行之，然後可傳於天下後世。[14]

善作詩文者，在需要具備「囊括古今之識，胞與民物之量」，博通經史子集，遍覽名山大川之外，更需有「渾然之氣」以行，才能傳於天下，可見姚氏對「渾然之氣」之重視。

　　在欣賞黃庭堅的詩作時，姚瑩就特別強調黃氏作品獨特的「奇氣」，言云：

> 纍兀天成古所無，涪翁奇氣得來孤。

性情真摯表露的一個特色為自然，所以姚瑩也非常欣賞詩情自然流露的作品。他曾以風之過簫來比喻詩作之必須自然。《後湘集自敘》云：

> 天下之事，有適然而合，不知其然者，其風之過簫乎？

又說：

> 世有聞吹簫而不知感者，非宮商之不調，微羽之不和也。無亦所感而吹者，其情未至，有強作者乎？若風之過簫也，必無是矣。夫詩者，亦人之簫也，是其作也，不可以無風。苟無風，雖天地不能發其聲音，而何強作之有哉？強而作者，雖引宮商，刻微羽，吾弗之善也。知斯說者，可與言詩矣！[15]

在《論詩絕句六十首》之第七首讚美陶淵明與謝靈運時，他說：

> 文章真性柴桑酒，山水清音康樂辭。
> 一種天然去雕飾，後人何事競鑽皮。

以陶淵明作品所具有的眞，謝靈運山水之作所呈現的清的高度藝術成就，來自天然而非人爲的雕刻。基於此，他讚頌自然天成的篇章，第二十九首論蘇軾詩時，用「妙語天成」來形容他的作品，並以「苦難追」來強調這些作品的成就：

　　妙語天成偶得之，眉山絕趣苦難追。

第三十首在讚許黃庭堅詩中的獨特「奇氣」時，認爲這種藝術成就是「嵬兀天成古所無」的，從而肯定天成之作的高度價值。

　　姚瑩又認爲詩人的才華是天所賦予的，所以在第三十八首讚美高啓詩時說：

　　盤空俊鶻誰能似，季迪才情本自天。

就是「天」所賦予的「才」，方能使高啓詩作具有「盤空俊鶻」無人付以比擬的風格。第四首讚美曹植的「八斗才」時，也引用前人稱讚他爲「天人」之語，來形容他：

　　胡床粉髻天人語，獨有思王八斗才。

　　姚瑩是極爲重視詩人之才情的，在《復楊君論詩文書》中就曾論及「才」與「氣」與作者和作品的關係：

　　嘗論之，才與氣二者，有得於天，有得於人。才之大，如
　　江如海，至矣。氣之盛，如霆如雷，至矣。[16]

在《復陸次山論文書》言及詩之創作時云：

　　大抵才、學、識三者，先立其本，然後講求格律聲色神理
　　氣味八者，以爲其用。[17]

他的《論詩絕句六十首》屢屢從「才」的角度來審視詩人及其作品，來比較前代詩人的高低。如第八首比較任昉、沈約與江淹時說：

　　任、沈詩名未足殊，江郎才盡尚齊驅。

第二十八首比較曾鞏、歐陽修與王安石時說：

  文掩詩名曾子固，論才合於亞歐王。

他也常以詩作之所以取得高度之成就，乃源自於詩人之「才」。

第十四首認爲杜甫詩具有「乾坤奧氣」，就是其才所使然：

  力破滄溟萬象開，乾坤奧氣少陵才。

第五十九首認爲杜甫詩的筆力能夠走馬驅山，也是得自於其才力：

  少陵才力韓、蘇富，走馬驅山筆更遒。

第四十五首讚許楊愼能在前七子之外，獨成一派，含吐六朝，是由於他的才情：

  新都才艷似風飆，別寫江山富六朝。

第五十四首表示陳子龍能夠在晚明公安、竟陵等潮流之外，「摧廓榛蕪」，別成一家，在於其才調之清華：

  雲間才調本清華，摧廓榛蕪又一家。

而當他比較唐代的皇甫兄弟的作品與明代四皇甫的作品時，發現其共同點均爲詩風之清時，也歸自於其才所使然，而不禁地說：

  一種清才屬皇甫。

李夢陽之能冠絕一代，姚瑩也從才的角度給予評述：

  才名一代李空同，毀譽無端總未公。

當明代五言樂府發展至邊貢、徐中行、顧璘之後，呈現斷層的現象，其中能繼承上述詩人的，只有王稚欽。姚瑩也是從「才」的角度來斷定王氏爲能秉承前舉作者之詩人。其言云：

  秋竹春蘭是賞音，五言樂府妙能尋。

  邊、徐去後東橋死，才俊居然屬稚欽。

所以當他看到每一個不同時代都有不同的傑出詩人出現時，就驚奇地慨嘆道：

  樂府驚才代不同。

  由於讚賞堅貞而且具有思想內涵的眞性情，姚瑩力讚那些旨

意「遙深」的作品，第五首稱讚阮籍的作品就是如此：

> 欲識遙深清峻旨，嵇公琴散阮公懷。

陳子昂《感遇詩》「詞旨深邃」，深得朱熹的賞識。而姚瑩對朱熹能特別欣賞陳氏的《感遇》之作，許之為陳氏的「真知己」。《論詩絕句六十首》之第十二首云：

> 考亭異代真知己，特識曾推感遇功。

　　由於姚瑩強調詩作性情之真，強調詩作思想的內涵，於是非常反對只是重視形式美的創作方式。他不滿意漢、魏的形式主義的詩作，並且對他十年徒事這類體制的文學創作深感後悔，認為走了一大段冤枉的道路。第三首云：

> 辛苦十年摹漢魏，不知何故遠風騷。
>
> 而今悟得興觀旨，枉向凡禽乞鳳毛。

第五首也為建安之後，蘇武、李陵前風盡失，詩壇充滿「新麗」之詩風而哀嘆：

> 建安後格多新麗，蘇、李前風盡已乖。

第九首則為鮑照之能不受當時「錯采鏤金」詩風所困，而以他的「明艷」樂府之作獨步江東而震驚：

> 樂府驚才代不同，鮑家明艷步江東。
>
> 當時秘監多金鏤，未抵參軍累句工。

第十首也為後人受到李白的影響，紛紛摘取謝脁詩作中的佳句加以歌頌而為謝氏表示不平，並認為謝作之佳，在於詩作整體所呈現的情感之悲憤與詩思之蒼茫：

> 大江日夜客心悲，發語蒼茫逸思飛。
>
> 千載紛紛摘佳句，還應太白誤玄暉。

陳師道閉門覓句，苦心求詩，而不是以偶得天成的方式來寫詩，姚瑩對於這樣的創作方式，自然也有微詞。第三十一首云：

當時頗笑陳無己，辛苦吟成蟲被溫。

宋詩發展至江西詩派之後，寫詩者徒求句法之鍛煉，詩骨羸弱，缺乏充沛之情感力量，這和「纍兀天成」之作詩法恰好相反，當然遭致姚瑩的批評了。第三十首云：

　　纍兀天成古所無，涪翁奇氣得來孤。

　　而今脆骨孱如此，枉覓江西宗派圖。

他也深切不滿西昆體作者重視詩風之穠麗，以致後來追隨者只在形式上下工夫，詩作枯率，缺乏豐腴之情感。第二十五首云：

　　西昆體制尚錢、劉，穠麗妝成一曲休。

　　不分他年變枯率，翻教杜曲誤名流。

在《張南山詩序》中，姚氏批評那些不由性情而徒求形式美，講求門戶，競相模擬的作者：

　　有剪采爲花，範土爲人者矣。門下從而和之，出入攀援，

　　自以爲工，吾讀其詩，泛泛然不能得其人也，與其世也。[18]

《黃香石詩序》亦云：

　　今世之士，徒取其聲音文字，而揣摹之，輒鳴於人曰：吾

　　以詩名，其與古人之自命，不亦遠哉！[19]

他也反對師法前人而不加變化之作。人稱歐陽修學韓愈，姚瑩也有同感。然而他所讚揚的歐陽修作品，即在並非一味模擬的「疏宕」風格之作。第四十二首云：

　　歐公文法本欽韓，長句何曾別調彈。

　　標出格中疏宕處，當年原不學邯鄲。

人說鄭善夫學杜甫而過於模仿，以致只得其皮，喪其眞實。姚瑩是極爲反對模仿的，但他認爲鄭善夫並非一味模仿而已，而能得杜之骨，自成其風格，因此對後人之批評鄭氏，他乃急切地爲之辯護。第四十七首云：

　　閩、粵詩人苦費才，林刮去後獨裝回。

　　齊名莫漫稱朱、鄭，少谷眞從老杜來。

他欣賞徐禎卿能夠接受李夢陽的影響，而全面拋棄年輕時的華麗
之作，不讚同錢謙益不滿徐氏後期的作品，而只是贊揚他前期之
作，並因此譏刺錢氏之說爲「翻認操吳音」。第四十首云：

　　迪功談藝入精深，歷下歸來別賞心。

　　鸚鵡華開都棄卻，虞山翻認操吳音。

　　明詩作發展到鍾惺、譚元春，乖離正道，詩風幽深險刻，姚
瑩基於他重視性情之眞與自然的論點，予以強烈的批評，同時極
力讚揚和鍾、譚相反的公安詩風。第五十二首云：

　　詩到鍾、譚如鬼窟，至今年少解爭讀。

　　請君細讀公安集，幽刻終當似孟郊。

基於這種認識，他高度讚揚那些能夠力挽一代頹風的詩人，第十
二首讚揚陳子昂道：

　　力振衰淫伯玉功，盧、王，沈、宋未爲雄。

第十九首讚揚韓愈道：

　　文體能興八代衰。

從這一個角度，我們可以理解姚氏爲什麼會高度讚揚能夠不爲當
時詩風所影響，自拔一隊的詩人如前面所述的楊愼、陳子龍。第
十九首讚韓愈「以文爲詩」之作，能「自闢藩籬」，也是此意。
詩云：

　　韻言猶自闢藩籬。

　　姚瑩除了讚許風騷的傳統之外，也接受嚴羽，王士禎等人強
調靈悟與神韻之詩觀。《松坡詩說序》在論及歷代詩論時說：

　　昔鍾記室作《詩品》，討原辨委，定其上下，位置名流，
　　或疑未允，要藝苑之雅談也。顧詳於品藻，未盡旨趣。劉

舍人《文心雕龍》，乃區分體裁，鉤抉元奧。擴士衡《文賦》之篇，蔚為鴻製。自是作者，罕能躪其藩焉，然不專論詩也。司空表聖作《二十四詩品》，義取彥和，名因記室，會心獨妙，就體研辭，粹然淵雅宗，詩人妙趣，極盡擬議矣。而當時更有釋子皎然作《詩式》，亦復可觀。宋人詩話最多，最為蕪雜，部帙之多，莫如《苕溪漁隱叢話》，所云披沙揀金者也。惟嚴滄浪、姜白石，乃時窺秘旨耳。元明以降，論益紛繁，門戶既分，大都偏僻，足繼曩哲者，其昌穀之《談藝錄》乎。如胡元瑞之《詩藪》，王敬美之《藝圃擷餘》，亦其亞也。《巵言》則嫌繁穢矣。國朝詩人，不必首推阮亭，乃其鑒詣之精，持論之允，固古今詩人一大總匯也。[20]

從整個中國文學批評的發展給予司空圖、嚴羽與王士禛的詩論肯定的定位。《論詩絕句六十首》前面的兩首詩屬於總論性，在第二首詩中，他指出了學習風騷，領會孔子所說的「詩可以興，可以觀，可以群，可以怨」旨意的重要性，而在後面的總結性的幾首詩中，他又以一首表示他對王士禛詩說的推崇，可以說是別具意義的，也可以看出他的詩觀包容性寬闊的一面。第五十八首中，他說：

海內談詩王阮亭，拈花妙諦入空冥。

王士禛論詩，心儀嚴羽與司空圖，他在《唐賢三昧集序》中有清楚的言說：

嚴滄浪論詩云：盛唐諸人，惟在興趣，羚羊掛角，無跡可求。透徹玲瓏，不可湊泊，如空中之音，相中之色，水中之月，鏡中之象，言有盡而意無窮。司空表聖論詩亦云：妙在酸鹹之外。康熙戊辰春杪，歸自京師，居宸翰堂，日

取開元、天寶諸公篇什讀之，於二家之言，別有會心，錄
其尤雋永超詣者，自王右丞而下，四十二人，爲《唐賢三
昧集》。[21]

《香祖筆記》亦云：

表聖論詩，有二十四品，予最喜不著一字，盡得風流八
字。又云：采采流水，蓬蓬遠春，二語形容詩境亦絕妙，
正與戴容州藍田日暖，良玉生煙八字同旨。[22]

《分甘餘話》云：

或問不著一字盡得風流之説，答曰：……詩至此，色相俱
空，政如羚羊掛角，無跡可求，畫家所謂逸品也。[23]

姚瑩以世尊拈花，迦葉微笑爲例，來説明王氏重視詩作之能靈悟
領會，超越形跡而達致靈妙之境理論的重要性。在《松坡詩説
序》一文中，姚氏就直接贊同王士禎詩説：

國朝詩人不必首推阮亭，乃其鑒詣之精，持論之允，固古
今詩人一大總匯也。[24]

在《論詩絕句六十首》中，我們常常可以看到姚氏引述王氏意見
來評述有關的詩人與詩作，以及他如何通過王氏對前代作品之評
鑒來肯定這些作品的價值。前者如第二十九首云：

一時領袖貝廷臣，此語公私付悔人。

獨愛玉堂傳宴日，至今法曲憶眞眞。

此據王士禎《居易錄》：

元陶宗儀《輟耕錄》載姚燧官翰林學士日，玉堂設宴，歌
伎中一人秀麗閑雅，微操閩音，叩之，泣而訴曰：妾建寧
人，眞西山之後也。遂白丞相三寶奴爲落籍，嫁小史黃。
嘉興貝闕有詩紀事云：妾本建寧女，遠出西山翁。云云。[25]

第三十五首云：

> 閣道周廬句格深，漢庭老吏字千金。
>
> 何當更說無聲妙，尚惜前賢枉用心。

此據王士禎《古夫于亭雜錄》：

> 虞伯生《送袁伯長扈從裳郡》詩中聯云：山連閣道晨留輦，
> 野散周廬夜屬槖。以示趙承旨。子昂曰：美則美矣，若改
> 山爲天，野爲星，則尤美。虞深服之。[26]

後者如第五十七首云：

> 《極玄》便是眞三昧，知己千秋有濟南。

以王士禎賞識《極玄集》來肯定這部選集。第三十六首云：

> 立夫長句勢盤拏，矯健如龍出渥窪。
>
> 虞、趙何曾識奇骨，遺編獨有宋金華。

此據王士禎《戲仿元遺山論詩絕句》：

> 淵穎歌行格盡奇。

又《古詩選·凡例》：

> 《淵穎集》，宋文憲公所編，愚幼而好之。

也以此來肯定宋濂匯集吳萊這部集子。姚瑩《論詩絕句六十首》
之行文本王士禎論詩絕句者，更比比皆是。有關這一點，在本章
下一節將會詳細說明。不過，從上所述，已足見姚瑩受王士禎影
響的情形。

在《論詩絕句六十首》之第十五首中，姚氏說：

> 盛唐興趣是吾師。

言下非但有以「盛唐興趣」爲其師事對象之意，也包含他對嚴羽
詩觀的推崇。嚴羽《滄浪詩話》云：

> 夫詩有別材，非關書也；詩有別趣，非關理也。然非多讀
> 書，多窮理，則不能極其致。詩者，吟詠性情也。盛唐諸
> 人，惟在興趣，羚羊掛角，無跡可求。故其妙處，玲瓏透

徹，不可湊泊。如空中之音，相中之色，水中之月，鏡中
之象，言有盡而意無窮。[27]

姚瑩非但欣賞盛唐詩的這種興趣，並稱之爲吾師，在另一首批評
蘇軾的詩作中，更以「絕趣」來稱譽蘇氏之作。詩云：

妙語天成偶得之，眉山絕趣苦難追。

不但以蘇軾詩作具有「絕趣」，後人難以追隨超越，還表示這種
「絕趣」是蘇氏「偶得」之結果。「偶得」，即非刻意而得，這
裏又包含「靈悟」之意，能「靈悟」，則可得句天成靈妙。這也
是嚴羽詩論的重要觀點。嚴羽《滄浪詩話》云：

論詩如論禪。[28]

又云：

大抵禪道惟在妙悟，詩道亦在妙悟。[29]

認爲詩與禪有共通的地方，並以禪派喻論歷代詩，如云：

禪家者流，乘有大小，宗有南北，道有邪正。學者須從最
上乘，具正法眼，悟第一義。若小乘禪，聲聞辟支果者，
皆非正也。論詩如論禪，漢、魏、晉與盛唐之詩，則第一
義也。大歷以還之詩，則小乘禪也，已落第二義矣。晚唐
之詩，則聲聞辟支果也。學漢、魏、晉與盛唐詩者，臨濟
下也；學大歷以還之詩者，曹洞下也。

又以禪派評論宋江湖詩派之學晚唐詩云：

近世趙紫芝、翁靈舒輩，獨喜賈島、姚合之詩，稍稍復就
清苦之風。江湖詩人多效其體，一時自謂之唐宗。不知止
如聲聞辟支之果，豈盛唐諸公大乘正法眼者哉！嗟乎正法
眼之無傳久矣。唐詩之說未倡，唐詩之道厚有時而明也。
今既倡其體曰唐詩矣，則學者謂唐詩誠止於是耳，非詩道
之重不幸邪。故予不自量度，輒定詩之宗旨，且借禪以爲

喻，推原漢、魏以來而截然謂當以盛唐爲法，雖獲罪於世
之君子，不辭也。[30]

嚴羽以禪派論詩派，實有不當之處。馮班在《鈍吟雜錄》中辯之
最詳：

乘有大小是也，聲聞辟支則是小乘。今云大歷已還是小
乘，晚唐是聲聞辟支，則小乘之外，別有權乘，所未聞一
也。……滄浪雖云宗有南北，詳其下文，都不指喻何事，
卻云臨濟、曹洞。按臨濟禪師、曹山寂禪師、洞山價禪師
三人，並出南宗，豈滄浪誤以二宗爲南北乎？所未聞二
也。臨濟、曹、洞，機用不同，俱是最上一乘，今滄浪云：
大歷已還之詩，小乘禪也。又云：學大歷已還之詩，曹、
洞下也，則以曹、洞爲小乘矣，所未聞三也。[31]

在《論詩絕句六十首》的其他首詩中，我們也可以看到姚瑩
接受嚴、王二人詩觀的痕跡。第六首評郭璞詩云：

游仙詩思絕塵氛，服石餐霞氣軼群。

山海蟲魚曾註遍，不將淹博雜風雲。

一方面讚許郭璞學識淹博，一方面又稱讚他沒將淹博的學識雜入
其詩中，影響到他的詩歌創作。這和嚴羽所說的：「夫詩有別裁，
非關書也；詩有別趣，非關理也」有一致之處。詩有「別裁」，
與其他說理性的作品不同；詩有「別趣」，與一般作品所言之道
理不同。詩所表現的是一種形象性的理趣，雜用淹博的學識入
詩，將使邏輯性思維破壞形象性思維。姚氏就是根據此點肯定郭
璞詩。第十首讚揚謝朓詩作的發語句云：

大江日夜客心悲，發語蒼茫逸思飛。

「逸思」指的是一種超越的，不落痕跡，精鶩八極，心游萬仞的
詩歌創作的情思，也是基於對詩的不著邏輯思維的考慮來肯定謝

詩發語的精妙。

　　姚瑩《論詩絕句六十首》中，以禪論詩的有二處。第十七首
評韋應物詩云：

　　古澹誰如韋左司，空山葉落暮鐘時。

　　分明一卷楞伽字，未許聲聞小果知。

第六十首云：

　　渡河香象聲俱寂，掣海長鯨力自全。

　　隨分阿難三種法，個中覓取徑山禪。

第十七首中之「楞伽」，指的是《楞伽阿跋多羅寶經》，是大乘
佛經。而「聲聞辟支」則屬小乘禪。在區分大乘與小乘禪上，姚
瑩沒有嚴羽混解大乘、小乘之毛病，雖然姚瑩也肯定大乘禪。第
六十首中的「阿難三種法」，根據《法華文句》引《正法念經》，
謂有三阿難：阿難陀，持小乘藏；阿難跋陀，受持雜藏；阿難婆
迦，持佛藏，後者為大乘藏。姚瑩於此以三阿難為喻，言他依據
不同的情況，探求詩學中之奧妙。

　　姚瑩以禪論詩，以禪派喻詩的見解，顯示了他也同意詩道有
同於禪道之處，也肯定了嚴羽以禪論詩的意義。

　　姚瑩會一方面接受儒家重視言志之詩觀，另一方面又接受司
空圖、嚴羽、王士禎等人的詩論，與他的「學」與「悟」的關係
觀有密切的聯繫。《張南山詩序》中，姚氏說：

　　詩有可以學而至者，有不可以學而至者，有可以悟而得
　　者，有不可以悟而得者。格律之精深，聲響之雄切，筆力
　　之沈勁，藻飾之工麗，此可以學而至也。意趣之沖淡，興
　　象之高超，神境之奇變，情韻之綿邈，此不可以學而至
　　也。學而至者，不待妙悟，不可學而至者，非悟不能。[32]

並以可悟與不可悟論漢、魏、盛唐詩人云：

> 若夫忠孝之懷，溫厚之思，卓越之旨，奇邁之氣，忽而沈
> 摯，忽而激烈，作之者歌泣無端，讀之者哀樂並至，是則
> 天趣天籟，又豈可以悟得者乎？漢、魏以前是矣。盛唐作
> 者，妙悟爲多，李、杜二公，可悟不可悟之間者也。天與
> 學兩至之矣。[33]

　　姚瑩論詩，注重這種超越的情思，也自然注重超越一般詩作
的表現，所以在他的《論詩絕句六十首》中，常用「絕塵」這一
個詞來形容詩人與詩作的傑出成就。上面所舉的：

> 游仙詩思絕塵氛。

就是認爲郭璞《游仙》詩能夠超越一般俗塵的習氣，而有其獨特
的表現。第二十首云：

> 誰愛絕塵奔逸調，髯翁低首竹枝歌。

以劉禹錫的竹枝歌，超越一般詩作的成就，連蘇軾也要爲之低
頭。值得注意的一點，在這里，姚氏在談及絕塵時，和逸調一並
敘述。言下之意爲，劉氏《竹枝歌》之所以能「絕塵」，即在其
「調」之「奔逸」。第三十八首在讚美高啓詩時又用及另一「絕
塵」之辭：

> 盤空俊鶻誰能似，季迪才情本自天。
>
> 說與張、徐須緩步，絕塵還欲駕青田。

姚氏取高啓與當時其他重要詩人作比較，不獨認爲高氏之作高於
張羽與徐賁，在超越一般詩作，在詩思飄逸上，還要高於備受當
時與後世論者所讚揚的劉基。

　　姚氏在其他詩句中也用及「絕」一字來形容詩人與詩作的特
出表現。如前舉第二十九首論蘇軾詩云：

> 妙語天成偶得之，眉山絕趣苦難追。

　　除了以上所說的之外，姚氏也如王士禎一樣欣賞古澹的詩

風。《論詩絕句六十首》之第十七首讚揚韋應物詩作時說：

> 古澹誰如韋左司。

欣賞具有神韻風采之作，他稱之為「風神」。第四十二首讚揚何景明詩作於最雄峻之處最具風神，就是此意。詩云：

> 俊逸何郎妙絕倫，最雄駿處絕風神。

　　姚瑩的詩見既然包含嚴羽、王士禎的論點，當然也能夠接受司空圖的詩見。《論詩絕句六十首》中，就有一處用及司空圖《二十四詩品》的詩句。第五十九首云：

> 舉世徒工搬運法，何曾一字著風流。

司空圖《二十四詩品》論「含蓄」的風格，曾云：「不著一字，盡得風流。」王士禎曾表示最喜司空氏此說。《香祖筆記》云：

> 表聖論詩，有二十四品，予最喜不著一字，盡得風流八字。[34]

姚瑩也借司空圖此句來批評「舉世」只會模仿剽竊前人之作，搬取一定的規格，或法則來寫詩，他認為這是不能達到司空圖「不著一字，盡得風流」的境界的。

　　司空圖詩論的一個重要意見是強調詩味。《與李生論詩書》云：

> 文之難，而詩之難尤難。古今之喻多矣，而愚以為辨於味，而後可以言詩也。江嶺之南，凡足資於適口者，若醯，非不酸也，止於酸而已；若醝，非不鹹也，止於鹹而已。華之人以充饑而遽輟者，知其鹹酸之外，醇美者有所乏耳。[35]

這「醇美者有所乏」之「味」，即是他所稱的「韻外之致」，「味外之旨」，「象外之象」，「景外之景」。《與李生論詩書》云：

> 噫！近而不浮，遠而不盡，然後可以言韻外之致耳。[36]

又《極浦書》云：

> 戴容州云：詩家之景，如：藍田日暖，良玉生煙，可望而
> 不可置於眉睫之前。象外之象，景外之景，豈容易可談
> 哉！[37]

姚瑩在《論詩絕句六十首》之第十六首云：

> 世有易牙真辨味，仲文猶自遜文房。

雖是取用春秋易牙之善於調味的典故，然而，也可以從姚瑩重味
的觀點來理解這一詩句。他從詩味的要求審視錢起與劉長卿的作
品，而得出前者遜於後者的結論。

　　姚瑩強調詩情的真實，強調詩作之韻味，認為詩作要達到靈
妙的境地，則必須由這些方面出發，因此，當時詩壇有關唐、宋
詩孰佳孰劣的爭論，對他來說，是極其無謂的。第二十九首論蘇
軾詩時，他表示：

> 妙語天成偶得之，眉山絕趣苦難追。

> 紛紛力薄爭唐、宋，斷港橫流也未知。

即以詩作之能達到優越的成就，在「妙語天成」，在具有令人
「難追」的「絕趣」，而世人卻紛紛爭論唐、宋詩的地位的高低，
姚氏嘲笑道：「斷港橫流也未知。」所以在《復方彥聞書》中，
他說：

> 生平不為無實之言，稱心而出，義盡則止。何者周秦，何
> 者建安，何者唐宋，放效俱黜。[38]

　　所以沈德潛斤斤議論唐代詩人之優劣，也就引起他的譏刺
了。第五十八首云：

> 他年笑煞長洲老，苦與唐賢論戶庭。

有趣的是姚氏在這兩首詩中，都用了個「苦」字。在前詩，他所
認為「苦」的，是蘇氏詩中的「絕趣」，難以追求。用這個「苦」

字來強調「絕趣」境界的高超；而在後詩，他所認爲「苦」的，是他所不屑的在唐代詩人之中，分別門庭的詩見。兩者是那麼強烈的對照。

　　縱觀姚瑩的詩論，我們可以說，它的包容度是相當寬闊的，既取儒家傳統的詩言志有關情眞與情正之主張，也取司空圖、嚴羽、王士禎一脈著重妙悟神理的觀點。然而，必須強調的是，姚氏對這兩種詩論見解的承受，還是有主次之分的。也就是說，以儒家傳統詩論爲主，而以司空圖、嚴羽、王士禎之詩見爲輔。這可由下列言論見及，《復楊君論詩文書》於論才與氣之於詩文的關係後說：

> 然江漢猶必納眾水以匯其流，雷霆不能擊鐘鼓以助其勢者，其充之有漸，其積之甚厚故也。孟子曰：觀於海者難爲水。又曰：配義與道。斯言也，不爲詩文言之，吾以爲詩文之道，無以易此矣。[39]

並以他對前代數位作者的看法爲例說明道：

> 吾嘗觀古之善爲詩文者若賈生、太史公、子建、子美、退之、子瞻，皆取其全集玩之，謂彼特異於古今者，其才其氣殆天授，不可以幾也。既讀書稍廣，於數子生平，得其出處言行之大節，然後知數子之異，不僅在詩文，而其詩文才氣之盛有由也。[40]

從《黃香石詩序》評王士禎與沈德潛詩見的言論更可以見及此點：

> 本朝諸公自阮亭標舉神韻，歸愚講求格律，後學奉之如規矩準繩，可謂盛矣。然皆以詩言詩，吾以爲學其詩不可不師其人，得其所以爲詩者，然後詩工，而人以不廢，否則詩雖工，猶糞壤也。無怪其徒具形聲而所自命者，不存也。[41]

第二節　姚瑩《論詩絕句六十首》 的評詩方式

　　前曾言及，姚瑩《論詩絕句六十首》在創作體制上與寫作手法上，兼受金元好問《論詩三十首》與清王士禛《戲仿元遺山論詩絕句三十五首》的影響。以下將進一步分析他受元氏與王氏影響的情形。先說元好問的影響。

一、元好問《論詩三十首》的影響

　　第一，元好問《論詩三十首》以第一首先作引起，表示歷代各種詩作，繁盛眾多，沒有什麼人仔細地探討個中的「正體」，以使涇、渭兩水得分清、濁。而他願以「疏鑿手」的姿態，來進行這項工作。詩云：

　　　漢謠魏什久紛紜，正體無人與細論。
　　　誰是詩中疏鑿手？暫教涇、渭各清渾。

這也是他寫作《論詩三十首》的原因。

　　姚瑩《論詩絕句六十首》也以前兩首詩先作引起：首舉昭明太子的《文選》與摯虞的《文章流別論》，表示他對《文選》的讚賞，並說明《選》理盡是研辭，意含精采之理也須由「研辭」即有動人的文辭來表達；同時慨嘆摯虞《文章流別論》，至今只剩殘卷，無法得窺全貌，以致造成後人探討的困難。表面上，姚瑩雖然是在惋惜《文章流別論》只剩殘卷之飄零，事實上也和他肯定《文選》一樣，是希望通過這樣的講明，來強調文學批評作品的重要性。詩云：

　　　熟讀選理盡研辭，誰識蕭摩是小兒？

可惜飄零流別論，至今裁鑑費工師。

在第二首中，姚瑩以他十年學詩的經驗爲例，說明他十年學詩「辛苦」「摹漢、魏」，結果是走入歧途，從而強調了《風》、《雅》的「興觀旨」，才是詩人寫作的正確路線。言下即表明他將在此後的評詩論組詩作品中，基於這樣的論點提出他的看法。詩云：

辛苦十年學漢魏，不知何故遠風騷。

而今悟得興觀旨，枉向凡禽乞鳳毛。

　第二，元好問《論詩三十首》以第一首作引起後，中間二十八首評論歷代的詩人與詩作，而以最後一首，也就是第三十首以自嘲的方式，作爲總結。第三十首云：

撼樹蜉蝣自覺狂，書生技癢愛論量。

老來留得詩千首，卻被何人較短長？

姚瑩也是仿元好問論詩絕句的體例，先以第一、二首詩作爲引起，中間五十四首細論歷代的詩人與詩作，而以最後四首作總結。不過，在最後四首的總結詩中，姚瑩的論詩態度還是非常嚴肅的，不像元好問的輕鬆。他先讚賞三個唐人詩作選本：殷璠的《河嶽英靈集》、高仲武的《中興間氣集》以及姚合的《極玄集》，並輔以讚賞王士禎之能賞識《極玄集》，比喻王氏爲姚合的眞知己。詩云：

《間氣》、《英靈》妙選堆，寂寥賞會莫輕談。

《極玄》便是眞三昧，知己千秋有濟南。

讚賞《中興間氣集》等幾部詩歌選集，不僅表現了姚氏對文學選集在中國文學批評地位的肯定，也說明了他一開始就先說明《文選》的原因。在評述幾部選集之後，姚氏繼而讚揚王士禎論詩主神韻、悟境，並言及王氏所選的《唐賢三昧集》，惟對王氏只是

取錄王維等人之作，而不取李、杜之作品，頗有微詞。詩云：

> 海內談詩王阮亭，拈華妙諦入空冥。
>
> 他年笑煞長洲老，苦與唐賢論戶庭。

所謂「他年笑煞長洲老，苦與唐賢論戶庭」，即以沈德潛之嘲笑王氏在《唐賢三昧集》中只取王維等人之作，不取李、杜詩，而認爲他捲入無謂的唐人門戶之爭。這在本書的第三章經有論析，此不贅述。姚氏於論及王士禎詩觀之後，在《論詩絕句六十首》的最後第二首詩中，又從漢、魏至明末的芸芸眾多的詩人裏，特舉出三位詩人之作：唐之杜甫、韓愈，宋之蘇軾來概括他對歷代詩人與詩作之評論。詩云：

> 少陵才力韓蘇富，走馬驅山筆更遒。
>
> 舉世徒工搬運法，何曾一字著風流。

這一首詩，又具有總括前面評論歷代詩人與詩作的功能。《論詩絕句六十首》最後一首云：

> 渡河香象聲俱寂，掣海長鯨力自全。
>
> 隨分阿難三種法，箇中覓取徑山禪。

言明他在個各首絕句論詩之後，更堅定其強調詩作必須具有掣海長鯨氣勢的看法，同時也表示詩法固然眾多，而他盡力覓取透徹之道。這首詩多用禪語，顯示姚瑩有意表明，他除了重視《風》、《騷》的傳統，強調必須悟得《三百篇》的「興觀」之旨外，禪道在詩道之中，也是具有其重要的地位的。這點在本章前一節曾加分析，可以參照。

第三，元好問在評述歷代詩人與詩作上，是有一定的秩序的。他先從魏之曹植、劉楨說起，次及晉代之張華、陶淵明、阮籍、潘岳、次及唐代的沈佺期、宋之問，杜甫、李商隱、盧仝、元結、孟郊、韓愈、柳宗元等人，次及宋代的蘇軾、黃庭堅、王

安石、歐陽修、曾鞏、梅堯臣、陳師道等人。雖然中間也曾穿插一些他對詩的創作上的意見。

姚瑩的《論詩絕句六十首》也是如此。所評述的詩人也是以時代爲先後的次序。先由魏之曹丕、曹植談起，次及晉之陸機、潘岳、左思、嵇康、阮籍、郭璞、陶淵明、謝靈運、南朝之任昉、沈約、江淹、鮑照、謝朓、北朝之庾信，次及唐代之陳子昂、李白、杜甫、高適、王維、李頎、岑參、孟浩然、錢起、郎士元、劉長卿、韋應物、韓愈、盧全、柳宗元、樊宗師、劉禹錫、白居易、杜牧、李商隱、姚合，次及宋代的錢惟演、劉筠、梅堯臣、歐陽修、曾鞏、蘇軾、黃庭堅、張耒、晁補之、范石湖、陸游，次及金元之元好問、虞集、吳萊，次及明之劉基、高啓、張羽、徐賁、貝瓊、徐禎卿、李夢陽、何景明、高叔嗣、邊貢、皇甫氏四兄弟、楊愼、薛蕙、徐中行、顧璘、謝榛、王廷陳、王世貞、胡應麟、鍾惺、譚元春、公安詩派人、邢孟貞、程嘉燧、陳子龍、酈露、屈大均、陳恭尹、梁佩蘭。而且，在處理詩人的先後次第上，姚瑩要比元好問更爲謹嚴。

第四，論詩絕句組詩，若從較爲廣闊的層面以歷代詩人與詩作爲對象進行論評的，（所謂以歷代詩人與詩作爲對象，不包括泛言風，騷，樂府之類的作品，而是直指詩人及其作品而發言者）基本上有以下幾種處理方式：

有從屈原及其作品《離騷》論起的，如李書吉的《論詩雜詠十四首》，邵堂《論詩六十首》，黃維申《論詩絕句四十二首》，宮爾鐸《讀元遺山王漁洋論詩絕句愛其文詞之工惜其所言尙非第一義漫成此作以質知音二十五首》。

有從漢代詩人與詩作說起的，其中以蘇武、李陵述起者居大多數，如屈復《論詩絕句三十四首》，田雯《論詩絕句十二首》，

李希聖《論詩絕句四十首》，李玉洲《與張支百研江話詩隨筆九首》。而言及漢代其他詩人與詩作的，如張晉《仿元遺山論詩絕句六十首》，從項羽《垓下歌》論起。許奉恩《蘭苕館論詩九十九首》，由劉邦、項羽、李陵、蘇武開先。

　　有從魏代詩人與詩作述起的，如元好問《論詩三十首》，先述及魏之曹植與劉楨。王士禎《戲仿元遺山論詩絕句三十五首》，先述及魏之曹植，馬長海《效元遺山論詩絕句四十七首》，王昶《舟中無事偶作論詩絕句四十六首》，葉紹本《仿遺山論詩得絕句廿四首》，吳德旋《雜著示及門諸子二十四首》，袁嘉穀《春日下睍小飲薄醉尚論古詩人漫成十二首》，也是如此，鄧鎔《論詩三十絕句》，則以曹操父子開先。

　　有從晉代詩人與詩作論起的，如焦袁熙《論詩絕句五十二首》，況澄《仿元遺山論詩三十首》先論阮籍；蔡壽臻《論詩絕句十首》先論陶淵明。

　　也有從唐代詩人與詩作論起的，如朱庭珍《論詩四十九首》先論及的詩人是唐代的李白，鍾廷瑛的《讀詩絕句十二首》先論及的詩人爲韓愈。

　　其中論詩絕句組詩以評論歷代詩人與詩作爲對象者，從魏代詩人與詩作述起的居多，其次爲從漢代詩人與詩作述起者。從漢代詩人與詩作述起者，又以涉及蘇武與李陵之作者居多。元好問在論及歷代詩人與詩作時，就以魏之曹植與劉楨開先。姚瑩和元好問一樣，也是從魏之詩人說起，但以曹植、曹丕開先。不過，在論述晉之嵇康和阮籍詩作特色時，姚氏又帶出比魏之曹丕與曹植更要早的漢代詩人蘇武與李陵，只是在言及蘇武與李陵時，姚氏僅把他們當作在論及嵇康與阮籍時旁及的人物。可以說，在處理論析歷代詩人與詩作上，由魏代詩人與詩作開先這一點，姚瑩

還是取用元好問的模式的。

　　第五，姚瑩論詩絕句在寫作手法上，有針對元好問論詩絕句所提出的課題而發的。如元好問《論詩絕句三十首》之第二十二首云：

　　　　奇外無奇更出奇，一波才動萬波隨。

　　　　只知詩到蘇、黃盡，滄海橫流卻是誰？

姚瑩《論詩絕句六十首》之第二十九首評蘇軾詩亦云：

　　　　妙語天成偶得之，眉山絕趣苦難追。

　　　　紛紛力薄爭唐、宋，斷港橫流也未知。

元好問《論詩絕句三十首》之第五首評陶淵明詩云：

　　　　一語天然萬古新，豪華落盡見真淳。

姚瑩《論詩絕句六十首》第七首論陶淵明與謝靈運詩與後人評陶、謝二人詩之態度云：

　　　　一種天然去雕飾，後人何事競鑽皮。

也有一二用語取自元好問的，如第二首云：

　　　　而今悟得興觀旨，枉向凡禽乞鳳毛。

元好問《論詩絕句三十首》之二十五首云：

　　　　劉郎也是人間客，枉向春風怨兔葵。

不過，在用語相承方面，元好問對姚瑩的影響實不及王士禎。以下將說明王士禎對姚瑩影響之情況。

二、王士禎論詩絕句之作的影響

　　從姚瑩《論詩絕句六十首》，我們可見及，在行文與所用之語句方面，姚瑩取用自王士禎論詩絕句之作的不少。這裏所說的王士禎論詩絕句之作，除指他的《戲仿元遺山論詩絕句》之外，還包括他的《冬日讀唐宋金元諸家詩偶有所感各題一絕於卷後凡

七首》。

　　王士禛《戲仿元遺山論詩絕句》第八首云：

　　　　中興高步屬錢郎。

姚瑩《論詩絕句六十首》之第十六首云：

　　　　中興風度憶錢郎。

王士禛《戲仿元遺山論詩絕句》第二十六首云：

　　　　鍾嶸去後殷璠死。

姚瑩《論詩絕句六十首》之第四十八首云：

　　　　邊、徐去後東橋死。

王士禛《戲仿元遺山論詩絕句》第二十九首云：

　　　　笑煞談詩謝茂秦。

姚瑩《論詩絕句六十首》之第五十首云：

　　　　眇目談詩謝茂秦。

王士禛《戲仿元遺山論詩絕句》第八首云：

　　　　長城何意貶文房。

姚瑩《論詩絕句六十首》之第十六首云：

　　　　仲文猶自遜文房。

王士禛《戲仿元遺山論詩絕句》第十五首云：

　　　　苦學昌黎未賞音。

姚瑩《論詩絕句六十首》之第四十八首云：

　　　　秋竹春蘭是賞音。

王士禛《戲仿元遺山論詩絕句》第二十六首云：

　　　　玉麈風流自一家。

姚瑩《論詩絕句六十首》第五十四首云：

　　　　摧廓榛蕪又一家。

而姚瑩《論詩絕句六十首》中用及王士禛論詩絕句之詞語者尤多。

王氏《戲仿元遺山論詩絕句》第十八首云：

　　綺語翻教詆白公。

姚瑩《論詩絕句六十首》之第二十五首就取用「翻教」一語：

　　翻教杜曲誤名流。

王氏《戲仿元遺山論詩絕句》第十八首云：

　　緩步崆峒獨擅場。

姚瑩《論詩絕句六十首》之第三十八首就取用「緩步」一語，云：

　　說與張、徐須緩步。

王氏《戲仿元遺山論詩絕句》第二十四首云：

　　翩翩安定四瓊枝。

「翩翩」一詞，姚瑩《論詩絕句六十首》之第十六首也加以取用：

　　君胄翩翩發艷香。

他如王氏《戲仿元遺山論詩絕句》第七首云：

　　解識無聲弦指妙。

姚瑩《論詩絕句六十首》之第三十五首云：

　　何當更說無聲妙。

王士禎《冬日讀唐宋金元諸家詩偶有所感各題一絕於卷後凡七首》之二：

　　星宿羅胸氣吐虹。

姚瑩《論詩絕句六十首》之三十三首云：

　　中原北望氣如虹。

王士禎《冬日讀唐宋金元諸家詩偶有所感各題一絕於卷後凡七首》之四：

　　中天坡谷兩嶙峋。

姚瑩《論詩絕句六十首》之十八云：

　　柳州高詠絕嶙峋。

三、姚瑩《論詩絕句六十首》的評詩方式

　　姚瑩《論詩絕句六十首》，在批評歷代詩人時，有一詩只評一人的，如第六首只評郭璞一人；有一詩評及二人者，如第三首評及曹丕、曹植二人；有一詩評及三人者，如第四首評及陸機、潘岳，左思三人；有一首評及三人以上者，如第三十八首評及高啓、張羽、徐賁、劉基四人；第十二首評及陳子昂，王勃、盧照鄰、沈佺期、宋之問五人；第十五首也是評及王維、李頎、高適、岑參、孟浩然五人。而以評及一人及二人者居多。

　　在具體批評歷代詩人與詩作上，姚瑩採用了以下的處理方式：

　　1.**通過詩人之比較，以達到抑揚的作用**，如第三首：

　　　　高燕陳詩銅雀台，子桓兄弟不須猜。

　　　　胡床粉鬣天人語，獨有思王八斗才。

通過曹丕兄弟的比較，只用三個字「不須猜」來贊揚曹植而貶抑曹丕。第四首：

　　　　傖父當年笑左思，三都賦出竟雄奇。

　　　　寧知陸海潘江外，別讓臨淄詠史詩。

通過左思與陸機、潘岳的比較，以左思寫成《三都賦》，使到陸機與潘岳不得不爲之深感驚異來讚揚左思而貶抑陸機和潘岳。

　　通過詩人之比較，來達到抑揚作者的作用，可以說是姚瑩評價歷代詩人經常取用的方式。第十二首：

　　　　力振衰淫伯玉功，盧、王，沈、宋未爲雄。

以陳子昂與盧照鄰、王勃、沈佺期、宋之問相比，認爲陳子昂在「力振衰淫」上，是後四者所無法比擬的。第十五首：

　　　　何人解道襄陽俗，始信嘉州已好奇。

以「襄陽俗」和「嘉州已好奇」相比，指出岑參詩風奇崛的特色，

而貶低孟浩然的作品。第十六首：

　　世有易牙眞辨味，仲文猶自遜文房。

以劉長卿和錢起相比，認爲前者高於後者。第三十八首：

　　盤空俊誰能似，季迪才情本自天。

　　說與張、徐須緩步，絕塵還欲駕青田。

以高啓與張羽、徐賁、劉基相比，指出以高啓的才情論，不但張
羽、徐賁「須緩步」，而且還「駕青田」。第四十七首：

　　齊名莫漫稱朱、鄭，少谷眞從老杜來。

不同意人們並稱朱應登與鄭善夫，認爲鄭善夫實得杜甫之筆法。
第五十首云：

　　詩到鍾、譚如鬼窟，至今年少解爭誦。

　　請君細讀公安集，幽刻終當似孟郊。

則以鍾惺、譚友夏來和公安詩人袁宏道、袁中郎、袁中道相比
較，批評鍾、譚二人之作不但如鬼窟，而且詩風「幽刻」如孟郊。
第五十三首云：

　　石臼、松圓兩布衣，孟陽佳句果然希。

在比較同是布衣的邢昉和程嘉燧的詩作時，姚瑩贊揚程氏希有的
佳句，認爲其成就在邢昉之上。第二十八首云：

　　文掩詩名曾子固，論采合於亞歐、王。

言曾鞏詩爲文名所掩，其實其詩作之成就僅亞於歐陽修與王安石
罷了。通過曾鞏、歐陽修與王安石的比較，來抬高曾鞏詩作的地
位。

　　2.善於捕捉不同詩人作品的特色，而將他們比較論述。 如第
四十四首論析唐代的皇甫兄弟詩與明代的皇甫兄弟詩時，就看到
這些皇甫氏詩的共同特色爲詩風之「清」。詩云：

　　冉、曾兄弟稱前代，水部、司勛嘆積薪。

一種清才屬皇甫，昔賢應畏後來人。

而他會將高叔嗣與邊貢比較論析，也在於他們的作品有共同的特色：沈幽。《論詩絕句六十首》之四十三云：

子業寥寥盡一編，沈幽合與並華泉。

第七首云：

文章眞性柴桑酒，山水清音康樂辭。

一種天然去雕飾，後人何事競鑽皮。

在比述陶淵明和謝靈運的詩作特色時，見及兩者的不同，陶詩多寫酒，在詠酒中顯露其眞性情，謝詩多寫山水，在山水詩中透露清新的音律。但兩者又有其共同的特色，都展現自然，沒有雕琢的痕跡。第四十五首云：

新都才艷似風飆，別寫江山富六朝。

苦覓同行都不似，西原鶯鴒或相招。

在言及楊愼的寫作特色時，認爲薛蕙風格或與之相近。從「苦覓同行都不似，西原鶯鴒或相招」，顯見姚瑩在論析詩人與詩作時，是有意識地捕捉詩人作品的不同或相近的風格，而加以比較論述。

　　3.**通過詩人不同詩作體制之比較**，以突出有關詩人某種詩體創作之成就，如第十三首：

蜀道吟成泣鬼神，歌行何似古風眞；

千秋大雅君能作，賞鑒難跨賀季眞。

以李白歌行與古風之比較，儘管李氏的歌行具有「泣鬼神」的優越成就，但仍然不如他的古風，本詩以此來突出李氏古風之成就。第十八首云：

史潔騷幽並有神，柳州高詠絕嶙峋。

吳興卻選淮西雅，不及平生五字眞。

以柳宗元的《平淮西碑》四言詩與他的五言之作比較，他的五言詩更為真淳。

4.**由詩人之不同詩作來肯定該詩人**，如第二十二首：

> 十里揚州落魄時，春風荳蔻寫相思。
>
> 誰從絳蠟銀箏底，別識談兵杜牧之。

即以杜牧雖寫了「春風豆蔻寫相思」的作品，但另一些作品則關心國是，從而肯定這些創作。第三十三首云：

> 鐵馬樓船風雪里，中原北望氣如虹。
>
> 平生壯志無人識，卻向梅華覓放翁。

以陸游有描寫梅花之作，也有表露壯志，充滿豪情，寫風雪中鐵馬樓船，抒發中原失地未復內心激憤的作品。通過這些不同作品的比較，姚氏肯定陸游的壯志，充滿豪情的愛國情懷。

5.**以詩人生平際遇之變化來說明其作品**，或讚揚其人格，哀傷其遭遇。如第十一首：

> 開府衰年北入齊，傷心到處覓詩題。
>
> 何須更作江南賦，淚落長安烏夜啼。

庾信晚年奉使至西魏，被扣留不得歸。後在其他被扣留者得許還歸時，庾信仍然沒法完成南回的願望，因此寫作《哀江南賦》以言志，姚氏表示由于遭遇不同，庾信在後期所寫的作品，不論情感與內容都和前期不同。第五十五首云：

> 抱琴卻向番禺死，千古騷人痛國殤。

以鄺露在清人入粵時，不願事清而殉職。姚瑩乃以「千古騷人痛國殤」對鄺露的死節表示了他的讚賞與哀傷。

6.**就著作與創作表現來肯定詩人之成就**。第四十九首云：

> 四部雄奇出鳳州，滄溟身後若為儔。

以王世貞在《四部稿》的著作表現，以及他在創作上的特色來肯

定他的成就。第六首云：

> 游仙詩思絕塵氛，服石餐霞氣軼群。
>
> 山海蟲魚曾註遍，不將淹博雜風雲。

肯定郭璞的注疏工作，淹博的學識，又讚揚他不曾將這些淹博的學識雜於其詩歌創作中，而影響這些詩作的成就。第二十六首云：

> 淡語幽香得未曾，宛陵知己有廬陵。
>
> 君看韻格工腴甚，莫作寒窘槁木僧。

讚揚梅堯臣詩作在淡語幽香中兼具工腴之韻格。第十四首云：

> 乾坤奧氣少陵才。

讚揚杜甫詩所展現宇宙氣象的才華。第十七首云：

> 古澹誰如韋左司？

高讚韋應物詩古樸淡雅的風格。第十八首云：

> 史潔騷雅並有神，柳州高詠絕嶙峋。

讚揚柳宗元詩作有如《史記》的簡潔與《離騷》幽雅的風格。第三十首云：

> 藁兀天成古所無，涪翁奇氣得來孤。

讚揚黃庭堅詩作的奇奧自然。第三十六首云：

> 立夫長句勢盤拏，矯健如龍出渥窪。

讚揚吳萊作品氣勢雄奧卷舒，豪壯矯健如龍。第三十八首云：

> 盤空俊鶻誰能似？季迪才情本自天。

讚揚高啟詩作具俊鶻盤空的才情。第四十二首云：

> 俊逸何郎絕妙倫，最雄駿處絕風神。

讚揚何景明詩作在雄駿處所展現的神采。第四十三首云：

> 子業寥寥盡一編，沈幽合與並華泉。

言高叔嗣詩在沈幽風格可並美邊貢。言下有肯定兩人詩作沈幽風格之意。

7.**以後人讚揚和批評有關詩人與詩作之意見**，來突出該詩人之成就，或評價其作品。如第二十首云：

　　誰愛絕塵奔逸調，髯翁低首竹枝歌。

借蘇軾之佩服劉禹錫之《竹枝歌》，讚揚他的這一類作品。第十三首云：

　　千秋大雅君能作，賞鑒難誇賀季眞。

以賀知章之能賞識李白，突出後者的「千秋大雅」之制。第三十二首云：

　　永新諍友公當服，佐命何如授命時。

以劉基應當接受永新劉定的看法，來肯定劉基前期的作品。第十二首云：

　　考亭異代眞知己，特識曾推感遇功。

以朱熹高讚陳子昂的《感遇》詩，認爲他是陳氏之「眞知己」，並以此來肯定陳氏之作。第二十六首云：

　　淡語幽深得未曾，宛陵知己有廬陵。

「宛陵知己有廬陵」，不僅表示梅堯臣和歐陽修之間的知己情誼，也說明歐陽修對梅氏作品的批評，最能了解梅詩的特色。姚氏以此來讚揚梅詩的幽淡風格。第十六首云：

　　世有易牙眞辨味，仲文猶自遜文房。

讚揚後人能分辨劉長卿與錢起詩作優劣的看法，從而強調劉氏作品的成就。

8.**援引後人評語來批評詩人與詩作**。第五首云：

　　欲識遙深清峻旨，嵇公琴散阮公懷。

此據劉勰《文心雕龍·明詩篇》評嵇康、阮籍語：「嵇志清峻，阮旨遙深。」第七首云：

　　文章眞性柴桑酒，山水清音康樂辭。

一種天然去雕飾，後人何事競鑽皮？

「天然去雕飾」本李白《經亂離後天恩流夜郎憶舊游書懷江夏韋太守良宰》：「清水出芙蓉，天然去雕飾。」來批評陶淵明與謝靈運之作。第四首云：

寧知陸海潘江外，別讓臨淄詠史詩。

「陸海潘江」，本鍾嶸《詩品》評陸、潘二人語：「陸才如海，潘才如江。」第十九首云：

文體能興百代衰，韻言猶自闢藩籬。

「文體能興百代衰」，本蘇軾《潮州韓文公廟碑》：「文起八代之衰，而道濟古今之窮。」第二十首云：

貞元唱罷又元和，探取驪珠夢得多。

誰愛絕塵奔逸調，髯翁低首竹枝歌。

「探取驪珠夢得多」，本《唐詩紀事》：「長慶中，元徽之、夢得、韋楚客，同會樂天舍，論南朝興廢，各賦金陵懷古詩。劉滿引一杯，飲已即成，曰：王浚樓船下益州。白公覽詩曰：四人探驪龍，子先獲珠，所餘鱗爪何用耶？於是罷歌。」姚氏以此來贊揚劉夢得的才華。「誰愛絕塵奔逸調」，本胡仔《苕溪漁隱叢話》引黃庭堅轉述蘇軾語：「山谷云：劉夢得《竹枝》九章，詞意高妙，元和間誠可以獨步。道風俗而不俚，追昔者而不愧，比之杜子美夔州歌，所謂同工而異曲也。昔子瞻嘗聞余詠第一篇，嘆曰：此奔軼絕塵，不可追也。」姚氏以此來贊美劉夢得《竹枝》歌的高妙。第二十九首云：

妙語天成偶得之，眉山絕趣苦難追。

「妙語天成」，本陸游《文章》：「文章本天成，妙手偶得之」詩句。姚氏以此來讚揚蘇軾詩之自然高妙。第三十八首云：

盤空俊鶻誰能似，季迪才情本自天。

「盤空俊鶻」，本王子充評高啓詩語：「季迪之詩，雋逸而清麗，如清空飛隼，盤旋百折，招之不肯下。」而姚氏將「飛隼」之意象易爲「俊鶻」，來形容高啓詩之清麗飄逸。第三十九首云：

　　一代領袖貝廷臣，此語公私付悔人。

「一代領袖貝廷臣」，本朱彝尊《靜志居詩話》評語：「（貝詩）爽豁類王廣洋，整麗似劉基，圓秀勝林鴻，清空近袁凱，風華亞高啓，朗靜過張羽，繁縟愈孫蕡，足以領袖一時。」姚氏很明顯地以此來肯定貝瓊詩的成就。第四十二首云：

　　俊逸何郎妙絕倫，最雄駿處絕風神。

「俊逸何郎妙絕倫」，本薛蕙評何詩語：「俊逸終憐何大復，粗豪不解李空同。」姚氏引此來說明何景明之詩風。第四十三首云：

　　子業寥寥盡一編，沈幽合與並華泉。

　　空青石氣非人世，流水高山太古弦。

「空青石氣」，本王世貞《藝苑巵言》評高氏詩語：「子業詩，如高山鼓琴，沈思忽往，木葉脫盡，石氣自清。」姚氏引此讚美高詩風格。第四十八首云：

　　秋竹春蘭是賞音，五言樂府妙難尋。

　　邊、徐去後東橋死，才俊居然屬稚欽。

「秋竹春蘭」，本朱彝尊《靜志居詩話》評語：「（王詩）音高秋竹，色麗春蘭，邁後陵前，足稱才子。」姚氏引此來說明後人對王氏詩作的讚賞。第十三首云：

　　蜀道吟成泣鬼神，歌行何似古風淳。

取孟棨《本事詩》評杜甫語。

　　9.**援引詩人之詩句來讚揚詩人**，如第十七首云：

　　古澹誰如韋左司，空山葉落暮鐘時；

　　分明一卷楞伽字，未許聲聞小果知。

援用韋詩《寄全椒山中道士》末句：「落葉滿空山，何處尋行跡。」與《賦得暮雨送李胄》首句：「楚江微雨里，建業暮鐘時。」融合為「空山落葉暮鐘時」，來形容韋應物「古澹」的詩風。第三十五首：

> 閣道周廬句格深，漢廷老吏字千金。

融合虞集《送袁長伯扈從上京》詩句「天連閣道晨留輦，星散周廬夜屬橐」為「閣道周廬」並稱讚其詩「句格深」。第三十三首云：

> 鐵馬樓船風雪里，中原北望氣如虹。
> 平生壯志無人識，卻向梅華覓放翁。

取陸游《書憤》詩句中語「早歲那知世事艱，中原北望氣如山。樓船夜雪瓜州渡，鐵馬秋風大散關。」變換為上句，而讚其詩中所表現之「平生壯志」。第二十三首云：

> 牙旗玉帳真憂國，莫向無題覓瓣香。

取李商隱《重有感》詩句「玉帳牙旗得上游，安危須共主君憂」中之「玉帳」「牙旗」表示這些作品真實地表露了李商隱憂國之思。第二十二首云：

> 十里揚州落魄時，春風豆蔻寫相思。

融合杜牧之《贈別詩》「娉娉裊裊十三餘，豆蔻梢頭二月初。春風十里揚州路，卷上珠簾總不如」與《遣懷》「落魄江南載酒行，楚腰腸斷掌中輕。十年一覺揚州夢，贏得青樓薄倖名」而成此二句，以言杜氏年少作品之特色。

10.以當時之詩風來襯托詩人之成就，如第九首云：

> 當時秘監多金縷，未抵參軍累句工。

即以南朝其時流行金縷曲之成就遠不如鮑照的作品。第五首云：

> 建安後格多新麗，蘇、李前風盡已乖；

欲識謠深清峻旨，嵇公琴散阮公懷。

也以建安之後詩風趨於新麗，而蘇武、李陵之傳統已不復見，只有嵇康與阮籍具有遙深與清峻的詩風，姚氏即以此來襯托阮籍與嵇康作品的特色。

　　11.**由選詩者選詩與評詩者評論之偏差**，來突出詩人作品之成就，或評判其作品。第十八首云：

　　史潔騷雅並有神，柳州高詠絕嶙峋；

　　吳興卻選淮西雅，不及平生五字真。

以姚鉉《唐文粹》選柳宗元四言之作《平西懷碑》，認爲《平西淮碑》遠不如柳氏之五言詩。言下即以姚鉉選詩之不當來襯托柳宗元五言之作的價值。第四十首云：

　　迪功談藝入精深，歷下歸來別賞心；

　　鸚鵡華開都棄卻，虞山翻認操吳音。

以徐禎卿少作多鸚鵡華開之風，不過與李夢陽交游後，一切掃卻，而錢謙益反而盛讚徐氏之少作。姚瑩顯然不同意這種看法，故云「虞山反認操南音」，意下即肯定徐氏後來之作品。第四十七首云：

　　閩、粵詩人苦費才，林、高去後獨裴回。

　　齊名莫漫稱朱、鄭，少谷眞從老杜來。

表示後人將朱應登與鄭善夫並稱是錯誤的。姚氏認爲鄭善夫詩學杜甫，深得杜甫之風，非朱應登所能比並。第四十一首云：

　　才名一代李空同，譽毀無端總未公。

　　屈指開元到弘正，眼中壇坫幾人雄。

以後世評李夢陽者「譽毀無端」，其實李氏才名可稱爲「一代」之雄。從唐之開元至明之弘正，並沒有多少人能像他成爲文壇的領袖。第三十三首云：

鐵馬樓船風雪里，中原北望氣如虹。

平生壯志無人識，卻向梅華覓放翁。

以陸游詩作的特色在表現「平生壯志」，然而這點並不爲後人所賞識，人們只會鑒賞他的梅花詩。第十首云：

大江日夜客心悲，發語蒼茫逸思飛。

千載紛紛摘佳句，還應太白誤玄暉。

以李白《金陵城西樓月下吟》「解道澄江靜如練，令人長憶謝玄暉」摘取謝朓詩中的佳句並加歌頌，遂引起後來紛紛舉謝氏的佳句以論詩，結果反而不能見及謝氏詩作發語等等的好處。姚氏以此來批評後代鑒賞謝氏詩作的偏差。第五十三首云：

石臼、松圓兩布衣，孟陽佳句果然希。

欲推中、晚加初、盛，卻笑虞山枉是非。

以程嘉燧之作較邢昉爲高，同時也有稀有的佳句，不過其成就還是有局限的。然而錢謙益在選明人詩時，於《列朝詩集》取程嘉燧之作達二百十五首，僅列高啓、劉基、李東陽、楊基、袁凱、張羽之下，在《列朝詩集小傳》中又給予極高的讚揚。姚瑩乃批評錢氏之舉爲「欲推中晚加初盛」與「枉是非」了。第二十八首云：

南豐類稿從頭讀，遺恨何人比海棠。

姚氏言他曾從頭遍讀曾鞏《南豐類稿》中的作品，發現其作品自有深遠的包涵，從而批評後人將之比喻海棠，當這些作品爲觀賞之具。第十九首云：

主持雅正惟公在，底事盧、樊別賞奇。

言韓愈在文學上，能倡導雅正的道統，端正一代的文風，可是在論及盧同和樊宗師的作品時，卻又賞識其奇闢險怪的作風。姚氏在批評韓愈論述盧、樊二人詩風偏差的同時，也批判了盧、樊二

人的作品。

12.**通過與前代《論詩絕句》的對話突出對有關詩人與詩作的意見**。這樣的處理方式並不多。第二十九首云：

　　妙語天成偶得之，眉山絕趣苦難追；

　　紛紛力薄爭唐、宋，斷港橫流也未知。

元好問《論詩三十首》云：「只知詩到蘇黃盡，滄海橫流卻是誰？」姚瑩對此提出了「斷港橫流也未知」的質疑。元好問《論詩絕句三十首》之第五首評陶淵明詩云：

　　一語天然萬古新，豪華落盡見眞淳。

姚瑩《論詩絕句六十首》第七首論陶淵明與謝靈運詩與後人評陶、謝二人詩之態度云：

　　一種天然去雕飾，後人何事競鑽皮。

顯然同意元氏論詩絕句對陶淵明的批評。王士禎《戲仿元遺山論詩絕句》第八首云：

　　中興高步屬錢郎。

姚瑩《論詩絕句六十首》之第十六首云：

　　中興風度憶錢郎。

也接受王士禎論詩絕句對唐代中興時期錢起作品成就的批評。

13.**通過與過去和當代詩壇現象的比較來評論詩人**，如第三十一首云：

　　更有張、晁詩盡好，還如郊、籍盛韓門。

以孟郊和張籍在韓愈門下之有盛名，來比說張文潛與晁補之在蘇軾門下之地位。第五十首云：

　　詩到鍾、譚如鬼窟，至今年少解爭讀。

　　請君細讀公安集，幽刻終當似孟郊。

以明代鍾惺、譚友夏和唐代孟郊的詩作相比，說明他們的詩作風

格同屬「幽刻」。

14.**就作品之淵源來肯定詩人之詩作**，如第十四首云：

> 論詩若溯無懷氏，長侍東川太古來。

即以高適古詩之傑出成就，乃源自上古淳樸的古風。第二十一首云：

> 若許披沙探金穴，秦中諸作國風原。

以後人如能在白居易眾多的作品中發掘其中的精華之作，則可發現白氏《秦中吟》等作品實淵源於《國風》。第五十六首云：

> 最是屈家吟不得，分明哀怨楚湘。

以屈大均受屈原的影響，同樣在作品中抒發了對家鄉哀怨的情懷。第三十七首云：

> 歐公文法本欽韓，長句何曾別調彈。

以歐陽修文章之法深受韓愈的影響，即使長篇的詩作也沒有例外。

15.**表揚後人對有關作者作品的搜集與整理**，並突出有關作者的成就。第三十六首云：

> 立夫長句勢盤挐，矯健如龍出渥窪；
>
> 虞、趙何曾識奇骨，遺編獨有宋金華。

以吳萊的長篇詩作氣勢雄健，連虞集、趙孟頫也未能了解其妙處，因此也就顯得宋濂搜集與整理吳萊作品眼光的卓越了。

【註釋】

[1]姚瑩《謠變序》。《後湘詩集》。卷三。頁一。《中復堂全集》。見《近代中國史料叢刊續輯》。（台北：文海出版社），頁1153。

[2]姚瑩《康輶紀行》。《中復堂全集》。

[3]同註1。《中復堂全集》。頁1154。

[4]姚瑩《孔蓀浦詩序》。《東溟文集》。卷二。頁十三。《中復堂全集》。

同本章註1。頁97。

[5]姚瑩《謠變序》。《後湘詩集》卷三。頁一。《中復堂全集》。同本章
　　註1。頁1153－1154。

[6]同上。頁1155。

[7]同上註。

[8]姚瑩《復吳子方書》。《東溟外集》。卷二。頁六。《中復堂全集》。
　　同本章註1。頁358。

[9]姚瑩《謠變序》。《後湘詩集》。卷三。頁一。《中復堂全集》。同本
　　章註1。頁1154。

[10]姚瑩《復楊君論詩文書》。《東溟外集》。卷二。頁七。《中復堂全
　　集》。同本章註1。頁355。

[11]姚瑩《康輶紀行》。卷十五。頁十四。《中復堂全集》。頁3667。

[12]同註10。

[13]姚瑩《黃香石詩序》。《中復堂外集》。卷一。頁六。《中復堂全集》。

[14]姚瑩《復楊君論詩文書》。《東溟外集》。卷二。頁七。

[15]姚瑩《後湘集自敘》。《東溟文集》。卷二。頁五。《中復堂全集》。
　　頁81。

[16]姚瑩《復楊君論詩文書》。《東溟外集》。卷二。頁六。《中復堂全
　　集》。頁354。

[17]姚瑩《復陸次山論文書》。《東溟後集》。卷八。頁二十三。《中復堂
　　全集》。頁796。

[18]姚瑩《張南山詩序》。《東溟外集》。卷一。頁四。《中復堂全集》。
　　頁319。

[19]姚瑩《黃香石詩序》。《東溟外集》。卷一。頁六。《中復堂全集》。
　　頁324。

[20]姚瑩《松坡詩說序》。《東溟外集》卷一。頁四至五。《中復堂全集》。

頁320－321。

[21]王士禎《帶經堂詩話》卷四(北京：人民文學出版社，1963)，頁97-98。

[22]王士禎《香祖筆記》。《帶經堂詩話》。卷三。〈要旨〉。頁72。

[23]王士禎《分甘余話》。《帶經堂詩話》。卷三。〈入神〉。70－71。

[24]姚瑩《松坡詩說序》。《東溟外集》。卷一。頁四。《中復堂全集》。

[25]王士禎《居易錄》。《帶經堂詩話》。

[26]王士禎《古夫于亭雜錄》。《帶經堂詩話》。卷三。〈眞訣〉。頁77。

[27]嚴羽《滄浪詩話》。郭紹虞《滄浪詩話校釋》。(北京：人民文學出版
　　社，1961），頁26。

[28]同上註。頁11。

[29]同本章註27。頁12。

[30]同本章註27。頁27。

[31]馮班《鈍吟雜錄》。卷五。頁二。（台北：廣文書局，1969）。

[32]姚瑩《張南山詩序》。《東溟外集》。卷一。頁四。《中復堂全集》。

[33]同上註。

[34]王士禎《香祖筆記》。《帶經堂詩話》。卷四。〈要旨〉。頁72。

[35]司空圖《與李生論詩書》。《司空表聖文集》。卷二。頁一。《四部叢
　　刊初編》（上海：商務印書館影舊鈔本）。

[36]同上註。

[37]司空圖《與極浦書》。《司空表聖文集》。卷三。頁三。《四部叢刊初編》。

[38]姚瑩《復方彥聞書》。《東溟外集》。卷二。頁十九。《中復堂文集》。頁380。

[39]同上註。頁354至355。

[40]姚瑩《復楊君論詩文書》。《東溟外集》。卷二。頁六。《中復堂全
　　集》。頁354。

[41]姚瑩《黃香石詩序》。《東溟外集》。卷一。頁六。《中復堂全集》。
　　頁324。

後　　記

　　論詩詩是中國文學批評的一種體制，七十年代初期，當我在香港大學撰寫有關中國文學評論史編寫問題的博士論文時，已強調它是中國文學批評範圍中重要的一環，不過當時對它的詩論價值，沒有進一步的申述。近幾年在發覺它對中國文學批評，比原本所知道的有更重要的影響，同時又發覺中國文學評論研究界對這一課題的研究，存在著不足的偏差之後，遂立意多作這方面的工作。於1994年出版的《杜甫戲爲六絕句研究》，是其中一項努力的成果。本書《姚瑩論詩絕句六十首研究》是另一項努力。在本書出版之後，作者將開始元好問論詩絕句的研究。

　　論詩詩之作，在中國文學批評領域中，源遠流長。早在《詩經》的時代，已有詩句論詩之詩句出現。《小雅・崧高》：「吉甫作誦，其詩孔碩，其風肆好，以贈申伯。」有些詩篇不用「詩」字，而取用「誦」、或「歌」，其意亦同。如《大雅・烝民》：「吉甫作誦，穆如春風。」《小雅・節南山》：「家父作誦，以究王訩。」《陳風・墓門》：「夫也不良，歌以訊之。」《小雅・何人斯》：「作此好歌，以極反側。」《小雅・四月》：「君子作歌，維以告哀。」《小雅・四牡》：「是用作歌，將母來諗。」等等。《詩經》時代之後，通過詩句以言作詩目的，或批評他人詩篇的，有荀子的《佹詩》：「天下不治，請陳佹詩。」以上是詩句論詩的句例。如果我們以較大的範圍看待詩，也就是以有韻之文來看待詩，那麼以一篇之作討論文學創作問題的，當始於晉

代陸機的《文賦》，作者取用賦體的形式抒發他對文學創作的見解。以古、近體詩的形式論詩的，唐代開始普遍起來。李白曾以古詩提倡古風，抨擊形式主義的文學。杜甫也常以詩為媒介議論前代與當代的詩人，並提出對詩創作的意見。所著《戲為六絕句》，開創以絕句組詩論詩的先例，對後代產生重大的影響。宋、元、明、清以後，論詩詩的作品更層出不窮，其中絕句組詩之作尤燦然可觀。郭紹虞等中國文學批評學者，早發現這些文學批評體制作品的價值，因此有系統，有計劃地廣泛收集這些資料，共得九千多首，匯集成《萬首論詩絕句》一書，交由北京人民文學出版社出版。書中所收，雖然未能網羅所有，然而已呈現這類作品的大部分面貌，為中國文學批評的研究提供一個嶄新的領域。九千餘首的論詩絕句中，大部分是清末作者所作，不但顯示了清末這時期文壇對這類作品的興趣，從另一個角度說，這未嘗不可說是在前人耕耘下，論詩絕句的體制在這時期達到一個高峰。

　　以上所說，已指出在這後記中所擬交待的話題：我選擇撰寫姚瑩論詩絕句的部分原因。這裏另要謝謝新加坡國立大學，提供學術假期，使我能專心撰述，完成本書。